Philipp Mayring

Psychologie des Glücks

Verlag W. Kohlhammer
Stuttgart Berlin Köln

Die Deutsche Bibliothek – CIP-Einheitsaufnahme

Mayring, Philipp:
Psychologie des Glücks / Philipp Mayring.
- Stuttgart ; Berlin ; Köln : Kohlhammer, 1991
ISBN 3-17-011531-6

Die Rechte des Titels *Psychologie des Glücks* liegen bei Herrn Dr. Stephan Lermer.
Für die freundliche Überlassung sei ihm herzlich gedankt.

Stuttgart Berlin Köln
Verlagsort: Stuttgart
Typoskript: H. Graf, Augsburg
Umschlag: Studio 23
Gesamtherstellung:
W. Kohlhammer Druckerei GmbH + Co. Stuttgart
Printed in Germany

Inhalt

1. Einleitung und erste Definition von Glück

Die Zeichen der Zeit stehen schlecht für eine Beschäftigung mit Glück. Unsere Welt ist gekennzeichnet von Herrschaft und Unvernunft. Wir haben nicht erreicht, daß Frauen und Männer gleichberechtigt sind, daß Politiker immer die Interessen des Volkes vertreten, daß die Arbeitswelt gerecht und sinnstiftend gestaltet ist und daß zwischen den Staaten der Erde Solidarität herrscht. Wir sind bedroht von Umweltzerstörung und atomaren Katastrophen. Wie soll man da an Glück denken?

Die Antwort lautet: Gerade deshalb! Wir haben uns das zentrale Ziel der Menschheit (vgl. Kap. 2.1) ausreden lassen: Glück wird heute oft verdrängt, abgewertet, in den privaten Bereich abgeschoben, oder es wird als etwas Kaufbares, als Ware behandelt (vgl. Kap. 2.8).

Eine wertfreie Beschäftigung mit Glück erscheint uns heute gerade auf diesem Hintergrund fragwürdig. Wenn hier für psychologische Glücksforschung plädiert werden soll, so geschieht das von einer ganz spezifischen Perspektive aus. Ein solcher Standpunkt läßt sich als kritisch-humanistische Position kennzeichnen. Die humanistische Position (vgl. Quittmann, 1985) besteht dabei darin:

- daß Glück nicht isoliert als gutes Gefühl, sondern auf dem Hintergrund der ganzen Person verstanden werden soll,
- daß die Person dabei nicht nur als reagierend sondern auch als bewußt agierend, als zielgerichtet angesehen wird und
- daß der Einzelne dabei immer in seinen sozialen Beziehungen gesehen werden muß.

Diese Position kann jedoch einseitig idealistisch werden, muß also um eine kritische Dimension erweitert werden (vgl. Freund, 1985), die betont,

- daß die Analyse von Glück im historischen und gesellschaftlichen Kontext stattfinden sollte und
- daß dabei ein disziplinkritischer (interdisziplinärer Ansatz, vgl. Kap. 2) und methodenkritischer (qualitativer Ansatz, vgl. Kap. 4) Standpunkt bezogen werden muß.

Von diesem Standpunkt aus sollen nun fünf Thesen aufgestellt werden, die einen Rahmen dieser Arbeit abgeben können.

1.1 Fünf einleitende Thesen

Wenn wir innehalten, wirklich nachdenken, so drängt es sich auf, daß wahres Glück das Wichtigste im Leben der Menschen ist, das höchste Gut, das alles Streben des Menschen durchflutet (Aristoteles). Versuchen Sie sich das Leben ohne Glück vorzustellen! Es wäre leer, steril, langweilig oder von negativen Emotionen geprägt, es wäre farblos und bedeutungslos. Bestimmen Sie für sich persönlich, was Ihnen am wichtigsten im Leben ist. Sie werden sehen, daß es sich immer auf Glück zurückführen läßt (Ihr eigenes Glück oder das Glück anderer). Wenn das aber so ist, dann müssen wir das Streben der Menschen nach Glück wieder ernster nehmen, auch um die Faktoren bezeichnen zu können, die heute Glück behindern oder verhindern. Denn die Abwertung von Glück ist ein Zeichen unserer Zeit, ein Merkmal der Leistungsethik moderner westlicher Industriegesellschaften (vgl. Kap. 2.8).

These 1: Das Streben der Menschen nach Glück muß ernstgenommen werden - gerade heute.

Also auch die Psychologie muß sich mit Glück beschäftigen. Man sollte meinen, dies würde laufend geschehen. Aber auch hier ist wieder ein seltsames Ausweichen vor dem Thema zu beobachten. Wir finden nichts oder nur marginales über Glück in den Lehrbüchern, Handbüchern, Enzyklopädien der Psychologie (z.B. Kindlers Psychologie des 20. Jahrhunderts, in 15 Bänden 1976-1981, Handbuch der Psychologie in 12 Bänden 1965; Cretch & Crutchfield, 1985 in 8 Bänden), nichts also im Bereich psychologischen Grundlagenwissens. Auch in der aktuellen Forschung wird das Thema gemieden[1]. Die negativen Emotionen (Angst, Depressive Stimmung, Streß) stehen im Zentrum, weil man durch deren Erforschung zu Therapiekonzepten gelangen möchte (vgl. Lindauer, 1968). Nun setzt sich in der modernen Psychologie immer mehr die Einsicht durch, daß man Wohlbefinden, psychische Gesundheit noch lange nicht erreicht hat, wenn alles negative Befinden beseitigt wurde. Glück und Gesundheit sind eigenständige Kategorien menschlichen Daseins, die eigens angestrebt und auch eigens untersucht werden müssen (vgl. Kap. 2.6). Auch das unterstreicht die erste These.

Macht man aber Ernst damit und untersucht systematisch das Glücksverständnis und Glückserleben der Menschen, so tun sich große Schwierigkeiten auf. Sowohl die wissenschaftlichen Definitionsansätze als auch das Alltagsverständnis von Glück sind heterogen, widersprüchlich und schwankend. Was ist überhaupt Glück? Das ist die Frage, auf die Philosophen und Sozialwissenschaftler immer wieder zurückgestoßen werden.

---

[1] Dieser Arbeit liegt u.a. eine systematische Literaturauswertung zum Stichwort 'Glück' der 'Psychological Abstracts' ab 1975 und des 'Psychologischen Index' ab 1981 zugrunde. Ich danke Herrn Dr.P.Ludwig herzlich für seine Mitarbeit.

Andere wiederum weichen der Frage aus und arbeiten mit einem diffusen, unreflektierten Glücksbegriff. Die sozialwissenschaftliche Umfrageforschung wäre ein Beispiel hierfür (vgl. Kap. 2.4). Hier liegt ein Hauptanliegen dieser Arbeit, ein theoretisches Konzept von Glück und Wohlbefinden zu erarbeiten und ansatzweise empirisch zu überprüfen, das der Komplexität des Phänomens Glück gerecht werden kann.

> **These 2:** Glück ist komplexer, vielschichtiger, als bisher meist angenommen.

Ein komplexerer Glücksansatz, wie er in Kapitel 3 vorgestellt wird, differenziert zwischen aktuellem Glückserleben ('state') und biographisch entwickeltem Lebensglück ('trait'), grenzt Glück von anderen Wohlbefindensfaktoren ab und ordnet es in ein Befindenskonzept ein.

Ein zentraler Gedanke zieht sich dabei durch das ganze Konzept: Glück wird zwar von Menschen empfunden, ist also zunächst eine Größe subjektiven emotionalen Befindens. Glück ist aber andererseits mehr als nur ein individuelles Gefühl. Dies zeigt sich auf zwei Ebenen. Einerseits ist das Glücksempfinden - so subjektiv es auch sein mag - auch stark von objektiven Situationsbedingungen abhängig. Glück bezeichnet damit immer ein bestimmtes Verhältnis objektiver und subjektiver Faktoren, Glück ist ein relationales Konzept (vgl. Kap. 3.5). Andererseits sind - vor allem in der Philosophie - seit Anbeginn Versuche unternommen worden, Kriterien für "wahres" Glück zu entwickeln. Im Abendländischen Denken ist Glück als ein wertendes Konzept fundiert, wird Glück mit "richtigem", "tugendhaftem" Leben assoziiert (vgl. Kap. 2.1). Also auch in dieser Hinsicht transzendiert Glück die subjektive Ebene.

> **These 3:** Glück ist mehr als nur ein subjektives, individuelles Gefühl, es steht immer in einem materiellen, sozialen und gesellschaftlichen Kontext.

Dieses Glücksverständnis ist heute aber weitgehend abhandengekommen. Und wenn ein Konzept, das von so hoher Bedeutung ist, so schleierhaft wird, dann wird es anfällig für Ideologisierungen. So ist die heutige Beschäftigung mit Glück von fünf ideologischen Tendenzen durchsetzt (vgl. auch Kap. 2.8):

- Das Streben nach Glück wird verdrängt, abgewertet, durch andere Ziele wie Wohlstand und Macht ersetzt (**Abwertung** von Glück).
- Das Streben wird in den privaten Bereich (Eheglück) abgeschoben und aus öffentlichen Bereichen (Gesellschaft, Beruf) herausgehalten (**Privatisierung** von Glück).
- Glücksstreben wird als Problem oder Aufgabe des Einzelnen und nicht der Gesellschaft definiert (**Individualisierung** von Glück).

- Glück wird als Ware behandelt, als etwas Kaufbares (**Kommerzialisierung** von Glück).
- Glück wird als etwas letztlich nicht Erkennbares, nicht Faßbares dargestellt (**Mystifizierung** von Glück).

> **These 4:** Die Beschäftigung mit Glück ist ideologieanfällig.

Auch die Psychologie des Glücks ist vor solchen ideologischen Verzerrungen nicht gefeit. Sie muß solche Ideologien im Auge behalten, muß hinterfragt werden, muß sich rechtfertigen. Dies ist auch deshalb wichtig, weil so oft einfache, vorschnelle Glücksrezepte 'verkauft' werden. Viele Glücksforscher, vor allem Philosophen, warnen davor. Das darf aber nicht zu einem ausschließlichen Theoretisieren über Glück führen. Aus der wissenschaftlichen Beschäftigung mit Glück - das ist meine feste Überzeugung, und das werde ich zu zeigen versuchen (Kap. 5) - lassen sich bei aller gebotenen Vorsicht Kriterien für eine Praxisveränderung ableiten. Angesichts der kritisierten Verdrängung und Ideologisierung von Glück ist dies sogar eine unumstößliche Notwendigkeit. Kriterien für ein glückliches Leben in dieser Welt zu finden war auch mein zentrales Motiv für diese Arbeit.

> **These 5:** Trotzdem kann man - **muß** man etwas tun, um ein glücklicheres Leben in dieser Welt zu erreichen.

Dabei werden keine einfachen Rezepte vorgeschlagen, sondern relativ offene Kriterien entwickelt und begründet, wie Offenheit, Bewußtheit, Emotionalität, soziales Engagement, Aktivität, Entwicklung von Lebenszielen, Realitätsbezug und positive Umweltbedingungen (vgl. Kap. 5).

Wir sind damit zu fünf Thesen gelangt, die sich durch die gesamte Arbeit ziehen werden. Am Ende jeden Kapitels wird versucht werden, ein Resümee in Bezug auf diese Thesen zu ziehen, am Ende der Arbeit werden sie dazu dienen, die Psychologie des Glücks noch einmal zusammenzufassen.

Das folgende Kapitel wird zunächst einmal das Material für eine Glückskonzeption sammeln und bewerten. Dabei wird auf Philosophie, Theologie, Literatur, Sozialwissenschaften, Gerontologie, Psychologie und Physiologie einzugehen sein. Im dritten Kapitel wird die schon angedeutete Theorie des Glücks ausgearbeitet, die im wesentlichen aus einer 'State-trait'-Konzeption, einem Vierfaktorenansatz und einem Einflußfaktorenmodell besteht. Das vierte Kapitel wird eine erste empirische Überprüfung des Konzeptes versuchen, indem einige Pilotstudien präsentiert werden. Schlußfolgerungen für die Praxis werden dann in den Bereichen Therapie, Beratung und Pädagogik zu ziehen versucht.

Aber zunächst muß, als Voraussetzung dieser Arbeit, eine erste Definition von Glück versucht werden.

1.2 Definition von Glück

Um einen Begriff wie Glück zu definieren, sind ganz unterschiedliche Vorgehensweisen denkbar. Man kann die Wortgeschichte untersuchen, die Herkunft und historische Entwicklung des Begriffes in der Sprache (**etymologische** Definition). Man kann den heutigen Wortgebrauch heranziehen, wie er in Lexika festgelegt ist (**lexikalische** Definition). Ein dritter Weg besteht darin, Menschen zu befragen, was sie unter dem Begriff verstehen, wie sie ihn definieren, und dieses Material systematisch aufzubereiten (**empirische** Definition). Dieser Definitionsansatz entspricht einer pragmatischen Bedeutungstheorie. Schließlich kann man die bisherigen Konzeptionen des Begriffes, die relevanten Theorieansätze heranziehen, vergleichen und weiterentwickeln (**theoretische** Definition). Die ersten drei Definitionswege sollen hier nun beschritten werden, um zu einem vorläufigen Glücksbegriff zu gelangen. Der vierte, der theoretische Definitionsansatz, ist sehr viel aufwendiger. Er wird im zweiten Kapitel vorbereitet und dann im dritten Kapitel angegangen.

Etymologische Glücksdefinition

Die Vorläufer des Glücksbegriffs in der deutschen Sprache sind erst relativ spät bezeugt (vgl. zum Folgenden Grimm & Grimm, 1854/1958; Sanders, 1965; Kluge, 1975). Erst im Mittelhochdeutschen, um 1160 taucht das Wort ‘g(e)lücke‘ auf und geht wohl auf das altniederfränkische ‘gilukki‘, mittelniederländisch ‘(ghe)lucke‘ zurück, was auch die Wurzel für das englische ‘luck‘ darstellt. Dieses Wort knüpft an das gotisch angelsächsische ‘lukan‘, altnordisch altfriesische ‘luka‘, angelsächsische ‘lucan‘ und das althochdeutsche ‘luhhan‘ an, das die Wurzel auch für den deutschen Begriff ‘Luke‘ bildet. Von hier aus wurde auch versucht, die etymologische Wortbedeutung von Glück zu bestimmen, als die "Art, wie etwas schließt, endigt, ausläuft" (Kluge, 1975, S. 262).
‘G(e)lücke‘ meinte den Beschluß, die Festsetzung, die Bestimmung und war zunächst eher juristisch gemeint (Sanders, 1965). Im Laufe der Entwicklung wendete der Begriff sich ins Positive, was gut ausläuft, sich gut trifft und bekam vom Altfranzösischen ‘déstinée‘ einen schicksalhaften Sinn. So war mit Glück ursprünglich ein positives Schicksal gemeint; die weiteren heutigen Wortbedeutungen, vor allem Glück im Sinne von positivem Zufall, sind erst viel später dazugekommen.

Lexikalische Glücksdefintion

Im heute gebräuchlichen Hochdeutsch wird Glück definiert als "das Eins-Sein mit seinen Hoffnungen, Wünschen, Erwartungen" (Meyers, 1981), als "komplexe Erfahrung der Freude angesichts der Erfüllung von Hoffnungen, Wünschen, Erwartungen, des Eintretens positiver Ereignisse, Eins-Sein des Menschen mit sich und dem von ihm Erlebten" (Brockhaus Enzyklopädie, 1986). Das Deutsche Wörterbuch der Gebrüder Grimm (Grimm & Grimm, 1854/1958) unterscheidet im modernen Sprachgebrauch zumindest 5 Bedeutungselemente.

A Gelingen, **Erfolg**
B Günstiges Geschehen im Sinne von **Zufall**
C Von außen wirkende günstige **Schicksals**macht
D **Gesamtheit der glücklichen Umstände**, die jemandem zuteil werden (können) (z.B. Glückwünsche)
E **Subjektives** Glück, auf körperlichen oder seelischen **Gefühlen** beruhend.

Wir sind also hier zumindest auf eine Doppelbedeutung gestoßen: Glück im Sinne von Zufall und im Sinne von Erfüllung. Viele andere Sprachen haben dafür auch zwei Begriffe:

deutsch	Glück (Zufall)	Glück (Erfüllung)
engl.	luck	happiness
lat.	fortuna	beatitudo
franz.	fortune	bonheur
ital.	fortuna	felicitá
span.	fortuna	felicidad

Abb. 1: Glücksbegriffe in unterschiedlichen Sprachen

Nur das Deutsche, sonst so eine differenzierte Sprache, trennt hier nicht. So muß nun gleich eine wichtige Bestimmung vorgenommen werden: Wenn in dieser Arbeit von Glück die Rede ist, so immer in der zweiten Bedeutungsvariante (Glück als Erfüllung). Glück im Sinne von Zufall ist psychologisch weniger interessant, eher ein Feld von Mathematik oder Mystik. Dem Ziel dieser Arbeit, Kriterien für ein glücklicheres Leben der Menschen in dieser Welt zu entwickeln, kann die Untersuchung von glücklichen Zufällen wenig dienen.

Der Vergleich der lexikalischen Wortbedeutung von Glück in verschiedenen Sprachen kann noch weiter getrieben werden. So hat Ruth Veenhoven (1984a) den Glücksbegriff in 10 einzelne Bedeutungskomponenten zerlegt und deren Kombination in sechs europäischen Sprachen gegenübergestellt.

	E	H	F	D	R	T
Gutes Schicksal, Glücksumstände, Erfolg "All happiness bechance to thee" "The gift of a happy chance"	■	■		■	■	■
Eine angenehme Erfahrung, froh, erfreut sein "Happy to meet you"	■					
Eine starke positive Emotion, entzückt, euphorisch sein "In diesem Moment überkam mich ein starkes Gefühl von Glück"	■	■	■	■	■	■
Eine vorübergehende, angenehme Stimmung; gut aufgelegt, zufrieden, froh sein "I felt reasonably happy until he entered"	■		■		■	■
Ein eher andauernder Zustand von Wohlbefinden, Lebenszufriedenheit "Die glücklichen Jahre der Kindheit"	■	■	■	■		
Ein vollkommener, dauerhafter Zustand intensivster Zufriedenheit, Glückseligkeit "Ich fand Glück in der Gnade Gottes"	■	■	■	■	■	■
Leicht angetrunken, beschwipst "He came in a bit happy"	■					
Angemessenheit, Passendheit "A striking happiness of expression" "A happy solution of the problem"	■	■	■	■		
Betäubt, über-enthusiastisch sein "Trigger-happy soldiers" "Publicity-happy politicians"	■					
Ein glücklicher Zufall "Er hat dabei viel Glück gehabt"		■		■	■	■

Abb. 2: 10 Bedeutungskomponenten von Glück in sechs europäischen Sprachen (nach Veenhoven, 1984a, S. 14) / E = englisch, H = holländisch, F = französisch, D = deutsch, R = russisch, T = tschechisch

Wir sehen hier, wie unterschiedlich die Bedeutungsmuster in den einzelnen Sprachen sind. Wie problematisch sind da Übersetzungen! In dieser Arbeit wird viel angelsächsisches Material verwendet ("Psychology of happiness", vgl. Kap. 2.6 vor allem). Wie unterschiedlich aber sind die Begriffe 'Glück' und 'happiness'! Hier müssen also Vorbehalte gemacht werden.

Abb. 2 leitet uns aber auch hin zu einer Minimaldefinition vom lexikalischen Ansatz her. Denn zwei Bedeutungseinheiten sind in allen sechs Sprachen vertreten. Glück ist danach **eine extrem starke positive Emotion und ein vollkommener, dauerhafter Zustand intensivster Zufriedenheit**.

Empirische Glücksdefinition

Hier sollen nun empirische Untersuchungen über das Alltagsverständnis von Glück vorgestellt werden, Umfragen also, wie Menschen Glück definieren.

- Die wohl größtangelegte Studie zu diesem Thema (Freedman, 1978) erreichte rund 100.000 Personen. Über zwei amerikanische Zeitschriften ("Good Housekeeping", "Psychology Today") wurden die Leser in einem Fragebogen aufgefordert, Glück zu definieren. Dazu wurden noch 9.562 Interviews geführt. Die Antworten konnten dabei drei Kategorien zugeordnet werden:
  1. Glück als Freude, Erregung, Lust;
  2. Glück als Seelenfrieden, Zufriedenheit;
  3. Glücksdefinitionen mit beiden Elementen.

  Es erscheint also hier ein aktives und ein kontemplatives Definitionselement. In jedem Falle aber wurde Glück eher als **andauernd** definiert.
- Einen methodisch anderen Weg mit eher qualitativen Mitteln beschritt eine Studie mit 143 älteren Personen (Reid & Ziegler, 1977). Hier wurden intensive, halbstrukturierte, rund zweistündige Gespräche über Glück geführt. Auf die Frage "Was bedeutet für Sie Glück oder glücklich sein?" wurde von den alten Menschen weniger mit abstrakten Definitionen geantwortet sondern eher mit Situationen, in denen man sich glücklich fühlt.

Kategorie	Beispiele	Zahl der Nennungen
1. Aktivitäten	- Etwas zu tun haben, ein interessantes Leben, keine Routine - Etwas Organisieren, andere unterhalten, eine Singveranstaltung leiten - In Angelegenheiten involviert sein, aktiv sein	88
2. Familie	- Meine Familie so nah wie möglich bei mir zu haben - Zusammensein mit Ehepartner, Familie haben und noch viele sehen - Ausflug mit Sohn, Besuch der Tochter	71
3. Freunde haben	- Einen Teil seines Lebens mit anderen verbringen - Freunde haben, nicht allein sein - Bin gerne mit Menschen zusammen; mit mehr und weniger vertrauten	52
4. Gute Gesundheit	- Wohlauf sein - physisch und psychisch - Gutes Gedächtnis und geistige Fähigkeiten - Glücklich, wieder zu genesen	42
5. Anderen helfen	- Menschen helfen, wenn ich kann - Fähig sein, anderen zu helfen - Besorgungen für jemanden machen	40
6. Religion/ Lebenseinstellung	- Sich über Gottes Liebe sicher sein - An Gott glauben, an schöne Dinge im Leben denken - Die Gegenwart annehmen - jeder muß seinen Weg finden	36
7. Fernsehen/ Lesen	- Zeitung lesen - auf dem Laufenden sein - Ich lese gerne, höre gerne Radio - Fernsehen, Lesen	35
8. Wohnungsumgebung	- Nette, angenehme Umgebung - Zufrieden mit dem Leben um sich herum - Zufriedenstellende Lebensbedingungen	31
9. Zufriedenheit	- Zufrieden sein mit seiner Umwelt, seinen Beziehungen, seiner finanziellen Situation, mit seiner persönlichen Erscheinungsweise - Glücklich und zufrieden mit allen - Begnüge dich mit dem was du hast, kein Neid.	26

Abb. 3: Glücksdefinitionen von 143 älteren Menschen (Reid & Ziegler, 1977) (Mehrfachnennungen waren zugelassen)

Ein sehr breitgefächertes Bild von Glücksdefinitionen kommt hier zum Vorschein, sicherlich in vielen Punkten typisch für die Situation alter Menschen (vgl. dazu Kap. 2.5). Auch hier aktivere und kontemplativere Auffassungen; die soziale Komponente spielt eine wichtige Rolle.

- Chassein, Levine, Treu, Schwarz und Strack (1986) haben eine kulturvergleichende Studie an 55 amerikanischen und 57 deutschen Studenten mit einem Satzergänzungsfragebogen durchgeführt. Die Amerikaner definierten ihr Glück dabei stärker über den Erfolg (im Studium), während bei den deutschen Studenten die Bedingungen und Ereignisse in Gesellschaft und Politik für ihr Glück wichtiger waren. Zwischenmenschliche Beziehungen waren in beiden Kulturen gleich zentral. Die Probanden sollten darüber hinaus versuchen, Glück und Lebenszufriedenheit voneinander abzugrenzen. Lebenszufriedenheit war danach eine globalere Einschätzung des eigenen Lebens; Selbstverwirklichung und Selbstachtung spielten für Zufriedenheit eine größere Rolle.

- Im Rahmen der Augsburger Glücksstudien (vgl. Kap. 4) wurden ebenfalls die subjektiven Glücksverständnisse zu eruieren versucht. Die offene Frage nach der eigenen Glücksdefinition ergab dabei bei 71 Schülern, Studenten und Hochbetagten die folgenden Ergebnisse:

1.	Erfüllende zwischenmenschliche Beziehungen . .	50,8%
2.	Zufriedenheit mit dem Leben	42,2%
3.	Selbstvertrauen, Individualität	23,9%
4.	Freuden	23,9%
5.	Erfolg	16,9%
6.	Freiheit, Unabhängigkeit	16,9%
7.	Gesundheit	15,5%
8.	Abwesenheit von Unangenehmem	14,1%
9.	Frieden, Harmonie	12,7%
10.	Wohlbefinden, gutes Gefühl	12,7%
11.	Aktivitäten, Hobbies	11,3%
12.	Weiterentwicklung, Produktivität	9,9%
13.	Entspannung, Ruhe	8,5%
14.	Naturgenuß	8,5%

Abb. 4: Häufigste Elemente einer Glücksdefinition bei Schülern, Studenten und Hochbetagten (N = 71, Mehrfachkodierungen zugelassen)

Auch hier wird wieder weniger mit expliziten Definitionen als mit einer Aufzählung von Situationen geantwortet. Diese Situationen sind wieder sehr breit gestreut, wobei hier der zwischenmenschliche Bereich noch klarer an der Spitze liegt.

Was ist nun das Fazit dieser Definitionsversuche? Die unterschiedlichen Ansätze haben unterschiedliche Aspekte hervorgehoben:

- Der Glücksbegriff im Deutschen läßt sich von seinen Wortwurzeln her wohl als **günstiges Lebensschicksal** fassen; er umfaßt auch eine Zufallskomponente, die aber in dieser Arbeit nicht eingeschlossen sein soll.
- Von der heutigen Wortbedeutung her läßt sich Glück als eine **starke positive Emotion**, ein **dauerhafter Zustand intensivster Zufriedenheit** definieren. Dieser Bedeutungskern steckt auch in den Glücksbegriffen anderer moderner Sprachen.

- Das Alltagsverständnis definiert Glück meist über konkrete Situationen, in denen man sich glücklich fühlt ("Glück ist, wenn ... "). Diese Situationen können dabei ganz unterschiedlich sein. Es gibt **aktivere** und **kontemplativere** Glücksformen. Der **zwischenmenschliche Bereich** steht immer wieder im Vordergrund.

2. Materialien der Glücksforschung: Bereiche - Geschichte - Stellenwert

Leider ist in der Psychologie - wie auch in anderen Wissenschaftsbereichen - immer häufiger ein bestimmtes Vorgehen in der Forschung anzutreffen: zum Forschungsgegenstand werden die neuesten, aktuellsten (möglichst amerikanischen) Veröffentlichungen und Forschungsberichte aus dem jeweiligen Bereich gesammelt und die eigenen Untersuchungen daran angeknüpft. Das birgt zwei Gefahren in sich: Ältere Quellen werden immer weniger berücksichtigt und Randbereiche der eigenen Disziplin werden nicht genutzt. Eine Psychologie des Glücks, die noch in den Kinderschuhen steckt, kann und darf sich dies nicht leisten. Denn Wissenschaft bedeutet ja sammeln, ordnen, kritisieren und weiterentwickeln allen Wissens, das zu einem bestimmten Gegenstand vorliegt. Für die Psychologie des Glücks sind dazu mindestens sieben Bereiche von Bedeutung:

- Die **Philosophie** hat sich von Anbeginn mit Glück beschäftigt; Glück ist die zentrale Zielgröße vieler philosophischer Systeme.
- Einiges davon hat die **christliche Theologie** aufgenommen, aber interessante Färbungen verliehen.
- In den **Literaturwissenschaften** gibt es überreichliches Material. Glück ist eines der Standardthemen in der Belletristik, in Sachbüchern, aber auch in Sprichwörtern.
- In den **Wirtschafts- und Sozialwissenschaften** taucht Glück als Sozialindikator, als Maß von Lebensqualität auf und wird in großangelegten Umfragen erhoben, um Wirtschafts- und Gesellschaftssysteme zu bewerten.
- Die **Gerontologie**, die Wissenschaft vom Altern, hat Glück schon früh als Indikator erfolgreichen Alterns untersucht.
- In der **Psychologie** gibt es vielfältiges Material vor allem in der Emotionspsychologie und dem neu aufblühenden Bereich der Gesundheitspsychologie.
- Schließlich bietet die **Physiologie** Einsichten in die körperlichen Grundlagen von Wohlbefinden, die hier miterwogen werden müssen.

Am Schluß dieses Kapitels soll dann versucht werden, dieses breitgefächerte Material kritisch, vor allem ideologiekritisch zu bewerten. Die Gefahren der Glücksforschung, die Zusammenhänge zu neuen gesellschaftlichen Bewegungen wie 'New Age', lassen sich auf diesem Hintergrund bestimmen.

2.1 Philosophie

Aus zwei Gründen möchte ich mich hier auf die abendländische Philosophie begrenzen, wohl bewußt, daß es ältere Philosophien, vielleicht auch bedeutendere Philosophien gibt. Aber zum einen ist die abendländische Philosophie seit dem antiken Griechenland bis heute für unser Denken bestimmend gewesen. Zum anderen haben wir es hier auch mit expliziter Glücksphilosophie zu tun. Chinesische oder indische Philosophie läßt sich zwar auf die Frage nach dem Glück beziehen (z.B. Bauer, 1976; Wlodarek-Küppers, 1987), es ist aber mehr der rechte Lebensweg als spezifisch das Glück der Gegenstand des Denkens.

Mit der abendländischen Philosophie haben wir - zumindest bis ins 18. Jahrhundert - eine einmalige Quelle für Glücksforschung. Denn das allgemeine Prinzip der gesamten Philosophie vor Kant ist die Glückseligkeitslehre gewesen (Hegel). "Die Untersuchung des glückseligen Lebens ist der einzige Gegenstand, den sich die Philosophie zum Zweck und Ziel setzen muß" (Cicero). "Nichts anderes treibt den Menschen zum Philosophieren als das Verlangen nach Glückseligkeit" (Augustinus; alle Zitate nach Bien, 1978, S. XII).

Griechische Philosophie der Antike

In der abendländischen Philosophie war es wohl der Vorsokratiker Demokrit (ca. 470 bis ca. 370), durch seine Atomtheorie berühmt, der sich als erster damit beschäftigte, was die Menschen tun könnten, um glücklich zu werden. Vorher wurde Glück als Gabe der Götter, des Geschicks angesehen, durch Reichtum, Ehre, Macht, Gesundheit symbolisiert (vgl. dazu und zum folgenden Spaemann, 1974; Störig, 1950; Bien, 1978; Pleines, 1984; Tatarkiewicz, 1984; Angehrn, 1985). Demokrit überwindet diese mythischen Abhängigkeiten, setzt dem Schicksal (Tyche) Klugheit, Besonnenheit, vernünftige Lebensführung (Mäßigung, Geringschätzung des Sinnengenusses) entgegen. Auf diese Weise könne der Mensch Glückseligkeit selbst erreichen, als geistige, bescheidene, heitere Zufriedenheit (ataraxia) des Gemütes. Glück ist nicht mehr durch äußere Güter verkörpert, sondern in der seelischen Haltung des Menschen begründet. Für die griechische Philosophie wurde diese Auffassung, diese Lehre der Glückseligkeit (eudaimonia) bestimmend. Die **platonische** Philosophie stellt dabei das tugendhafte, gute Leben in den Mittelpunkt. Denn wer

> "wohl lebt, wird auch zufrieden und glückselig sein; der Böse hingegen und der schlecht lebt, elend.... Ist dies aber wahr, so muß, wie es scheint, wer glückselig sein will, die Besonnenheit suchen und üben, die Zügellosigkeit aber fliehen.... Dies dünkt mich das Ziel zu sein, auf welches man hinsehen muß bei der Führung des Lebens, und alles in eigenen und gemeinschaftlichen Angelegenheiten daraufhinlenkend so verrichten, daß immer Gerechtigkeit und Besonnenheit dem gegenwärtig bleibe, der glückselig werden will; nicht aber so, daß man die Begierden zügellos werden lasse und im Bestreben, sie zu befriedigen - ein überschwengliches Übel -, das Leben eines Räubers lebe." (Platon, Gorgias 507c, 507d, 507e)

Auch für seinen bedeutendsten Schüler, bis zu Platons Tode (347 v. Chr.) Mitglied seiner Akademie, dann aber eine eigene Schule (Peripatos) gründend, auch für **Aristoteles** also war Glückseligkeit, als tugendhaftes Leben, das Ziel allen menschlichen Tuns. Es wird breiter gefaßt. Für Platon war wahres Glück eigentlich nur dem vorbildhaftesten Philosophen vorbehalten, und dabei dachte er immer an Sokrates, war echte Glückseligkeit eigentlich erst nach dem Tode auf der 'Insel der Seligen' erreichbar. Aristoteles stellt mehr das Tätigsein, die Tüchtigkeit in den Vordergrund, wodurch nicht nur Auserwählte zum Glück gelangen können, Aristoteles will in seiner Glücksphilosophie (vgl. seine 'Nikomachische Ethik') direkt an der menschlichen Praxis ansetzen und nicht wieder mystifizieren. Er bestimmt Glück dabei auf dreifache Weise:

1. Glück heißt, gut und richtig leben, tugendhaft tätig sein.
2. Glück ist das einzige Gut, das um seiner selbst angestrebt wird, also in sich das Ziel ist.
3. Glückliches Leben ist in sich selbst genügend ("autark"), ist ein vollendeter und selbständiger Zustand; es müssen keine weiteren Lebensinhalte dazutreten.

Wie kann man nun tugendhaftes Tätigsein näher bestimmen? Für Aristoteles gehören dazu die sozialen Zusammenhänge, die Pflege von privaten Freundschaften bis zum Engagement in der politischen Gemeinschaft freier Bürger (Polis), gehört dazu Bildung (Künste, Wissenschaft, sittliche Ordnung), aber auch Ansätze eines Selbstverwirklichungsgedankens lassen sich bei ihm finden. Wenn wir

> "als die eigentümliche Tätigkeit des Menschen ein Leben annehmen, das in seelischer Aktualität und in vernünftigem Handeln besteht und dieses sich beim tüchtigen Menschen recht und gut vollzieht, so ist demnach das spezifisch menschliche Gute seelische Aktualität entsprechend der ihm eigenen Leistungsfähigkeit und, wenn er zu einer Mehrzahl von Leistungen befähigt ist, in der besten und vollkommensten von ihnen. Und zwar gilt dies für die ganze Dauer des Lebens. Denn **eine** Schwalbe und **ein** Tag macht noch keinen Frühling. Ebensowenig macht **ein** Tag oder eine kurze Spanne Zeit einen Menschen glücklich und selig." (Aristoteles, Nikomachische Ethik, 1098).

Um diese "klassischen" Gedanken kreist die griechische Philosophie der Antike, auch wenn es verschiedene Akzentuierungen gibt. So betont Aristippos aus Kyrena (Kyrenäische Schule, um 400 v.Chr.) mehr die lustvollen, körperlichen Annehmlichkeiten, während Antisthenes (Kynische Schule, um 400 v. Chr.) mehr die Bedürfnislosigkeit, Natürlichkeit und Askese als Wege zum Glück herausstellt. Epikur, der "Gartenphilosoph" (341-270 v.Chr.), predigte wieder eher ein lust- und freudvolles Leben, meinte aber damit mehr eine auf Vernunft begründete Daseinsfreude, eine eher leidenschaftslose Seelenruhe (vgl. Tielsch, 1978). Die Philosophenschule der Stoa (z.B. Zenon von Kition, später z.B. Seneca) ist wieder von einem strengeren Grundzug geprägt, wenn sie Glück als guten, tugendhaften Gang des Lebens in Übereinstimmung mit sich selbst und mit der Natur definiert, dabei aber Apathie als die Freiheit von Neigungen und Affekten wie Lust und Trauer anstrebt. Aber die Gegensätze sind nicht so groß, und viele der Auseinandersetzungen z.B. zwischen Epikuräern und Stoikern sind wenig begründet (Spaemann, 1974). Denn wenn in der griechischen Philosophie von Lust als Ziel die Rede ist, so immer extrem vernunftkontrolliert; und die Lustkritiker andererseits zielten zunächst nur auf eine Kritik einer völligen Zügellosigkeit, waren aber auch um die körperlichen Bedürfnisse besorgt (vgl. Gosling & Taylor, 1982). So schreibt Seneca, der Stoiker, in seinem Werk "Vom glückseligen Leben":

> "Inzwischen halte ich mich, worin alle Stoiker eins sind, an die Natur; von ihr nicht abzuirren und sich nach ihrem Gesetz und Beispiel zu bilden, ist Weisheit. Glückselig also ist ein Leben, welches mit seiner Natur in Einklang steht; dies aber kann uns nicht anders zuteil werden, als wenn zuerst der Geist gesund und in beständigem Besitz seiner Gesundheit ist; sodann, wenn er kräftig und entschlossen, zudem sittlich rein und geduldig ist, sich den Umständen fügt, für den Körper und seine Bedürfnisse besorgt ist, jedoch ohne Ängstlichkeit; achtsam ferner auf die übrigen Dinge, die zum Leben gehören, ohne auf irgendeines großen Wert zu legen, bereit die Gaben des Glücks zu nutzen, nicht aber ihnen zu frönen" (Seneca, Vom glückseligen Leben, S. 3).

Trotz aller Gegensätze bietet sich also doch ein recht einheitliches Bild der griechischen Glücksphilosophie.

Die **mittelalterliche Philosophie** schließt daran an, thematisiert Glück aber dann als theologisches Problem, weshalb dies im nächsten Kapitel erst besprochen werden soll.

Philosophie der Neuzeit

In der **Renaissance** zeigt sich wieder eine stärkere Hinwendung zur antiken griechischen Glücksphilosophie, das heißt eine Erneuerung des kontemplativen Glücksbegriffes, immer wieder aber mit christlichen Vorstellungen vermengt. Eine Neubestimmung wird dann in der **Aufklärung** vorgenommen: Glück als Maximum von Vergnügung, Lust und Angenehmem, so bei John Locke (1632 - 1704). Das Gute ist das, was in uns Vergnügungen (pleasure) hervorzurufen vermag. Das Handeln der Menschen wird durch die Begierde nach solchem Glück bestimmt. Diese Auffassung floß dann auch in das von Jermey Bentham (1748 - 1832) formulierte **hedonistische Kalkül**: Das größtmögliche Glück für die größtmögliche Zahl von Menschen zu erreichen soll Prinzip allen persönlichen und politischen Handelns sein. Und dabei wird Glück immer eher mit Lust, Gewinn, Vorteil, materiellen Gütern gleichgesetzt. Allerdings hat dieser **klassische Utilitarismus**, wie er auch von John Stuart Mill (1806 - 1873) vertreten wurde, niemals eine ausgearbeitete Theorie des Glücks vorgelegt (vgl. Höffe, 1978). Denn das Hauptanliegen dieser Richtung war, von einem rein säkularen Standpunkt aus ohne christlich-theologische Verschleierungen und Behinderungen Reformen in Richtung mehr Demokratie und soziale Gerechtigkeit voranzutreiben.

Insofern ist es auch etwas ungerecht, den Utilitarismus und andere hedonistische Tendenzen der Aufklärung als Glückstheorien zu behandeln, ging es doch vielmehr um Theologie- und Gesellschaftskritik.

Explizierte Glücksphilosophen der neuzeitlichen Philosophie, die auch wieder stärker am griechischen Denken anknüpften, finden sich dann auch z.B. bei Jean-Jacques Rousseau (1712 - 1778). Glück wird hier wieder als Einheit des Menschen mit sich selbst verstanden, als Zufriedenheitsgefühl, Glück ist an ein gutes Gewissen gebunden, an den Glauben an Gerechtigkeit, auch jenseitige Gerechtigkeit. Das Glück des Menschen, so Rousseau, bedarf aber auch der Liebe und ist insofern ein zerbrechliches Glück, es ist jedoch nie an nur flüchtige Augenblicke gebunden. Ein wirklich neues Element neuzeitlicher Glücksphilosophie kommt hier zum Vorschein: es wird immer wieder auch eine individuelle Komponente des Glücks hervorgehoben. Das Glückserleben wird nicht mehr so absolut, so universell definiert. Die Grundlagen für Glück lassen sich wohl allgemein formulieren, weniger aber das individuelle Glückserleben.

So wie der Utilitarismus im England des 18. und 19. Jahrhunderts ist auch die **materialistische Philosophie** weniger Glückslehre als Gesellschaftskritik (vgl. Schmidt, 1976; Fritz, 1984). Asketische Ideale sind den Materialisten meist verdächtig; "sie bleiben der Erde treu und bekennen sich, ohne zu zögern, zum sinnlichen Glück" (Schmidt, 1976, S. 59). Glück wird als Menschenrecht deklariert; damit wird Glück zur Parole des politischen Kampfes gegen die herrschenden Mächte (La Mettrie, Diderot, Holbach, Helvétius; vgl. dazu auch das Glück als Grundrecht in der US-amerikanischen Verfassung; Jones, 1953). Und dabei wollte man sich nicht mit feinsinnigen Abwägungen des Glücksbegriffs aufhalten, solange die Glücksmöglichkeiten des Volkes so offenkundig eingeschränkt sind. Aber auch der Hedonismus wird radikal kritisiert, denn die Philosophie des Genusses, so Marx und Engels, war nie etwas anderes als die geistreiche Sprache gewisser zum Genuß privilegierter gesellschaftlicher Kreise. Glück wird also zwar auch als sinnliches Glück verstanden, aber als Glück unter bestimmten gesellschaftlichen Bedingungen:

> "In einer höheren Phase der kommunistischen Gesellschaft, nachdem die knechtende Unterordnung der Individuen unter die Teilung der Arbeit, damit auch der Gegensatz geistiger und körperlicher Arbeit verschwunden ist; nachdem die Arbeit nicht nur Mittel zum Leben, sondern selbst das erste Lebensbedürfnis geworden; nachdem mit der allseitigen Entwicklung der Individuen auch ihre Produktivkräfte gewachsen und alle Springquellen des genossenschaftlichen Reichtums voller flossen - erst dann kann der enge bürgerliche Rechtshorizont ganz überschritten werden und die Gesellschaft auf ihre Fahne schreiben: Jeder nach seinen Fähigkeiten, jedem nach seinen Bedürfnissen!" (Marx, Kritik des Gothauer Programms, S. 20f.).

Auf diesem Hintergrund wird Glück zum universellen Ziel der Menschheit (ihrem "Interesse"), wird Glück zum Sinn des Lebens und auch wieder zu einer, auf Vernunft gebauten, sittlichen Kategorie.

Eine etwas schillernde Rolle in der Glücksdefinition nimmt Immanuel Kant (1724-1804) ein (vgl. Sommer, 1978; Pleines, 1984; Angehrn, 1985). Glückseligkeit ist für ihn zwar ein notwendiges Verlangen jeden vernünftigen Wesens, bietet aber trotzdem keine vernünftige Handlungsorientierung. Denn Glück kann durch den Handelnden direkt gar nicht erreicht werden; er müßte allwissend sein, um alle Fragen und Rückwirkungen seiner Handlungen erfassen zu können. So kann es für den Menschen nur darum gehen, sich durch moralisches Handeln (kategorischer Imperativ) würdig zu erweisen für Glück. Nur das Glück der anderen läßt sich zum Handlungsziel machen. Selbst Glück als Zufriedenheit mit dem eigenen sittlichen Verhalten läßt Kant nicht gelten, da es sonst vom sittlichen Verhalten ablenken würde. Trotzdem aber ist Glückseligkeit der "letzte Naturzweck" des Menschen.

Die Versuche, Glück, Freude, Vergnügungen philosophisch zu fassen, abzugrenzen, werden in der Folge immer heterogener. Auch werden immer weniger Gesamtkonzeptionen vorgelegt. Glück als Schmerzlosigkeit und Abwesenheit von Langeweile (Schopenhauer) und Glück als Fülle des Gefühls und der Lebenssteigerung (Nietzsche) zeigen die Bandbreite. Im 20. Jahrhundert waren es dann paradoxerweise die Schrecken des 2. Weltkrieges, die die Glücksphilosophie wieder anfachten. Im bombardierten Warschau schrieb W. Tatarkiewicz seine Monographie über das Glück (1949; deutsch 1984). Im gleichen Jahre 1949 erschien Ludwig Marcuses 'Philosophie des Glücks'. Beide Werke sind durch sorgfältige Sammlung und Strukturierung von Materialien zur Glücksphilosophie geprägt, wie überhaupt die Philosophie des 20. Jahrhunderts wohl keine neuen fundierten Glückstheorien gebracht hat (McGill, 1967). Eine kleine Renaissance der Glücksphilosophie brachten dann die letzten Jahre (z.B. Kamlah, 1972; Bien, 1978; Bäumer, 1983; Angehrn, 1985).

Trotz aller Vielfalt der Glücksauffassungen, die hier nun angesprochen wurden, muß doch der Versuch eines Resümees gemacht werden. Denn welchen Sinn hätte es, Gedankengänge verschiedener Philosophen nur aneinanderzureihen, wenn wir immer wieder Berührungspunkte und Gemeinsamkeiten festgestellt haben. Prägend für eine integrierende Zusammenfassung muß wohl die antike griechische Philosophie sein. Denn sie gibt eine trotz mancher Gegensätze auch einheitliche Glückstheorie wieder, auf die immer Bezug genommen wurde. Nur die utilitaristische und materialistisch-marxistische Philosophie sperrt sich, ihr ging es aber, wie wir gesehen haben, weniger um Glücksphilosophie als um Gesellschaftskritik. So könnte man ein - vielleicht etwas gewagtes - Fazit der Philosophie des Glücks in sieben Punkten festhalten:

1. Das Streben nach Glück ist universell, jedem Menschen eigentümlich.
2. Glück ist keine momentane Emotion, sondern eine langfristige, über das ganze Leben sich aufbauende Lebensweise.
3. Glück ist an Kriterien für richtiges, "tugendhaftes" Leben gebunden.
4. Die Vernunft, als der geistige Einklang mit sich selbst und mit der Natur, steht dabei im Vordergrund.
5. Ein ausgeglichenes, zufriedenes, harmonisches, ruhiges Lebensgefühl ist das Ergebnis solchen Glücks.
6. Sowohl die Gesellschaft, als auch der Einzelne können, müssen etwas für ihr Glück tun.
7. Neben diesen allgemeinen Glücksbestimmungen ist aber das konkrete Glückserleben auch stark subjektiv, individuell unterschiedlich.

2.2 Theologie

Die Glücksdiskussion in der christlichen Theologie ist auf den ersten Blick viel widersprüchlicher. Sie nimmt ihren Ausgangspunkt in der mittelalterlichen Philosophie, die Glück ausschließlich als theologisches Problem begriff. Die Hauptquellen waren dabei die Heilige Schrift (vor allem die Bergpredigt) und der als authentische Lehrer der Christenheit (Spaemann, 1974) anerkannte Aurelius **Augustinus** (354 - 430 n.Chr). Wahre, ewige Glücksseligkeit könne der Mensch erst nach dem Tode erlangen, in dieser Welt aber könne der Mensch nicht glücklich werden. Es wird also in gewissem Sinne die Abkehr von der Welt, die Hingabe an Gott gepredigt. Glück (Seligkeit) und irdisches Wohlbefinden werden sogar als Gegensätze formuliert:

> "Selig sind, die arm vor Gott, denn Gott liebt sie und tut ihnen die Tür zu seinem Reich auf. Selig sind, die Leid tragen, denn Gott wird sie trösten. Selig, die behutsam und freundlich sind, ... nach Gerechtigkeit hungern und dürsten, ... die Barmherzigen, ... die Frieden machen, ... die verfolgt werden, ... Freut euch und seid unbekümmert, denn im Himmel ist euch reicher Lohn gewiß." (Matthäus 4, Kap.5 "Bergpredigt", Zink, 1965, S. 17).

Also nicht auf irdisches Glück, sondern auf himmlisches Heil kommt es einem Christen an. Somit ist von der christlichen Theologie das antike, eudämonistische Glückskonzept (Aristoteles) zwar aufgegriffen worden, "doch war sie bestrebt, es zu theonomisieren, d.h. im 'summum bonum', in Gott selbst, zu verankern" (Stoeckle, 1975, S. 126). Eine christliche Ethik auf Glück zu begründen, wurde aber immer wieder abgelehnt; denn man wollte nicht in den Verdacht geraten, Luststreben, Genuß und Annehmlichkeiten zu unterstützen und die Bereitschaft zu untergraben, Unlustzumutungen, Triebaufschub, Frustrationen und Verzicht zu ertragen (Stoeckle, 1975). Bei **Thomas von Aquin** (1225-1274) ist ein leichter Wandel zu erkennen. Der Weg des Menschen zu Gott ist hier nicht nur Vorbereitung auf den Empfang von Heil im Jenseits. Glück (beatitudo) ist in diesem Prozeß der Christusnachfolge im Diesseits vorwegnehmbar, wenn auch in unvollkommener irdischer Gestalt. Aber, und das ist ganz wichtig, solches diesseitige Glück kann nicht direkt angestrebt werden, kann auch bei gläubigstem Lebenswandel nicht eingeklagt werden. Glück ist nur als **Heil** von Gott her geschenkt, ist in der Gnade Gottes. Auch **Martin Luther** (1483 - 1546) verdammt die Erfüllung göttlicher Gesetze mit Blick auf den Lohn, auch wenn der Lohn von Gott verheißen wird. So gibt es nach Luther keine rechtmäßige Selbstliebe. Der Mensch müsse völlig auf Glück verzichten können, wenn dies Gottes Wille sei. Glück und Heil haben sich also zu Gegensätzen entwickelt (Greshake, 1983).

Erst die **neuere Theologie** versucht, die Jenseitigkeit, Spiritualität und Glücksfeindlichkeit zu überwinden (Greshake, 1983). Ja, eine "Theologie des Glücks" (Röhrbein, 1978; Hüching, 1971; Ziegler, 1978) wird heute zu formulieren versucht. So zitiert Ziegler (1978), mit kirchlicher Druckerlaubnis, Horaz: "Selbst wenn man die Natur mit der

Mistgabel austreibt, kehrt sie doch unausrottbar wieder" (S.32). Das diesseitige, weltliche Glück wird wieder betont, aber, wie bei Martin (1970), auf der Basis einer persönlichen, gesellschaftlichen und religiösen Gefestigtheit des Ich. Glück und Heil werden wieder zusammenzubringen versucht.

Es bleibt der Gedanke aber, daß man keinen Anspruch auf Glück bei richtiger Lebensweise habe. So kann es auch keine Rezepte zum Glücklichwerden von christlicher Ethik her geben, dies auch deshalb, weil christliche Ethik sich beziehen muß auf die Heilige Schrift, in der Glück so gut wie nicht thematisiert wird. Auf der anderen Seite ist die Theologie in der Praxis nicht kleinlich im Predigen von Verhaltensmaßregeln. Aber es ist wohl damit gemeint, daß christliches Verhalten Wege zum Glück öffnen kann, nicht aber Glück bewirken kann. So könnte man aus der Sicht der Theologie folgendes festhalten:

1. Ein Glücksbegriff, der sich nur auf individuelle Triebbefriedigung, Lust, Genußsucht gründet, trägt nicht zur moralischen Ausrichtung menschlichen Handelns bei.
2. Christlich-ethisches Verhalten kann höchstens Wege zum Glück offenhalten, niemals aber Glück direkt bewirken; denn Glück ist letztlich eine Gabe, eine Gnade.

2.3 Literaturwissenschaften

Glücksforschung muß ein interdisziplinäres Feld sein, um zu wesentlichen Einsichten führen zu können, und so muß auch in den Literaturwissenschaften nach Material für eine Psychologie des Glücks gesucht werden. An einer Stelle haben wir von diesem Bereich bereits profitiert, als es um die etymologische und lexikalische Definition des Glücksbegriffs ging (Kap. 1.2); wir wollen aber dabei nicht stehen bleiben.

Denn während die Glücksforschung in der Psychologie bisher nur eine marginale Rolle spielt, ist Glück in der **Literatur** eines der großen Standardthemen. So hat M.S. Lindauer (1968) in einer Analyse von 8 Standardzitatenwerken der Literatur herausgefunden, daß 73,4% aller angesprochenen Emotionen positive Emotionen sind. Liebe, Humor und Glück stehen dabei an den ersten Stellen. Daß Glück in der deutschsprachigen Literatur diese zentrale Rolle auch heute noch innehat, belegt sehr schön ein Themenheft der 'Zeitschrift für Literaturwissenschaft und Linguistik' (Band 50, 1983).
Seit den siebziger Jahren unseres Jahrhunderts hat sich dies sogar - im Rahmen des Trends zur 'Neuen Subjektivität' der Literatur (vgl. Kreuzer, 1981) - entscheidend verstärkt. Dabei steht wohl weniger das Ausstrahlen von Glück im Sinne von 'Hollywood-Happy-End' im Vordergrund als vielmehr das verzweifelte Suchen nach Glück:

> "Die literarischen Glückssucher hier und heute sind keine Entdecker neuer Kontinente, sondern zumeist Gefangene zwischen den Spiegelwänden des Ich, Flüchtlinge in den Zellen der Psychiatrie, Leidende auf der 'Erdabgewandten Seite der Geschichte' (Nicolas Born, 1976). Sie setzen ihre Hoffnung eher auf südliche Berge als auf westliche Städte, aber sie suchen doch auch eine 'Annäherung an das Glück' (so der Titel eines unglücklichen Buches von Günter Steffens, 1977), und manche finden es sogar (wie in Peter Handkes 'Stunde der wahren Empfindung', 1975), wenn auch nur 'eine zwei Sekunden lang' und nur in kleinen Dingen '- so wie man im Märchen im Walde drei Wunderdinge sieht, und die helfen einem weiter - und er fühlt dann ein paar Atemzüge lang Glück, Einverständnis, Zufriedenheit und Geheimnis -'." (Kreuzer, 1983, S. 9f).

Lassen sich Ergebnisse der 'literarischen Gückssucher' festmachen? Lassen sich die literarischen Aussagen zum Thema Glück inhaltlich vergleichen, zusammenfassen, auswerten? Ich meine nein. Wohl gibt es Zitatenhandbücher (z.B. Schmidt, 1971; Puntsch, 1984; Zoozmann, 1980; Eichelberger, 1986), die zum Teil über hundert Stellen der Weltliteratur zum Thema Glück (Eichelberger, 1986) zusammengestellt haben. Diese Zitate sind aber in der Regel so sehr aus dem Zusammenhang gerissen, daß sich eine Analyse ohne Kontext verbietet. Eine Analyse mit Kontext dagegen müßte so weit ausholen, daß nur ein paar wenige Autoren zu Wort kommen könnten (vgl. dazu z.B. Jung, 1983). Also erweitern wir die Grenzen der literaturwissenschaftlichen Analyse über die Belletristik hinaus.

G. Helmes (1983) hat auf dem Gebiet der **Sachbücher** ebenfalls seit den 70er Jahren einen enormen Boom des Glücksthemas festgestellt. So hat auch Jannie-Joke Roos (1981) im deutschen Verzeichnis lieferbarer Bücher (VLB) 1979/1980 über 200 Titel zum Thema Glück gezählt. Dabei handelt es sich vorwiegend um lebenspraktische Ratgeber. Glück als Modethema in diesem Umfang läßt den Verdacht aufkommen, daß auf solche Weise wirtschaftliche, soziale und ideologische Krisen (Dauerarbeitslosigkeit, Umweltzerstörung, atomare Bedrohung) überdeckt werden sollen (Helmes, 1983). Darauf wird weiter unten (Kap. 2.8) noch einzugehen sein. Oft dient aber in dieser Art von Sachliteratur der Titel Glück nur als Etikett für sonst unter anderen Modebegriffen zu verkaufende Inhalte. Also auch hier ist das Material zu diffus, um eine inhaltliche Auswertung zu erlauben.
Ein weiteres Gegenstandsfeld der Literaturwissenschaften stellt die Sammlung und Analyse von **Sprichwörtern** dar. Und hier wird man unter dem Stichwort Glück wiederum von Material überhäuft. Glück scheint ein Standardthema auch für Sprichwörter zu sein. So finden sich im deutschen Sprichwörter-Lexikon (Wander, 1964) **über tausend** Eintragungen! Vor einer Auswertung gilt es auch hier wieder, kritische Punkte zu bedenken:

- Auch Sprichwörter haben oft eine ideologische Funktion, sollen von gesellschaftlichen Zusammenhängen ablenken (z.B. "Jeder ist seines Glückes Schmied" zur Individualisierung der Verantwortung sozialer Mißstände).
- Sprichwörter über Glück sind oft weniger Ausdruck von Einsichten über das Glück, sondern sollen vielmehr Trost für Unglückliche spenden.
- Auch Sprichwörter sind oft an einen bestimmten Kontext gebunden.
- In Sprichwörtersammlungen findet man vorwiegend Sprüche aus lang vergangenen Zeiten; auf Gegenwartsprobleme lassen sie sich oft nur schlecht beziehen.

Trotzdem soll hier eine systematische Analyse versucht werden, vor allem weil eine solche Fülle an Material zur Verfügung steht. Die von K.F.W. Wander (1964) gesammelten 1.025 Sprichwörter über Glück werden nun einer zusammenfassenden qualitativen Inhaltsanalyse (Mayring, 1988a) unterzogen. Dabei wurden zunächst Eintragungen ausgeschlossen, die sich eindeutig auf Glück im Sinne von Zufall (Glück im Spiel z.B.) beziehen. Die Sprichwörter wurden dann nach den inhaltsanalytischen Regeln auf eine inhaltliche Kurzformel gebracht und schrittweise komprimiert. Sie wurden dabei in zwei Hauptkategorien geordnet.

- Definitionen von Glück: Sprichwörter zum Thema, was Glück überhaupt sei, wie es zu erkennen sei, wie es erlebt werde.
- Wege zum Glück: Sprichwörter, die zeigen wollen, wie man glücklich wird und bleibt.

Einen Überblick über die Ergebnisse bietet Abb. 5. In Abb. 6 sind dann prototypische Beispiele dazu aufgeführt.

Definition von Glück im Volksmund

1. **Glück ist subjektiv.**
   Es ist schwer zu erkennen.
   Es ist selten zu finden, man sieht es eher beim anderen als bei sich.

2. **Glück ist ein zentraler menschlicher Wert,**
   höchstes Ziel; besser als Verstand, Weisheit, Stärke.
   Ohne Glück geht nichts im Leben.
   Man kann nie genug Glück haben.
   Man kann es immer brauchen, Glück bringt Freunde; es strahlt; macht stolz.
   Es verändert den ganzen Menschen und alles um ihn herum.
   Es bringt Reichtum "führt die Braut heim".
   Es zieht weiteres Glück an.
   Mit Glück läuft alles im Leben.

3. **Glück ist aber auch gefährlich.**
   Es ist tückisch.
   Es gibt auch 'schlechtes' Glück, vor allem ein Zuviel an Glück.
   Es kann blind machen, verrückt, hochmütig.
   Es macht begierig nach mehr Glück.
   Es kann auch wehtun.
   Es ist geschwätzig.
   Es bringt viele Neider.

4. **Glück und Unglück wechseln stets.**
   Glück schützt nicht vor Unglück.
   Im Glück ist immer auch Unglück enthalten.
   Für sein Glück muß man auch wieder bezahlen.

5. **Deshalb ist Glück unvorhersehbar und launisch.**
   Es ist schwer festzuhalten.
   Glück will frei sein.

Wege zum Glück im Volksmund

1. **Glück muß erobert werden, läßt sich aber nicht erzwingen.**
   Man muß sein Glück wagen, kühn sein.
   Man muß etwas riskieren, selbst dafür sorgen.
   Mit Großmut, nicht mit Demut ist Glück zu erreichen.
   Wenn es kommt, muß man es annehmen, zupacken.
   Aber es läßt sich nicht erzwingen.
   Es läßt sich nicht erjagen.
   Es kommt nicht automatisch.
   Es kommt nicht aus Fleiß.
   Man kann es nicht kaufen.

2. **Es gibt auch den stillen Weg zum Glück.**
   Das stille Glück ist oft am besten.
   Durch Bescheidenheit, Zufriedenheit mit den kleinen Dingen.
   Es verträgt kein Prahlen.
   Es kommt aus der Hoffnung.
   Man muß auch warten können.
   Das langsame Glück ist oft am besten.
   Es will erschlichen werden.
   Kommt oft auf Umwegen.
   Liegt oft ganz in der Nähe.
   Es ist überall zu finden.

3. **Mit Rationalität allein kommt man schwer zum Glück.**
   Weisheit, Klugheit, Vernunft sind schlechte Wege zum Glück.
   Glück muß nicht beraten werden.
   Glück liegt eher bei Jugend und Schönheit.

4. **Tugend ist wichtig.**
   Nur mit Tugend kann man Glück halten.
   Glück dem Bösen wird zu Unglück.

5. **Um glücklich zu bleiben, muß man es mit Vorsicht pflegen.**
   Glück ist schwer zu tragen.
   Man muß es festhalten, nutzen.
   Man darf nicht damit spielen, übermütig sein.
   Man muß dankbar sein, um es zu halten.
   Man muß im Glück ans Unglück denken.

Abb. 5: Auswertung von 1.025 Sprichwörtern über Glück (Wander, 1964) mittels zusammenfassender qualitativer Inhaltsanalyse (Mayring, 1988a)

Definition von Glück im Volksmund - Beispiele

1. "Das Glück des einen ist das Unglück des anderen" (32)
2. "Am Glück ist alles gelegen" (1)
   "Das Glück spielt immer die erste Geige" (203)
3. "Zu großem Glück ist nicht zu trauen" (942)
   "Wenn das Glück einem schmeichelt, so wills ihm den Hals abstechen" (754)
4. "Glück und Unglück sind wie zwei Eimer im Brunnen, zieht man den einen auf, so sinkt der andere ab" (476)
5. "Das Glück hält seine Worte und Briefe nicht" (60)
   "Das Glück gibt dem einen die Nüsse, dem anderen die Schalen" (41)
   "Glück und Glas, wie oft bricht das" (462)

Wege zum Glück im Volksmund - Beispiele

1. "Das Glück ist dem Kühnen hold" (91)
   "Das Glück muß man erobern" (183)
   "Glück fleucht den, der es sucht, und sucht den, der es fleucht" (40)
   "Das Glück zieht man mit der Zange nicht herbei, und das Unglück kommt selbst" (226)
2. "Ein mäßiges Glück ist das aller ehrlichste und rühmlichste" (288)
   "Bescheiden Glück kommt alle Tage" (10)
3. "Das Glück hasset weise und gelehrte Leute, die mit Vernunft alle Dinge vermögen" (61)
4. "Glück mit Sünd und Schand hat nicht Bestand" (420)
5. "Man darf das Glück wohl wie eine Gans rupfen, man muß ihm aber nicht wie einem Geier den Hals umdrehen" (576)
   "Wen das Glück ehrt, der soll es wieder ehren" (719)

Abb. 6: Prototypische Beispiele für die Sprichwörterauswertung (Quellen der Sprichwörter in Wander, 1964; die Zahlen in Klammern beziehen sich ebenfalls auf Wander, 1964)

Was hier überrascht, ist doch ein erstaunlich differenziertes Bild. Glück "im Volksmund", in Sprichwörtern, scheint etwas sehr Schillerndes zu sein: Es wird hochgelobt, ist aber auch gefährlich, man kann es aktiv anstreben, läßt sich aber doch nicht erzwingen. Dies stützt zum einen unsere einleitende These (Kapitel 1.1, These 2), daß Glück komplexer ist, als vielfach angenommen. Zum anderen zeigt sich aber auch eine Besonderheit von Spruchweisheiten: Sie sollen eben für jeden Zweck, für jede Situation passen. So kann man immer wieder sogar klare Gegensätze mit Sprichwörtern belegen.

"Das Glück ist mancher Art, aber es läßt jedem seinen Bart" (Wander, 1964, Glück Nr. 119)

"Das Glück macht aus Bettlern Könige und aus Königen Bettler" (Wander, 1964, Glück Nr. 171)

Verändert Glück nun den Menschen oder nicht? Oder:

"Im Glück sind wir gute Christen" (Wander, 1964, Glück Nr. 537)

"Im Glück vergißt man die Heiligen" (Wander, 1964, Glück Nr. 538).

2.4 Wirtschafts- und Sozialwissenschaften

Das Interesse am individuellen Glück

Die wohl aufwendigste Glücksforschung (auch finanziell) wird heute seltsamerweise in den Wirtschafts- und Sozialwissenschaften betrieben. Zigtausende von Versuchspersonen werden hier in standardisierten Interviews (Surveys) zu Glück und Wohlbefinden befragt. Das gemeinsame Interesse von Politologie, Wirtschaftswissenschaften und Soziologie an solchen Repräsentativumfragen ist dabei, über die Kenntnis des individuellen Glücks und Wohlbefindens der Menschen Rückschlüsse zu ziehen auf den Zustand der Gesellschaft, des Wirtschaftssystems. Die individuellen Daten werden verrechnet und Vergleiche angestellt:

- zwischen verschiedenen Systemen (Ländern);
- zwischen verschiedenen Erhebungszeitpunkten (historischer Wandel);
- zwischen gesellschaftlichen Subgruppen (Sozialstruktur);
- zwischen verschiedenen Lebensbereichen (Berufszufriedenheit, Eheglück, Gesundheit usw.).

Dieses Material soll dann auch zu Beratung und Planung in Politik und Wirtschaft verwertet werden. Daß die Wirtschafts- und Sozialwissenschaften dabei am **individuellen** Wohlbefinden ansetzen, ist ein relativ neues Vorgehen; deshalb ein paar historische Bemerkungen.

Historischer Hintergrund

Ursprünglich hat man die Wohlfahrt, den Wohlstand einer Gesellschaft über dessen globale materielle Güteranhäufung definiert (vgl. zum folgenden Zapf, 1984; Peters & Zeugin, 1979). Die Zahl der Schiffe, die Größe des Goldvorrates, die Pracht der Bauwerke in den Hauptstädten waren zentrale Wohlstandsindikatoren. Unter dem Einfluß des Utilitarismus (vgl. Kap. 2.1) wurde dann seit Beginn unseres Jahrhunderts mehr vom Wohlstand der einzelnen Gesellschaftsmitglieder ausgegangen. Die Summe der individuellen materiellen Güter wurde betrachtet, wie es bis heute noch in der Berechnung des Bruttosozialprodukts zum Ausdruck kommt.

Das für die Glücksforschung wichtige Umdenken ist wohl durch Franklin D. Roosevelt (US-Präsident 1933 - 1945) ausgelöst worden. Seine Politik des 'New Deal', mit der er die Folgen der Weltwirtschaftskrise überwinden wollte, lautete: Mehr steuernde Eingriffe des Staates zur Durchsetzung sozialer Reformen (Stärkung der Gewerkschaften, des Sozialen Netzes, Verschärfung der Steuerprogression, Kontrolle des Wirtschaftssystems) statt liberalistischer freier Marktwirtschaft. Diese Politik wurde nach dem Zweiten Weltkrieg und der Phase des Wiederaufbaues in den 60er Jahren in den USA von J.F. Kennedy und L.B. Johnson und in der BRD durch W. Brandt aufgegriffen und durch die Forderung nach mehr **Lebensqualität** (vgl. zu diesem Konzept Kap. 3.2) auf den Punkt gebracht. Lebensqualität geht über den materiellen Wohlstand hinaus, meint auch ein Leben unter sozial gerechten, friedlichen und gesunden Lebensbedingungen, meint auch ein subjektives Sich-Wohl-Fühlen.

Glück und Zufriedenheit in der Sozialindikatorenforschung

Diese Entwicklung hat auch in den Sozialwissenschaften stattgefunden. Die **Sozialindikatorenforschung** hat die Aufgabe, die soziale Lage einer Gesellschaft durch Begriffe (Indikatoren) zu beschreiben und zu messen, die über materielle Faktoren hinausgehen (Bauer, 1966; Werner, 1975; Peters & Zeugin, 1979). Und zu diesen Sozialindikatoren gehört nun auch das Glück. Die großen Repräsentativuntersuchungen zur Lage der Bevölkerung, die seit den 60er Jahren durchgeführt werden, enthalten immer auch Fragen danach, ob die Menschen sich glücklich fühlen. Die Standard-Glücksfrage, die Zehntausende von Menschen dabei gestellt wurde, lautete in der Regel:

> "Alles zusammengenommen, wie - würden Sie sagen - läuft Ihr Leben in diesen Tagen? Würden Sie sagen, Sie sind sehr glücklich, etwas glücklich oder nicht so glücklich?"

Über solche Untersuchungen in den USA berichten z.B. Gurin, Veroff und Feld (1960), Campbell, Converse und Rodgers (1976), Andrews und Withey (1976), Veroff, Duvan und Kulka (1981) und Campbell (1981).

Die frühesten Studien in dieser Richtung (Bradburn & Caplovitz, 1965; Cantril, 1965) haben sich sogar vorwiegend mit Glück und Wohlbefinden beschäftigt.

In der BRD werden Repräsentativuntersuchungen zu Sozialindikatoren vor allem seit 1978 im Rahmen des Sonderforschungsbereiches 'Mikroanalytische Grundlagen der Gesellschaftspolitik' durchgeführt (Siara, 1980; Glatzer & Zapf, 1984; Berger & Mohr, 1986; Zapf u.a., 1987; Statistisches Bundesamt, 1989). Jede dieser Untersuchungen bezieht sich auf Interviews mit über 2.000 Interviewpartnern (1978: 2.012 Vpn.; 1980: 2.427 Vpn.; 1984: 2.076 Vpn.; 1988: 2.144 Vpn.). Auch hier ist natürlich die Frage nach dem Glück mit dabei. Hier die Ergebnisse der Antworten auf die Standard-Glücksfragen (vgl. Statistisches Bundesamt, 1989):

Es fühlen sich:

	sehr glücklich	etwas glücklich	unglücklich
1978	21.5%	74.0%	4.5%
1980	25.6%	68.7%	5.7%
1984	19.8%	71.2%	9.0%
1988	23.0%	72.4%	4.6%

Die Prozentsätze sind dabei relativ stabil. Auffallend ist hier vor allem die Zunahme des Prozentsatzes an Unglücklichen bis 1984.
Die amerikanische Forschung ging im folgenden sogar so weit, den Begriff **Lebensqualität** vorwiegend über das subjektive Wohlbefinden zu definieren. Lebensqualität, so z.B. A. Campbell (1976, 1981), existiere letztlich nur in der individuellen Lebenserfahrung, und die könne erheblich von den objektiven Lebensbedingungen abweichen. Menschen unter guten objektiven Bedingungen können sich schlecht fühlen ('Unzufriedenheitsdilemma', Zapf, 1984) und Menschen in schlechter objektiver Lage können glücklich und zufrieden sein ('Zufriedenheitsparadox', Zapf, 1984). Hier lassen sich als Belege die Ergebnisse der vergleichenden Untersuchungen zur Zufriedenheit mit der finanziellen Situation anführen: Menschen in armen Ländern sind im Schnitt ebenso zufrieden mit ihren Finanzen wie Menschen in reichen Ländern. Die Bevölkerung der westlichen Industrieländer bewertete ihre materielle Situation vor 40 Jahren ähnlich gut oder schlecht wie heute, obwohl die Einkommen seitdem immens gestiegen sind (Easterlin, 1973; Duncan, 1975). Diese Beobachtung führte zu der Erkenntnis, daß das Glück der Menschen auch auf kognitiven Einschätzungen beruht (vgl. Kap. 3.3). Es wird nach Maßstäben gesucht, mit denen man die eigene Situation vergleicht. Und die häufigste Bezugsgröße ist dabei - zumindest was die finanzielle Situation betrifft - der zu einer bestimmten Zeit in einer bestimmten Gesellschaft vorherrschende Durchschnitt. Wer für seine Zeit und sein Land überdurchschnittlich gut verdient ist zufrieden, ganz egal wie hoch das Einkommen objektiv ist.

Lebensqualität hat sich so zu einem zweidimensionalen Konstrukt entwickelt, das die objektive und subjektive Komponente in sich vereinigt. Dies kommt auch in der Differenzierung von Wohlfahrtsdimensionen von E. Allardt (1973, nach Glatzer & Zapf, 1984) zum Ausdruck (Abb. 7). Neben den beiden vertikalen Spalten der Wohlfahrt (objektive Dimension) und des Glücks (subjektive Dimension) unterscheidet er noch durch die beiden horizontalen Zeilen den Lebensstandard als Basiswert und die Lebensqualität als auf höhere Bedürfnisse bezogen. Er gelangt dadurch zu einem Vier-Felder-Schema.

	Welfare	Happiness
Level of Living	(1) Having - Income - Education - Employment - Health - Housing	(4) Dissatisfaction - Perceived antagonisms - Perceived discrimination - Perceived unjust privileges - Income satisfaction
Quality of Life	(2) Loving - Community attachment - Family attachment - Friendship patterns (3) Being - Personal prestige - Insubstitutability - Political resources - Doing	(5) Satisfaction Attitudes - Perceived happiness - Perceived need-satisfaction

Abb. 7: Dimensionen der Wohlfahrt nach Allardt (nach Glatzer & Zapf, 1984, S. 31)

In diesem Schema kommt eine weitere Besonderheit der Sozialindikatorenforschung zum Ausdruck. Von Anbeginn hat man Wohlbefinden auch als bereichsspezifisches Konstrukt aufgefaßt (Glatzer, 1984). Menschen, denen es finanziell gut geht, müssen noch lange nicht mit ihren Familienbeziehungen oder ihrer Gesundheit zufrieden sein. Die Bereichsspezifität bezieht sich vor allem auf die Erfassung von Zufriedenheit. Die großen Repräsentativerhebungen unterscheiden dabei in der Regel folgende Bereiche:

- Berufszufriedenheit (bzw. Zufriedenheit bei der Verrichtung alltäglicher Pflichten);
- Zufriedenheit mit der finanziellen Situation;
- Zufriedenheit mit der Partnerschaft (Eheglück);
- Zufriedenheit mit der familiären Situation;
- Zufriedenheit mit dem Freundes- und Bekanntenkreis;
- Zufriedenheit mit der Wohnsituation (auch der Verkehrsanbindung);
- Zufriedenheit mit Freizeit und Urlaub;
- Zufriedenheit mit der eigenen Gesundheit;
- Zufriedenheit mit der politisch-gesellschaftlichen Situation.

Die wohl umfassendste Sammlung von Daten zur empirischen Glücksforschung hat Ruut Veenhoven (1984b) vorgelegt. Die Glücksumfragen im Bereich der Wirtschafts- und Sozialwissenschaften hat sie unter dem Begriff 'Öffentlich geäußertes Glück'(public happiness) zusammengestellt. Zwischen 1940 und 1975 hat sie dabei 121 Studien aus 32 Ländern gefunden. Die Abb. 8 gibt einen Überblick über alle Studien, die mit der Standard-Glücksfrage gearbeitet haben.

Land	Monat/Jahr	sehr glücklich	etwas glücklich	nicht so glücklich	Zahl der Befragten
	2/1946	46	45	8	2.377
	4/1946	39	50	9	3.152
	6/1946	38	57	4	3.089
	9/1947-1/1948	43	47	10	1.416
	5/1948	36	54	9	1.627
	9/1948	43	44	12	≈1.500
USA	11/1952	47	43	9	2.862
	8/1956	50	44	6	2.240
	9/1956	54	41	5	1.969
	9/1956	53	42	5	2.184
	3/1957	54	43	3	1.606
	7/1963	47	49	4	1.555
	9-10/1966	52	45	3	1.569
	10/1966	46	47	7	1.588
	12/1977	43	48	6	≈1.500
	1975	40	50	9	1.014
KANADA	10/1946	32	55	13	
	1975	36	59	4	1.032
Nordam.	1975	40	51	8	2.046
	7/1946	8	44	40	
Frank-	1948	11	52	33	
reich	1965	12	65	18	1.228
	1975	22	66	10	330
BRD	1965	20	66	11	1.255
	1975	12	63	19	303
Groß-	12/1946	38	56	6	
britan-	1948	39	53	5	
nien	1965	53	42	4	1.179
	1970	47	47	6	
	1975	38	54	7	707
Italien	1965	11	52	33	1.166
	1975	9	59	31	309
Benelux	1975	34	58	8	300

Abb. 8: Studien zum 'Public Happiness' zwischen 1940 und 1975 nach Veenhoven, 1984b (in %)

Land	Monat/Jahr	sehr glück- lich	etwas glück- lich	nicht so glück- lich	Zahl der Befragten
Niederlande	1948	43	44	6	
	1970	78	19	2	
Skandinav.	1975	28	67	4	330
Norwegen	1948	26	54	10	
Westeuropa	1975	20	60	18	2.241
Brasilien	1975	36	45	18	382
Mexiko	1975	26	34	37	350
Lateinamer.	1975	32	38	28	2.059
Afrika	1975	18	50	31	914
Indien	1975	6	31	62	354
Japan	1975	9	56	23	337
Malaysia	1965	17	64	15	502
Philippin.	1965	13.5	73	13.5	500
Thailand	1965	13	74	12	500
Asien ges.	1975	7	41	50	872
Australien	1948	53	39	3	
	1970	53	42	2	
	1975	37	57	6	301

Fortsetzung der Abb. 8: Studien zum 'Public Happiness' zwischen 1940 und 1975 nach Veenhoven, 1984b (in %)

Was fällt bei diesen Zahlen auf? Wohl am überraschendsten ist, daß sich überall in der Welt (Ausnahme Indien) die Mehrzahl der Menschen als glücklich bezeichnet. In den meisten Untersuchungen sind es sogar über 90%. Es scheint aber doch große Unterschiede zwischen den Ländern zu geben (im Gegensatz zur finanziellen Zufriedenheit, vgl. oben). Die Bewohner angelsächsischer und skandinavischer Staaten scheinen weitaus glücklicher zu sein als der Rest der Welt. Dies könnte auch Ausdruck einer bestimmten Glücksideologie sein ('Keep smiling!', vgl. dazu Kap. 2.8). Weiter fällt an den Daten auf, daß innerhalb der westlichen Welt eine leichte Zunahme des Glücks in der Nachkriegszeit bis ungefähr 1960 stattfand.

Andererseits sind aber auch große Unterschiede der Zahlen zu annähernd derselben Zeit im selben Land (meist von unterschiedlichen Forschungsinstituten) zu erkennen, was als Hinweis auf methodische Schwächen der Untersuchungen gewertet werden muß (vgl. Kap. 4.2.1). So hat T.W. Smith (1979) in allen USA-repräsentativen Studien zwischen 1946 und 1977 die Glücksfrage näher analysiert. Er stellte fest,

- daß es einen Jahreszeiteneffekt gibt, der die Daten verfälscht: die Umfragen im Frühling ergeben meist höhere Werte;
- daß die unterschiedliche Stellung der Frage im Interview die Daten verfälscht: im Anschluß an das Thema Eheglück folgen höhere allgemeine Glückswerte;
- daß die unterschiedliche konkrete Fragenformulierung die Daten verfälscht: 'etwas glücklich' heißt bei GALLUP 'fairly happy' und wird als negativer verstanden als das 'pretty happy' des NORC-Instituts.

Bedenkt man nun noch die großen Übersetzungsschwierigkeiten des Glücksbegriffs, die im Kapitel 1.2 angesprochen wurden, so müssen die Ergebnisse der Glücksumfragen doch sehr relativiert werden. Das mag ein Hinweis darauf sein, daß das Glück komplexer ist, als daß man es 'zwischen Tür und Angel' in einer einzigen Frage abfragen könnte (vgl. auch Kap. 4.1.).

Was bleibt nun aus der Glücksforschung in den Wirtschafts- und Sozialwissenschaften festzuhalten? Ich möchte sechs Punkte anführen:

- Das Glück der Menschen, ihr subjektives Wohlbefinden, ist ein gesellschaftspolitisch relevanter Faktor. Die Sozialpolitik muß sich für das Glück der Menschen interessieren.
- Andererseits bedeutet dies auch, daß Glücksforschung von politischen und wirtschaftlichen Interessen abhängt. Das erschließt Ressourcen für Forschung, birgt aber auch Gefahren der Einseitigkeit.
- Die wesentliche Einsicht der hier referierten Forschung ist, daß das Wohlbefinden und damit auch das Glück, immer aus zwei Komponenten besteht, den objektiven Lebensbedingungen und deren subjektiver Wahrnehmung und Bewertung.

- Festzuhalten ist auch der empirische Zugang: Wenn man etwas über Glück erfahren will, muß man auch die Menschen danach fragen. Erstaunlicherweise antworten die meisten Menschen auf die direkte Glücksfrage der Umfrageforschung, daß sie sich glücklich fühlten.
- Das aber führt gleich zu den methodischen Schwierigkeiten: eine standardisierte Umfragetechnik, die im wesentlichen nur eine Frage mit drei Antwortvorgaben präsentiert, kann nur an der Oberfläche bleiben und unterliegt großen Fehlerquellen.
- Eine der wichtigen Differenzierungen, die die sozialwissenschaftliche Wohlbefindensforschung deshalb vorgenommen hat, ist die Bereichsspezifität der Zufriedenheit.

2.5 Gerontologie

Gerontologie als die Wissenschaft vom Alter und vom Altern, ein verhältnismäßig junger Forschungszweig, der sich in der Nachkriegszeit formiert hat und erst heute ins öffentliche Bewußtsein tritt, hat sich schon von Anfang an mit subjektivem Wohlbefinden beschäftigt (Adams, 1971; Larson, 1978; George, 1981; Mayring, 1987). Wohlbefinden ist das "vielleicht älteste, am durchgängigsten untersuchte Thema der sozialwissenschaftlichen Untersuchungen des Alters" (Maddox & Wiley, 1976, S. 15). Mehrere Gründe lassen sich dafür anführen:

- o Während sich in Kindheit und Jugend beobachtete Phänomene sehr gut auf Altersnormen beziehen lassen, sind solche Kriterien im Alter problematisch. Subjektives Wohlbefinden kann hier ein alternativer Bezugspunkt sein. Man analysiert Veränderungen im Alter, indem man deren Auswirkungen auf das Wohlbefinden betrachtet. So haben die frühen gerontologischen Theorieansätze (Aktivitätstheorie, Disengagementtheorie, Theorie erfolgreichen Alterns, vgl. Keuchel, 1983) Kriterien wie Lebenszufriedenheit, Glück und positives Befinden verwendet.
- o Zudem ist die Gerontologie eines der wenigen interdisziplinären Gebiete, auf dem Mediziner, Soziologen, Psychologen, Pädagogen zusammenarbeiten. Subjektives Wohlbefinden ist ein Grundbegriff, auf den sich all diese Einzeldisziplinen gut beziehen können.
- o Schon immer waren Gerontologen von einem starken Engagement für die Probleme alter Menschen, gegen Unterprivilegierung und Stigmatisierung des Alters geprägt. Denn "ein stärkeres Engagement in diesem Forschungsbereich wird wohl kaum durch den Blick auf die Größe der Bevölkerungsgruppe, sondern allein durch die Identifikation mit einem Wertesystem möglich werden, in dem die Förderung des 'Wohlergehens' des Älteren eine zentrale Stellung besitzt" (Thomae, 1984, S. 271).
- o Die frühen Forschungsergebnisse, daß alte Menschen oft auch unter negativen objektiven Bedingungen (finanzielle Verluste, Statusverlust, soziale Isolation) eine hohe Lebenszufriedenheit zeigen, mag aber auch auf ideologische Funktionen verweisen (Rosow, 1963; Mikulas, 1988). Denn Glück und Zufriedenheit als einzige Kriterien sind "trügerisch, weil sie einen Einklang zwischen Individuum und Umwelt vortäuschen können, der bei einer kritischen Analyse der Lebenslage alter Menschen nicht gefolgert werden kann" (Erlemeier, 1980, S. 320).

Die mannigfaltigen empirischen Arbeiten gerontologischer Wohlbefindensforschung lassen sich in zwei Gruppen einteilen: Untersuchungen der Altersabhängigkeit von Wohlbefinden und die Analyse von Korrelaten, von Faktoren, mit denen Glück und Wohlbefinden im Alter verbunden ist.

Die Altersabhängigkeit von Wohlbefinden

Durchaus widersprüchlich sind die Ergebnisse zum Zusammenhang von Alter und Wohlbefinden. Die Sammelreferate über die frühen Studien (Adams, 1971; Larson, 1978) zeigen keine klare Abhängigkeit. Auch die neueren Arbeiten (vgl. Abb. 9) zeigen, daß alte Menschen global wohl weder besonders glücklich noch besonders unglücklich sind.

Autor:	Cameron, 1975
Wohlbefindensmaße:	1 item: glücklich vs. traurig
Stichprobe:	6707, USA-repräsentativ
Altersbereich:	über 4
Altersrelation:	kein Effekt, 4- bis 7jährige etwas mehr Glück
Autor:	Chiriboga, 1975
Wohlbefindensmaße:	1 item Glück; LSI, ABS
Stichprobe:	216, 4 Gruppen vor wichtigen Lebensveränderungen
Altersbereich:	17-60
Altersrelation:	kein linearer Effekt, Jungverheiratete an der Spitze
Autor:	Chiriboga, 1984
Wohlbefindensmaße:	1 item Glück
Stichprobe:	163, Längsschnittfortsetzung
Altersbereich:	38-71
Altersrelation:	kein Effekt
Autor:	Andrews & Withey, 1976
Wohlbefindensmaße:	24 globale Zufriedensheitsmaße
Stichprobe:	4920
Altersbereich:	über 18
Altersrelation:	kein Effekt
Autor:	Alker & Gawin, 1978
Wohlbefindensmaße:	44 items, Well-being
Stichprobe:	101, Kirchenmitglieder der USA
Altersbereich:	18-80
Altersrelation:	kein Effekt
Autor:	Glatzer & Volkert, 1980
Wohlbefindensmaße:	1 item Glück, Freude, Zufriedenheit, Unglück
Stichprobe:	1150, BRD-repräsentativ
Altersbereich:	über 18
Altersrelation:	kein Effekt bei Glück, Unglück zunehmend, Freude abnehmend, Zufriedenheit zunehmend
Autor:	Medley, 1980
Wohlbefindensmaße:	Gesamtwert aus 8 item
Stichprobe:	1786, USA-repräsentativ
Altersbereich:	22- über 65
Altersrelation:	♀ konstant; ♂ leicht steigend
Autor:	Herzog & Rodgers, 1981
Wohlbefindensmaße:	Zufriedenheit in 11 Bereichen
Stichprobe:	5856, USA-repräsentativ
Altersbereich:	über 18
Altersrelation:	kein Effekt

Abb. 9: Untersuchungen zur Altersabhängigkeit von Subjektivem Wohlbefinden (Mayring, 1987, S. 368).

Autor:	Veroff, 1981
Wohlbefindensmaße:	1 item Zufriedenheit
Stichprobe:	4727, USA-repräsentativ
Altersbereich:	über 18
Altersrelation:	drastische Abnahme
Autor:	Palmore, 1981
Wohlbefindensmaße:	diverse Maße
Stichprobe:	772, USA, gesund, aktiv, hoher SES, Längsschnitt
Altersbereich:	45-80
Altersrelation:	kein Effekt
Autor:	Wittkowski & Zobel, 1982
Wohlbefindensmaße:	LSI, inhaltsanalytische Interviewauswertung
Stichprobe:	218, BRD, stratifizierte Zufallsstichprobe
Altersbereich:	43-57
Altersrelation:	♀ konstant, ♂ abnehmend
Autor:	Lehr, 1982
Wohlbefindensmaße:	Stimmungslage, Explorationsrating
Stichprobe:	81, BRD, 2 Kohorten, Längsschnitt
Altersbereich:	72-87
Altersrelation:	kein Effekt
Autor:	Thomae, 1983
Wohlbefindensmaße:	6 Indikatoren, Explorationsrating
Stichprobe:	81, BRD, 2 Kohorten, Längsschnitt
Altersbereich:	72-87
Altersrelation:	mehr Hochzufriedene in älterer Kohorte
Autor:	Baur & Okun, 1983
Wohlbefindensmaße:	LSI
Stichprobe:	105, USA, Retirement-community-Bewohner
Altersbereich:	66-94
Altersrelation:	kein signifikanter Effekt (r = +.12)
Autor:	Dillard et al., 1984
Wohlbefindensmaße:	LSI
Stichprobe:	281, USA Südwest, Großstadtbereich
Altersbereich:	über 65
Altersrelation:	kein signifikanter Effekt (r = -.13)
Autor:	Himmelfarb, 1984
Wohlbefindensmaße:	General-well-being Scale
Stichprobe:	2051, USA-repräsentativ für Kentucky
Altersbereich:	über 55
Altersrelation:	kein linearer Effekt
Autor:	Costa, 1985; Costa & McCrae, 1984
Wohlbefindensmaße:	ABS, 1 item Zufriedenheit, 14 items Zufriedenheitsindex
Stichprobe:	350, USA, gesund, aktiv, hoher SES, Längsschnitt
Altersbereich:	25-91
Altersrelation:	kein Effekt

Fortsetzung der Abb. 9: Untersuchungen zur Altersabhängigkeit von Subjektivem Wohlbefinden (Mayring, 1987, S. 368)

Die meisten Untersuchungen haben keinen Alterseffekt aufweisen können. Dies kann natürlich daran liegen, daß der Zusammenhang kurvilinear ist, das Wohlbefinden im Lebenslauf also mehrmals auf und ab geht. Einfache Korrelationsuntersuchungen können dies nicht berücksichtigen. B. Felton und Ph. Shaver (1984) haben in den Untersuchungen aber auch eine historische Entwicklung entdeckt ('Kohorteneffekt'): die Arbeiten vor 1970 weisen (zumindest in den USA) eher abnehmende Wohlbefindenswerte im Alter nach; in den 70er Jahren zeigen sich wenig Effekte, während auf dem Sprung in die 80er Jahre sogar positive Korrelationen auftauchen (vgl. z.B. Butt & Beiser, 1987). Dies liegt aber nun daran, so Felton & Shaver, daß die jüngeren Erwachsenen heute unzufriedener sind (Arbeitslosigkeit, Umweltzerstörung, Friedensbedrohung als mögliche Ursachen). Diese Zusammenhänge sind aber noch nicht restlos aufgeklärt - und lassen sich wohl auch nicht klären, wenn nicht wesentlich differenzierter vorgegangen wird (These 2!). Denn zum einen ergeben sich unterschiedliche Verläufe, wenn man verschiedene Wohlbefindensvariablen betrachtet (vgl. Abb. 10 und 11).

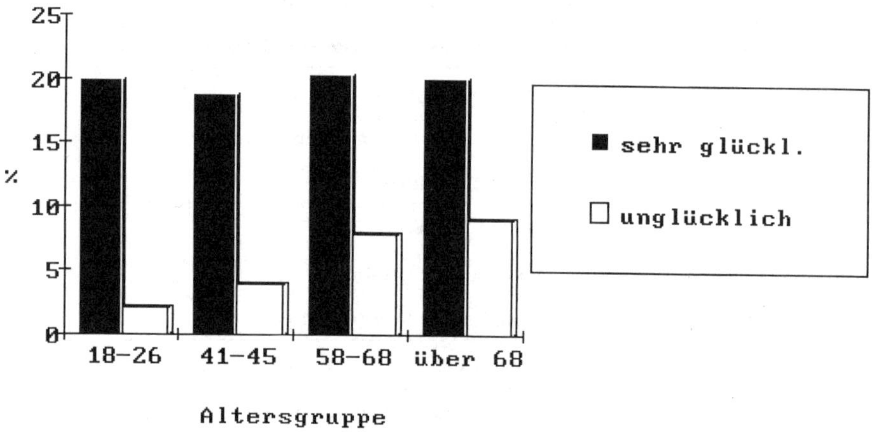

Abb. 10: Glück und Unglück in unterschiedlichen Altersgruppen in der BRD (nach Glatzer & Volkert, 1980)

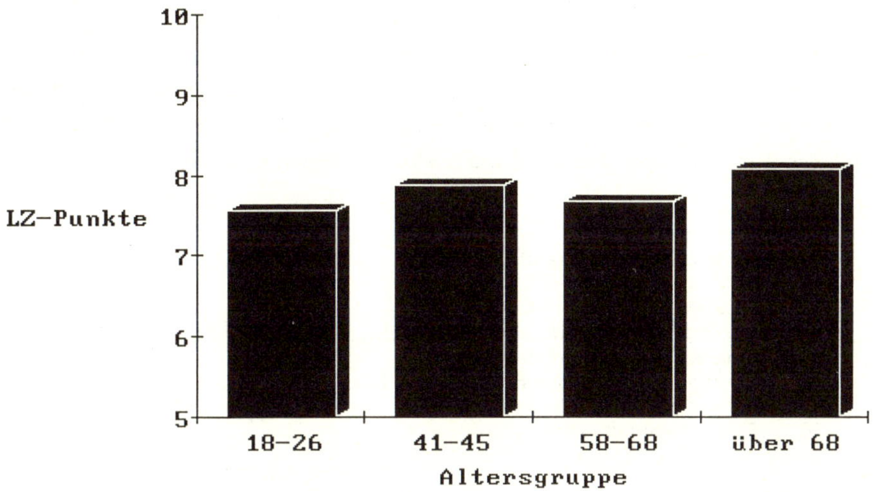

Abb. 11: Lebenszufriedenheit (LZ-SKala von 0 - 10) in unterschiedlichen Altersgruppen in der BRD (nach Glatzer & Volkert, 1980)

Diese Daten aus einer Repräsentativuntersuchung in der Bundesrepublik Deutschland zeigen, daß es zwar wenig Veränderungen beim Glück gibt, dafür aber eine Alterszunahme sowohl beim Unglück als auch bei der allgemeinen Lebenszufriedenheit. Deshalb ist ja ein multifaktorieller Wohlbefindensansatz (vgl. Kap. 3.1) so wichtig. Darüber hinaus muß aber auch berücksichtigt werden, was der Einzelne unter Glück und Wohlbefinden versteht. Denn gerade das subjektive Glücksverständnis unterliegt großen Schwankungen. So zeigte Charlotte Bühler (1971), daß die Vorstellungen vom Glück in unterschiedlichen Altersgruppen sehr verschieden sind. Es wird Glück in der Regel definiert:

o im frühen Erwachsenenalter über Selbständigkeit, eigene Lebenseinstellung, Liebe;
o im mittleren Alter über Beruf und Familie;
o im Übergangsalter über die Erhaltung der Gesundheit und
o im Alter über das Finden eines neuen Lebenssinns.

Solche Differenzen im Verständnis von Glück, die sich auch in anderen Untersuchungen immer wieder zeigen (Harry, 1976; Lehr, 1971, Reid & Ziegler, 1977), lassen Vergleiche sehr problematisch werden.

Korrelate von Glück im Alter

So lassen sich die vielen empirischen Untersuchungen von Glückskorrelaten (Faktoren, die mit Glück in einem statistischen Zusammenhang stehen) im Erwachsenenalter (vgl.

z.B. die imposante Zusammenstellung von Veenhoven, 1984a und b) nicht einfach auf das Alter übertragen. Glück im Alter ist von spezifischen Faktoren geprägt, auch wenn es auf allgemeinster Ebene (Gesundheit, Sozioökonomischer Status, Soziale Beziehungen als Hauptfaktoren) Ähnlichkeiten gibt (vgl. Herzog & Rodgers, 1981). Schon eine frühe gerontologische Untersuchung (Lawton, 1947) zeigt die Spezifität. Aus Fragebögen und Interviews mit 50 älteren Menschen wurden 10 Glücksfaktoren extrahiert:

1. Gute Gesundheit
2. Vertrauen in Gott
3. Heiterer Gemütszustand
4. Geld
5. Freunde
6. Interessante und bedeutsame berufliche oder ähnliche Aktivität
7. Angenehme Familienbeziehungen
8. Entwicklung der eigenen Kinder und Enkelkinder
9. Befriedigung im Helfen anderer
10. Gütige Behandlung durch andere.

Solche spezifischen Faktoren, wie sie bereits im Kap. 1.2 aus der Untersuchung von D. Reid und M. Ziegler (1977) vorgestellt wurden, finden in neueren gerontologischen Untersuchungen immer wieder Bestätigung (zusammenfassend Adams, 1971; Spreitzer & Snyder, 1974; Larson, 1978; Lohmann, 1980; Thomae, 1984). Auch wenn diese Studien nur schwer vergleichbar sind, weil sie unterschiedliche Meßinstrumente einsetzen und sich auf verschiedene Kriterien (Glück, Lebenszufriedenheit, Wohlbefinden) beziehen, läßt sich doch festhalten:

- Der subjektive Gesundheitszustand, der Grad also, inwieweit man sich selbst gesund fühlt, hat im Alter einen besonders hohen Stellenwert (z.B. Larson, 1978).
- Ebenso wichtig für Glück im Alter sind positive primäre Sozialbeziehungen (z.B. Eheglück oder eine gute Beziehung zu einem engen Vertrauten) (vgl. z.B. Medley, 1980; Baldassare, Rosenfield & Rook, 1984; Benin & Nienstedt, 1985).
- Stärker als in anderen Altersgruppen scheint die Religiosität mit Glück verbunden zu sein (z.B. Hunsberger, 1985; König, 1988), oder allgemeiner, das Finden eines Lebenssinnes (Bühler, 1971).
- Zu den objektiven Lebensumständen, die wichtig für das Altersglück sind, zählen zwar auch die Finanzen; entscheidend sind aber hier vor allem die Wohnbedingungen (Infrastruktur; sich selbst versorgen können) (vgl. Harry, 1976; Baur & Okun, 1983; Barresi, Ferraro & Hobey, 1983-1984).
- Eine sinnvolle, erfüllende Tätigkeit auch in der nachberuflichen und nachfamilialen Lebensphase ist ebenso ein starkes Glückskorrelat (z.B. Harry, 1976).

All den Untersuchungen zu den Glückskorrelaten haftet jedoch ein Mangel an: Korrelationen sagen noch nichts über Kausalzusammenhänge und Wirkrichtungen aus, sie stellen nur die Beobachtung eines überzufälligen gemeinsamen Auftretens mehrerer Faktoren dar. Multivariate Analyseansätze und vor allem die für die Entwicklungspsychologie so wichtigen Längsschnittuntersuchungen sind hier viel aussagekräftiger. Aus ihnen können theoretische Modelle der Einflußfaktoren auf Glück im Alter abgeleitet werden, von denen nun einige vorgestellt werden sollen.

Modelle von Glück im Alter

Die Längsschnittuntersuchungen stellen - stärker als die Korrelationsuntersuchungen - die Bedeutung von **Persönlichkeitsfaktoren** für Glück im Alter heraus. Schon die frühe 'Kansas City Study' (Neugarten, Havighurst & Tobin, 1961) zeigt, daß der im Lebenslauf aufgebaute Persönlichkeitsstil entscheidend für Lebenszufriedenheit im Alter ist. Auch die in einem Längsschnitt von M. Stones und A. Kozma (1980, 1986) gefundene hohe Konstanz von Glück wird von den Autoren auf den Einfluß von Persönlichkeitsfaktoren zurückgeführt. Vielleicht am eindrucksvollsten sind die Ergebnisse des Baltimore-Längsschnitts (Costa & McCrae, 1980; 1984). Hier wurde an einer Subgruppe von 234 Vpn eine Beziehung zwischen Persönlichkeitsfaktoren und dem über 10 Jahre später gemessenen Glück festgestellt. Die Autoren haben dabei zwei unabhängige Wirkungslinien differenziert: Persönlichkeitseigenschaften der Extraversion wirken über positive Lebensgefühle auf Glück, Persönlichkeitseigenschaften des Neurotizismus wirken über negative Lebensgefühle auf Glück (Abb. 12):

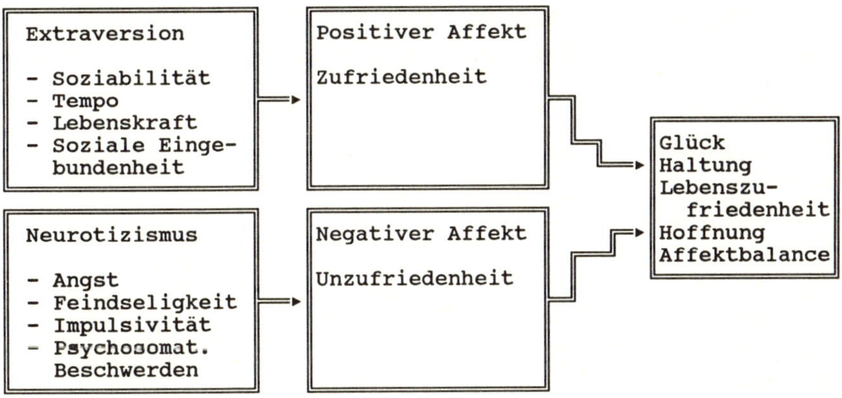

Abb. 12: Persönlichkeit und Wohlbefinden im Alter nach Costa & McCrae, 1980

Auch an anderen Längsschnittdaten wird der Einfluß des Persönlichkeitsfaktors unterstrichen (Costa, McCrae & Zonderman, 1987; Holahan, 1988). Ebenso die Untersuchungen, die die Kontinuität des Lebens als Determinante für Wohlbefinden im Alter nachweisen (z.B. Schenk, 1975), weisen auf die Persönlichkeitsfaktoren hin.

Die Bedeutung der **sozialen Komponente** für Wohlbefinden im Alter haben R. Ward,

S. Sherman und M. LaGory (1984; Ward, 1985) mit multivariaten Analysen an einer Stichprobe von 1.185 über 60jährigen Versuchspersonen ausdifferenziert.

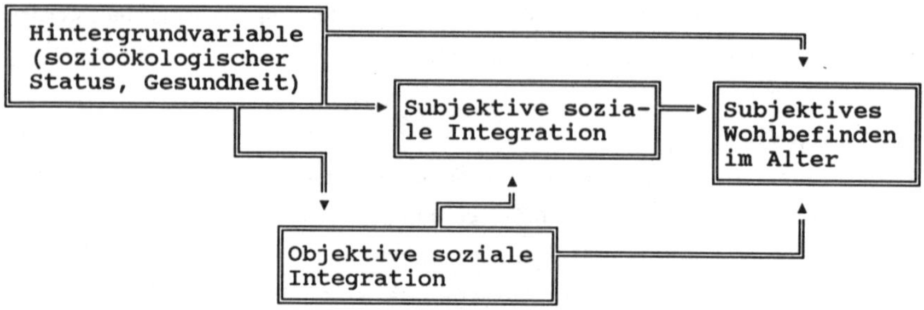

Abb. 13: Soziale Integration und Wohlbefinden im Alter nach Ward, Sherman & LaGory, 1984

Danach kommt es zum einen auf die objektive soziale Eingebundenheit, andererseits auf das subjektive Gefühl der sozialen Integriertheit an, Faktoren, die ihrerseits von ökonomischen Faktoren und dem Gesundheitszustand abhängen (Abb. 13).
Die Bewältigung von **kritischen Rollenübergängen** wird in einer weiteren großen Längsschnittuntersuchung herausgestellt, der 'Longitudinal Retirement History Survey (LRHS)' (Wan, 1985). Hier wurden 11.153 Vpn zwischen 58 und 63 Jahren (zu t_1) über 10 Jahre mit sechs Erhebungszeitpunkten verfolgt. Danach ist Gesundheit und Wohlbefinden im Alter vor allem davon anhängig, wie der Partnerverlust und die Pensionierung verarbeitet werden (Abb. 14):

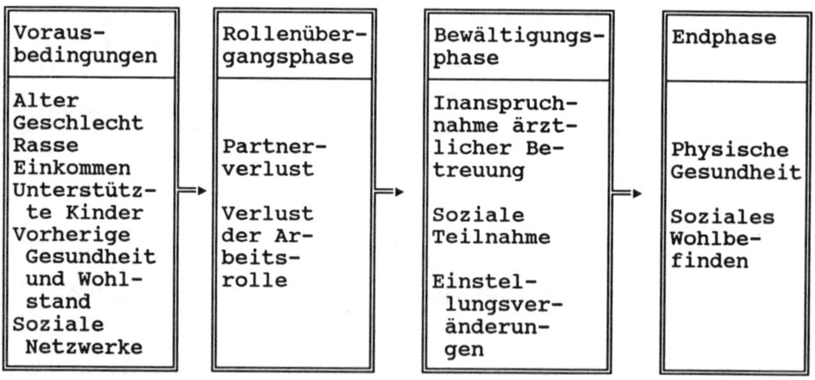

Abb. 14: Bewältigung von Rollenverlusten und Wohlbefinden im Alter (Wan, 1985)

Die Art der Rollenübergänge und deren Bewältigung hängt wiederum von bestimmten Vorausbedingungen ab, die sich auch als Bewältigungsressourcen erweisen können.

Auch die Längsschnittuntersuchung von St. Murrell und F. Norris (1.166 Vpn über 55 Jahre, 3 Erhebungszeitpunkte bisher, alle 6 Monate, vgl. Murrell & Norris, 1984) weist auf den Einfluß der Ressourcen des Einzelnen im Umgang mit kritischen Lebensereignissen.

Schließlich wurde noch die Bedeutung der **Umweltfaktoren** für Glück im Alter weiter untermauert, wie es die großangelegte 'Survey of Low Income and Disabled' (SLIAD) an einer Stichprobe (2.265 Vpn) aus der städtischen Altenbevölkerung nachweist (Barresi, Ferraro & Hobey, 1983-1984) (Abb. 15).

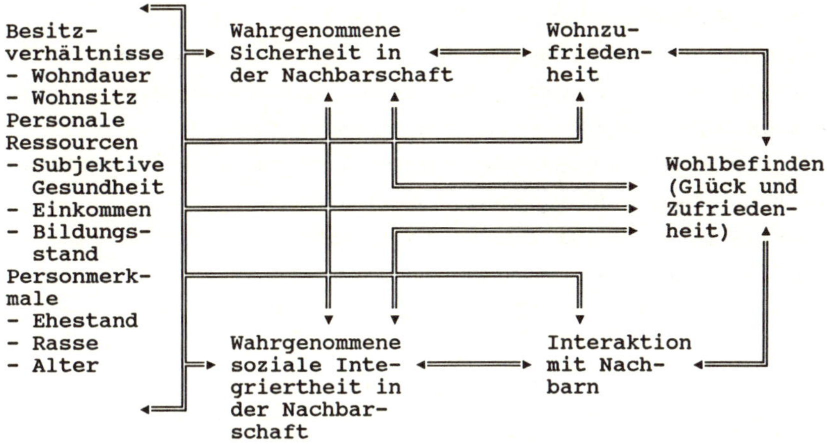

Abb. 15: Umweltbedingungen und Wohlbefinden im Alter (Barresi, Ferraro & Hobey, 1983-1984)

Danach haben bestimmte Umweltbedingungen im Alter (Wohnbedingungen, Gesundheit, sozioökonomischer Status, Ehestand, Rasse und Alter) einen direkten Einfluß auf das Wohlbefinden und einen indirekten Einfluß, vermittelt über subjektive Einschätzungen (Sicherheit, Wohnzufriedenheit, Integriertheit) und die sozialen Interaktionen in der Nachbarschaft. Auch die Analysen von M.P. Lawton (z.B. 1980; 1983) und J.L. McGee (1984) weisen immer wieder auf die Umweltfaktoren hin.

Wie aus solchen Untersuchungen und Modellansätzen ein übergreifendes Modell der Einflußfaktoren von Glück und Wohlbefinden entwickelt werden kann, darauf soll später eingegangen werden (Kap. 3.6). Hier sollten nur die wichtigsten gerontologischen Studien vorgestellt werden.

Wie läßt sich nun der Forschungsstand bewerten? Zunächst fällt auf, daß in der Gerontologie mehr theoretisch und empirisch gesicherte Erkenntnisse über Glück und Wohlbefinden vorliegen als in den meisten anderen Wissenschaftszweigen. Es treten aber auch hier die typischen Probleme der Wohlbefindensforschung auf: Unzulängliche und wenig miteinander vergleichbare Meßinstrumente, zu viel oberflächliche Survey-Forschung, mangelhafte theoretische Fundierung und Integration der Ergebnisse. Trotzdem lassen sich aber einige wichtige Punkte für eine Psychologie des Glücks festhalten:

- o Global gesehen hat sich gezeigt, daß das Alter weder ein Hort des Glückes noch eine Zeit besonderen Unglücks ist.
- o Es wurde eine Reihe von Faktoren aufgewiesen, die Glück in jeder Altersstufe bestimmen (Gesundheit, Sozioökonomischer Status, Soziale Beziehungen); es gibt aber auch spezifische Faktoren, die im Alter besonders wichtig sind (Lebenssinn, Religion, Wohnbedingungen).
- o Die zentrale Rolle der Persönlichkeit für das Wohlbefinden wurde aufgewiesen. Das zeigt, daß Glück eben keine situationsspezifische momentane Emotion darstellt, sondern nur im ganzen Lebenszusammenhang zu begreifen ist.
- o Die unterschiedlichen Modellansätze insgesamt weisen darauf hin, daß Glück nur in einem komplexen Bedingungsgefüge verständlich wird.
- o Aber auch die Gefahren ideologischer Verzerrungen wurden hier ersichtlich. Denn Glück als Kriterium für erfolgreiches Altern kann auch zur Individualisierung von gesellschaftlichen Problemen (des Statusverlustes alter Menschen heute) führen.

2.6 Psychologie

In der Psychologie lassen sich zentrale Konzepte und empirische Studien zu einer Theorie des Glücks finden. Glück und Wohlbefinden waren hier immer wieder Forschungsgegenstand, wenngleich die Versuche, eine 'Glückologie' ('Eudology', 'happiology', z.B. Creel, 1983) aus der Psychologie heraus zu fundieren kläglich gescheitert sind (Csikszentmihalyi, 1985).

Glück in der Psychologie wird in der Regel im Rahmen von Emotionsforschung thematisiert, und Emotionen wurden hier bisher gegenüber Verhalten (Behaviorismus) und Kognitionen (Kognitivismus) eher vernachlässigt. Und auch innerhalb der Emotionspsychologie überwiegen die Analysen negativer Gefühle. Eine systematische Literaturanalyse psychologischer Standardwerke von 1875 bis 1961 (Carlson, 1966) zeigt, daß dieser Trend sogar zugenommen hat (Abb. 16 und 17).

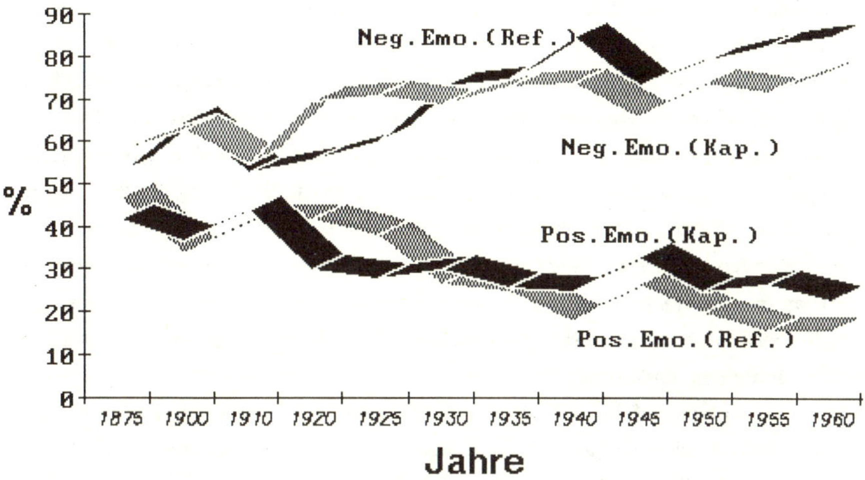

Abb. 16: Anzahl (Referenzen) und Behandlung (Kapitel) von positiven und negativen Emotionsbegriffen in Psychologiestandardwerken seit 1875 (Carlson, 1966)

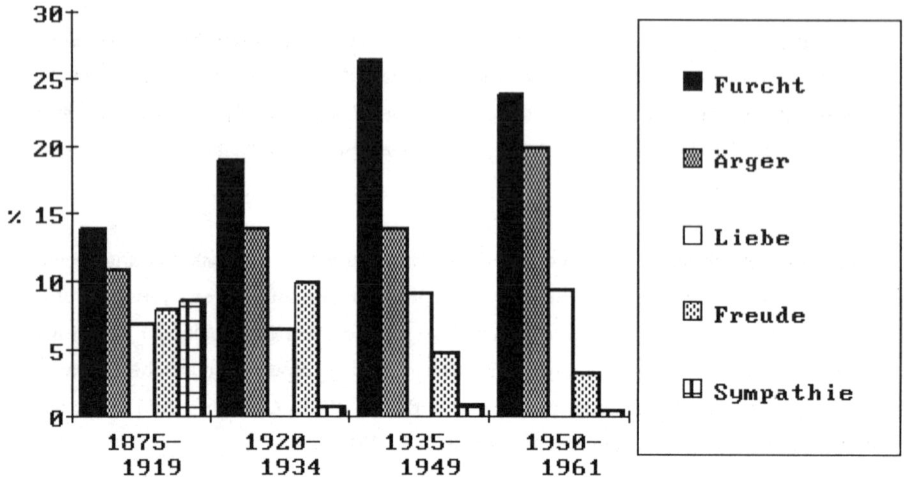

Abb. 17: Verteilung konkreter Emotionen in Psychologiestandardwerken seit 1875 (Carlson, 1966)

Diese Auseinanderentwicklung liegt wohl zum großen Teil an der zunehmenden Professionalisierung der Psychologie in Richtung Therapie und Beratung: Hier stehen Angst, depressive Stimmungen, psychisches Leiden im Vordergrund, da sie ja meist der Anlaß für das Aufsuchen der Therapie oder Beratung sind. Daß sich die Forschung dann aber auf die negativen Emotionen beschränkt, bleibt rätselhaft. "Eines der seltsamsten, am wenigsten interpretierbaren Symptome unserer Zeit ist die Negierung der Psychologen von Glück, jenem inneren Zustand, den Plato, Aristoteles und fast alle wichtigen nachfolgenden Denker als das höchste für den Menschen erreichbare Gut annehmen" (Murray & Kluckholm, 1953, S. 17). So findet man auch in neuesten, vielbändigen psychologischen Standardwerken (z.B. Kindlers Psychologie des 20. Jahrhunderts) über Glück **nichts** (vgl. Einleitung).

Wenn also positive Gefühle, Glück, im psychologischen Lehrbuchwissen eine untergeordnete Rolle spielen, so gibt es doch einiges an - wenig zur Kenntnis genommener - Forschung. Vor allem zwei Gebiete sind hier wichtig: wie schon gesagt, die Emotionspsychologie, aber auch der sich formierende neue Bereich der Gesundheitspsychologie. Die **Emotionspsychologie** (Euler & Mandl, 1983; Ulich, 1982; Scherer & Ekman, 1984) ist für die Glücksforschung deshalb sehr wichtig, weil sie mit zentralen Strukturierungen arbeitet:

o Es werden verschiedene Kategorien von Emotionen unterschieden (z.B. Ewert, 1982). Eine Emotion kann danach

- Gefühlsregung sein; sie wird aktuell erlebt, ist vorübergehend, hat einen erkennbaren Anlaß, ist auf bestimmte Personen, Dinge oder Ereignisse bezogen;
- Gefühlshaltung sein; sie ist die Tendenz, in einer Situationsklasse mit bestimmten Emotionen zu reagieren (z.B. Prüfungsängstlichkeit); sie wird im Lebenslauf aufgebaut;
- Stimmung sein; sie stellt einen relativ unspezifischen Erlebnishintergrund dar, eine umfassende Gesamtbefindlichkeit, kann eine Zeitlang andauern, sich aber durch Summierung anderer Erlebnisse wieder verändern.

Glück kann zwar wohl weniger eine Stimmung sein, zumindest wenn es so spezifisch definiert wird wie hier. Die Unterscheidung einer aktuellen Glücksgefühlsregung von einem im Lebenslauf aufgebauten Glück als Gefühlshaltung ist aber sehr wesentlich (vgl. Kap. 3.4).

o Es sind verschiedene analytisch unterscheidbare Emotionskomponenten differenziert worden (z.B. Kleinginna & Kleinginna, 1981), die auch für Glück weiterführend sind. Danach hat Glück

- eine subjektive Komponente: Es wird vom einzelnen Individuum erlebt, es wird gespürt, macht betroffen;
- eine kognitive Komponente: Beteiligt sind Prozesse der Wahrnehmung innerer Zustände und äußerer Reize, Prozesse der Bewertung, Verarbeitung, Erinnerung und Prozesse der Kontrolle;
- eine physiologische Komponente: z.T. sehr spezifische physiologische Prozesse laufen gleichzeitig ab (vgl. dazu Kap. 2.7);
- eine behavioral-expressive Komponente: Bestimmtes motorisches Verhalten und Ausdruckserscheinungen (Mimik, Gestik, Stimmfärbung) gehen damit einher.

Dies sind auch für die Glückspsychologie zentrale Differenzierungen, wie wir auch später bei den empirischen Untersuchungen sehen werden. Die meisten Ansätze in der Psychologie (s.u.) beziehen sich auf die subjektive und die kognitive Ebene; auf die physiologische Ebene wird im nächsten Kapitel einzugehen sein. So soll hier noch kurz die **expressive** Ebene angesprochen werden.
Die Forschungsgruppe um P. Ekman geht davon aus, daß die grundsätzlichsten Emotionen, darunter auch Glück, mit eindeutigem mimischem Ausdrucksverhalten verbunden sind (Ekman, Friesen & Ellsworth, 1972; Ekman, 1988). Durch interkulturelle Studien

zeigen sie, daß überall auf der Welt der Gesichtsausdruck eindeutig mit den Grundemotionen identifiziert werden kann. Die Abb. 18 gibt einen Überblick über die Ergebnisse aus fünf Ländern zu sechs Grundemotionen. Dabei wurden Fotos vorgelegt, die einen markanten Gesichtsausdruck zeigten und gefragt, welche Emotionen dem entsprächen.

	USA	Brasilien	Chile	Argentien	Japan
Glück	97	95	95	98	100
Ekel	92	97	92	92	90
Überraschung	95	87	93	95	100
Trauer	84	59	88	78	62
Ärger	67	90	94	90	90
Furcht	85	67	68	54	66

Abb. 18: Prozentsatz der Übereinstimmung, mit der Mimik interkulturell gleich beurteilt wurde (Ekman, 1972, S. 128)

Es zeigt sich also eine vor allem bei Glück sehr hohe interkulturelle Übereinstimmung in der Identifizierung von Emotionen über den Gesichtsausdruck. Inwieweit dies Zeichen eines universellen, vererbten Emotionsausdrucksverhaltens oder globaler kultureller Prozesse ist, bleibt jedoch noch umstritten (Ekman, 1988). Interessant ist weiterhin, wie P. Ekman das expressive Verhalten weiter analysierte: Er hat die Gesichtsmuskelbewegungen diagnostiziert, die bei den Grundemotionen beteiligt sind. Glück läßt sich danach definieren als:

- Mundwinkelanhebung (Muskel: Zycomatic major);
- Backenanhebung und Straffung der unteren Augenpartie (Muskel: Orbicularis oculi lateralis).

Es wurde ein Meßinstrument zur Identifikation von Emotionen über den Gesichtsausdruck entwickelt (Ekman & Friesen, 1978; vgl. Kap. 4.1). Neuere Forschungen ermöglichen es den Autoren nun, zum Beispiel "echtes" glückliches Lächeln von falschem Lächeln zu unterscheiden (Ekman, Friesen & O'Sullivan, 1988). Es ist zu vermuten, daß diese Forschung nun doch in ein einseitig genetisch-biologisches Paradigma verfällt (vgl. zur Kritik Ulich, 1982). Auch haben neuere Arbeiten gezeigt, daß dieser Ansatz noch zu undifferenziert ist (Banninghuber & Raubenkaiser, 1989). Trotzdem bleibt die Analyse des Ausdrucksverhaltens interessant und wichtig.

Die **Gesundheitspsychologie** (Becker, 1982; Rodin & Salovey, 1989) ist ein weiterer für Glück sehr relevanter Bereich. Sie entstand aus der Kritik der klassischen Psychiatrie

('Mental-health'-Bewegung; Gemeindepsychologie, vgl. Keupp, 1988) und neuen Ansätzen aus der Humanistischen Psychologie und auch aus der Entwicklungspsychologie (Ulich, 1988). Ihr liegt das Postulat zugrunde, daß Gesundheit sich nicht automatisch nach Abbau von Krankheit einstellt, sondern eigenständig angestrebt werden muß (ganz parallel zur Zweifaktorentheorie des Wohlbefindens, vgl. 2.4). Zur Gesundheit gehört immer auch Wohlbefinden und damit auch Glück. Umgekehrt heißt dies, daß Glück ein wichtiger Gesundheitsfaktor ist. So läßt sich auch zeigen, daß solche neuen Konzepte von Gesundheit hohe therapeutische Relevanz besitzen (Lutz, 1983; Kaiser, 1986; vgl. Kap. 5.1).

Die große Schwierigkeit psychologischer Glücksforschung besteht jedoch darin, daß so unterschiedliche, z.T. widersprüchliche Glückskonzepte entwickelt wurden. Zumindest sechs solcher **Konzeptionen** lassen sich unterscheiden:

- **Psychoanalytische Konzeptionen**:
  Schon von Freud (1929) wurde das Streben nach Glück als zentraler menschlicher Lebenszweck thematisiert. Während er selbst Glück vorwiegend über die Abwesenheit von Schmerz und Unlust und das Erleben starker Lustgefühle definierte, erweiterte sich die Konzeption bei Analytikern, die sich spezieller mit Glück beschäftigten. Helene Deutsch (1927) sieht Glück als Einheitsgefühl, als das Zusammenwirken sämtlicher Anteile des Ichs (als des Es, Über-Ichs und Ichs nach der psychoanalytischen Instanzenlehre). Diese Harmonie ist ein Vorgang des Ichs, es entledigt sich seiner Abhängigkeit, wenn dies auch vollständig nie möglich sein kann. U. Schmitz (1930/31) definiert Glück vorwiegend über das In-Einklang-Leben mit unbewußten Regungen, während R. Adam (1981) vor allem auf das Sich-Öffnen zugunsten eines größeren Einklangs, auf den Zusammenklang von Selbst-Sein und Miteinander-Sein hinweist. Man könnte diese Konzeptionen also als Harmonie- oder Einheitsdefinitionen bezeichnen (vgl. auch Grotjan, 1971).

- **Lusttheorien**
  Lusttheorien gehen davon aus, daß Glück mit dem Prozeß der Bedürfnisbefriedigung assoziiert ist (vgl. auch Diener, 1984, S. 563); wie bei Lust und Unlust gebe es auch ein zyklisches Verhältnis von Glück und Unglück: So schreibt J.P. Houston (1981), daß dem Glücksgefühl immer eine Deprivation, ein Mangelzustand vorausgehen müsse. In der Wunschbefriedigung liege dann das Glück, daß man nie vollkommen erreichen könne. Das positive Befinden erschöpfe sich, neue Wünsche lassen neuen Deprivationen und die Chance zu neuem Glück entstehen. Dahinter stehen wohl Homöostasevorstellungen physiologischer Prägung, wie es auch Gumpert (1952) formuliert. In seiner "medizinischen Deutung zum Glück" definiert er Glück als den

Gemütszustand der Spannungslösung, auch im biologischen Sinne. Solche Konzepte gehen von einer sehr einseitigen Glücksdefinition aus. Interessant sind aber die Überlegungen von W. Tunner (1978) auf diesem Hintergrund. Er sagt, dem Glückserlebnis gehe zwar immer Lust im Zusammenhang mit starken Erlebnissen (des Sehens, Hörens, Schmeckens, Riechens, der Wärme) voraus. Während die Lust aber vergehe, könne das Glück gedanklich festgehalten werden. Gedachtes, die Erinnerung kann also das Glücksgefühl hervorrufen. Glück ist dann eben dieses gedankliche Festhalten bestimmter Lusterlebnisse.

- **Persönlichkeitskonzepte**

  In seiner Sozialpsychologie von 1908 definiert W.McDougall, einer der Väter der modernen Psychologie, Glück als "harmonisches Zusammenwirken aller Gefühle einer gutorganisierten und einheitlichen Persönlichkeit, in der die prinzipiellen Gefühle sich in einer Folge von Handlungen unterstützen, die alle zu einem gleichen oder eng verbundenen harmonischen Ziel führen" (McDougall, 1960, S. 134). Je reicher, einheitlicher, entwickelter, integrierter die Persönlichkeit ist, desto mehr ist sie zu dauerhaftem Glück fähig. Auch W. Pitkin (1929) geht in seiner Psychologie des Glücks davon aus, daß Glück mit einer reifen Persönlichkeit zusammenhängt. Die empirische Überprüfung dieser These ist zwar noch umstritten (Alker & Gawin, 1978; McCrae & Costa, 1983), klar ist aber, daß Persönlichkeitsfaktoren einen starken Einfluß auf Glück haben (z.B. Costa & McCrae, 1980; Stones & Kozma, 1986).

- **Zieltheorien**

  Etwas spezifischer stellen sich die Zieltheorien des Glücks dar. Charlotte Bühler (1969) geht davon aus, daß das Leben des Menschen von Lebenserwartungen und Hoffnungen geprägt ist, wobei sie vier Grundtendenzen sieht: Bedürfnisbefriedigung, selbstbeschränkende Anpassung, schöpferische Expansion und innere Ordnung. Glück stellt nun eine Kombination der Zielsetzungen der Bedürfnisbefriedigung und schöpferischen Expansion dar. Auch Chekola (1975) geht davon aus, daß Glück von der kontinuierlichen Erfüllung des eigenen Lebensplanes, dem integrierten Set der Ziele einer Person abhänge. Solche Zieltheorien finden sich vor allem bei der Konzeption von Zufriedenheit (Zufriedenheit als das Verhältnis erreichter zu angestrebten Zielen; vgl. Kap. 3.1). Für Glück scheinen demgegenüber die allgemeinsten, grundsätzlichsten Lebensziele wichtig zu sein.

- **'Relativitätstheorie' des Glücks**

  In einer eindrucksvollen Studie belegen Ph. Brickman u.a. (1978) die Relativität von Glück. Sie verglichen Unfallopfer (Querschnittslähmung) mit Lotteriegewinnern

(Hauptgewinn) in ihren Glückseinschätzungen im Längsschnitt und fanden bereits nach einem halben Jahr ein Einpendeln der Glücksgefühle, auch Zukunft und Vergangenheit gegenüber. Die 'Adaptation level theory' wird als Erklärung dafür herangezogen, daß sich Glückseinschätzungen am individuellen Maßstab bemessen, der durch hervorspringende globale Erfahrungen nur leicht verändert wird, dadurch aber diese Erfahrung relativiert. Von einer hedonistischen Tretmühle wird in diesem Zusammenhang gesprochen, in der die Extremerfahrungen plattgetreten werden. Ähnliche Ansätze, bei denen Glückserfahrungen an bestimmten Standards gemessen werden, faßt E. Diener (1984) als 'judgment theories' des Wohlbefindens zusammen (z.B. auch Schwarz & Clore, 1983; Schwarz, 1987). Zu vermuten ist aber, daß Glück (im Gegensatz zu Zufriedenheit) eher an internen Standards als an äußeren (wie z.B. der soziale Vergleich) orientiert ist.

o **Phänomenologische Ansätze**

Phänomenologische Ansätze versuchen durch meist auf Introspektion beruhende Beschreibung von Glücksgefühlen mittels Abstraktion ('Wesensschau') auf den Kern des Glücksgefühls zu kommen. Vorbildlich ist hier die Arbeit des Psychiaters H. Rümke (1924), der aus klinischen Fallbeschreibungen und Glücksschilderungen aus der Literatur die folgenden Merkmale von Glücksgefühlen differenziert:

- Glück setzt einen gewissen Grad psychischer Reife voraus;
- es läßt sich nicht eindeutig auf einer Lust-Unlust-Skala einordnen;
- es ist von bestimmten abstrakten Vorstellungen begleitet (z.B. Erhabenheit);
- der Bewußtseinszustand ist nicht getrübt (Abgrenzung Rausch);
- die Intention, eine Verstärkung des Glücksgefühls in der Außenwelt zu bekommen, geht meist einher;
- Erlebnisweisen und Aktivität können sehr unterschiedlich sein.

In der Konzeption von Philipp Lersch (1938) stellen Freude und Glück Gefühle des lebendigen Daseins dar. Glück stellt die Hintergrundbestimmung (das 'endothyme Quale') der Freude dar, das (im Gegensatz zu Vergnügen) den seelischen Schwerpunkt des Menschen betrifft, ihn ganz erfaßt, "alle seine seelischen Bezirke sowohl im Querschnitt der gelebten Gegenwart als auch im Längsschnitt des Lebensverlaufes durchdringt" (Lersch, 1938, S. 273). Auch bei E.F. Bollnow (1956) stellt das 'Lebensgefühl' Glück eine Hintergrundstimmung dar, eine Grundverfassung des menschlichen Daseins. Es ist nicht erzwingbar, läßt die Welt schön erscheinen, macht den Menschen 'edler', ist gemeinschaftsbildend, mündet in Aktivitäten, hat eine aufschließende Wirkung und bildet die Basis für andere Gefühle (Liebe z.B.).

Der niederländische phänomenologische Anthropologe S.Strasser (1956) kommt zu einer Typologie menschlicher Glückserfahrungen, die er immer als Vollendungserlebnis versteht:

- o Glück als Zufriedenheit (friedliches Dasein, Mäßigkeit);
- o Glück als Chance (letztlich falsche, materialistische oder schicksalshafte Grundhaltung);
- o Glück als Harmonie (Einheit, Einklang);
- o Glück als Entzücken (Begeisterung, Entrückung, Selbstvergessenheit);
- o Glück als Erlösung (Loslösung vom Dasein in der Welt, Nirwana, Erlösung von Leid);
- o Glück als transzendierender Vorgriff (Suche nach vollkommenem seligen Zustand).

o **Humanistischer Ansatz**

Auch im Rahmen humanistischer Psychologie wurde ein Glückskonzept entwickelt (Fromm, 1947). Ausgehend von der Beobachtung, daß Glück mit einem Anstieg an Vitalität, an Intensität von Fühlen und Denken und an Produktivität einhergeht, wird es als Leistung aus innerer Produktivität heraus definiert. Glück ist die produktive Realisation eigener Potentiale, nicht ein Geschenk Gottes. Es bedeutet gleichzeitig, eins mit der Welt zu sein und die Integrität des Selbst zu bewahren. "Glück ist das Kriterium der Vollkommenheit in der Lebenskunst, des höchsten Wertes innerhalb humanistischer Ethik" (Fromm, 1947, S. 189). Später wird Glück in der humanistischen Psychologie über das Erleben von Höhepunktserlebnissen ('peak experiences') definiert, das sind "die wundervollste Erfahrung oder Erfahrungen Ihres Lebens, die glücklichsten Momente, ekstatische Momente, Momente des Hingerissenseins "(Maslow, 1977). Und solche Glückserlebnisse verschafft ein selbstaktualisierender, also eigene Fähigkeiten und Wünsche verwirklichender Lebensstil (vgl. Hallaq, 1977; Wuthnow, 1978).

Es zeigt sich also doch auch in der Psychologie eine breite Palette von Glückskonzeptionen. Im nächsten Kapitel (Kap. 3) soll versucht werden, die Ansätze genauer zu diskutieren und die Widersprüche in einem einheitlichen Konzept aufzulösen. Bevor hier nun ein vorläufiges Fazit der Psychologie des Glücks gezogen wird, sollen noch zwei aktuellere **empirische Arbeiten** vorgestellt werden, die sich nicht eindeutig einem Konzept zuordnen lassen, aber wichtiges Material zum Glücksthema liefern.

o Rosemarie Hoffmann (1981; 1984) hat in einer Vorstudie 105 Studenten und Dozenten aufgefordert, sich in eine glückliche Situation hineinzuversetzen und hat dann mit einer Entspannungsinstruktion diese Gefühle verstärkt. Schließlich sollte offen und ausführlich beschrieben werden, wie man sich fühle. Die Inhaltsanalyse der Ergebnisse brachte Glückskategorien, die die Grundlage einer Fragebogenuntersuchung

(N = 260) wurde. Eine Faktorenanalyse erbrachte 12 interpretierbare Faktoren des Glückserlebens (in Klammern der Prozentsatz erklärter Varianz):

1. Qualität der menschlichen Beziehungen (11.4%)
2. Schöpferische Kraft (9.9%)
3. Öffnung der Sinne, Lust in den unmittelbaren Empfindungen sinnlicher Wahrnehmung (7%)
4. Erotik (4.7%)
5. Ruhe und Entspannung (3.8%)
6. Spontaner Ausdruck überfließender Energie (3%)
7. Ekstase (3.1%)
8. Transzendenz (2.4%)
9. Trance (2.2%)
10. Zeiterleben (2%)
11. Bejahung von Leben und Sinnhaftigkeit des Lebens (1.9%)
12. Qualität der Selbstwahrnehmung und Selbstbewertung (1.8%).

Es haben sich also erregte und ruhige Formen des Glücks ergeben, der Hauptfaktor scheint aber das Sich-Öffnen, die Annäherung, Vereinigung zu sein.

o Eva Wlodarek-Küppers (1987) hat bis zu fünfstündige Tiefeninterviews nach gesprächspsychotherapeutischen Regeln mit 50 Personen zwischen 16 und 82 Jahren geführt. Ihre Analyse führt zu 17 Qualitäten von Glücklichsein (jeweils mit Prozentangabe der Personen, bei denen die Kategorie identifizierbar war):

1. Befreiung aus dem Schatten der Vergangenheit (24%)
2. Glück aus dem Spannungsfeld zum Unglück (28%)
3. Der Wille zum Glücklichsein (20%)
4. Glück in der Gegenwart, im Alltag (8%)
5. Realistische Glückseinschätzung (4%)
6. Glück in der Partnerschaft (44%)
7. Spontaner Kontakt zu anderen (50%)
8. Erfüllende Arbeit (52%)
9. Materielle Dinge (30%)
10. Abenteuer (8%)
11. Sich selbst akzeptieren (12%)
12. Angstbefreiung (2%)
13. Glück durch das Gefühl, etwas zu leisten (10%)
14. Glücklichsein, wie man es als Kind war (34%)
15. Glück durch den Glauben an einen höheren Sinn des Lebens (16%)
16. Glücklichsein durch Bewußtheit (10%)
17. Glücklichsein durch Freiheit und Selbstbestimmung (12%).

Danach scheint die Erfüllung in der Arbeit und in den Sozialbeziehungen eine besondere Rolle zu spielen. Die in diesen beiden Untersuchungen gefundenen Faktoren sind zum Teil aber auf sehr unterschiedlichem Niveau und deshalb schwer interpretierbar. Trotzdem bieten sie wichtiges Material für eine Psychologie des Glücks (vgl. Kap. 3).

Was läßt sich nun festhalten an Ergebnissen bisheriger psychologischer Glücksforschung? Folgende Punkte erscheinen mir zentral:

- Glück als aktuelle Gefühlsregung muß unterschieden werden von einer allgemeinen Gefühlshaltung des Glücklichseins.
- Neben dem subjektiven Erleben von Glück, so die Emotionspsychologie, muß auch die kognitive, physiologische und behavioral-expressive Glückskomponente untersucht werden.
- Glück hat eine wesentliche Funktion für die psychische Gesundheit, die Gesundheit des Menschen allgemein.
- Wesentliche Faktoren bei einer Konzeption von Glück müssen sein: das Gefühl der Einheit und Harmonie im Rahmen der ganzen Persönlichkeit, ein starkes positives affektives Erleben, die produktive Verwirklichung wichtiger Ziele und Pläne des Individuums, subjektive Bewertungskriterien und schließlich ein Gefühl des Sich-Öffnens und der zwischenmenschlichen Annäherung.

2.7 Physiologie

Bereits im letzten Kapitel wurde betont, daß eine Psychologie des Glücks - wie bei allen Emotionen - immer auch die physiologische Komponente mitberücksichtigen muß. Dabei erscheint es heute ganz sinnlos, kausale oder funktionale Prioritäten einseitig der Psyche oder der Physis zuzuweisen. Zwar wurden in der Emotionsforschung lange Zeit physiologische Prozesse vernachlässigt. Zwar gab es auch den umgekehrten Ansatz, Gefühlsempfindungen als Folge von physiologischen Prozessen zu sehen ("Ich bin traurig, weil ich merke, daß mir Tränen kommen." James-Lange-Theorie, vgl. Ulich, 1982). Heute jedoch geht man von einer bio-psycho-sozialen Einheit von Emotionsprozessen aus, in der wohl wechselseitige Abhängigkeiten und Prozesse untersucht werden, aber keine Priorität verteilt wird.
Dies erlaubt uns einen unvoreingenommenen Blick auf die Physiologie des Wohlbefindens. Zwei Forschungszweige können dabei unterschieden werden: Zum einen wird die Lokalisation einzelner Emotionen in den Hirnstrukturen versucht, zum anderen werden Auslösungs- und Übertragungsprozesse und die dabei beteiligten Transmittersubstanzen erforscht.

Lokalisation von Glück in der Hirnstruktur
Bahnbrechend waren hier die (jedoch zugegebenen grausamen) Tierversuche von J. Olds und U.P. Milner (1954; vgl. auch Panksepp, 1981; Buck, 1984; Bösel, 1983, 1986, 1987). Durch operativen Eingriff ermöglichten sie es Ratten, Teile ihres limbischen Systems im Gehirn selbst zu reizen. Die Ratten betätigen bis zur völligen Erschöpfung den Hebel zu Selbstreizung, auch wenn sie großen Hunger oder Durst hatten, auch wenn sie sexuell stimuliert wurden. Damit glaubte man, die Wohlbefindenszentren im Gehirn entdeckt zu haben. Heute wird dies differenzierter gesehen, wie Abb. 19 zeigt. In vielen Gehirnregionen laufen emotionsbezogene und damit auch glücksbezogene Prozesse ab, so daß also der einfache Glückshebel beim Menschen - Gott sei Dank - Illusion bleibt. Die Abbildung zeigt, daß emotionsbezogene Prozesse im Stammhirn (Erregung, Interesse, Überraschung), im Hypothalamus (Wohlbefinden, Trauer) und im limbischen System (Lust, Bindungsgefühl) ablaufen. Die Großhirnrinde integriert diese Prozesse. R. Buck hat hier - wohl etwas vorschnell - das Glück im Hypothalamus lokalisiert. Unsere weitere Glücksdefinition zugrundegelegt, muß man wohl genauer sagen: Für Glücksempfindungen sind hirnphysiologische Prozesse auf allen Ebenen notwendig, Erregung und Interesse sind ebenso Voraussetzungen wie Lust und Bindung (vgl. Glücksdefinition in Kap.3.1). Und vor allem was die 'Trait'-Komponente, das im Lebenslauf entwickelte Lebensglück betrifft, sind Prozesse in der Großhirnrinde entscheidend beteiligt.

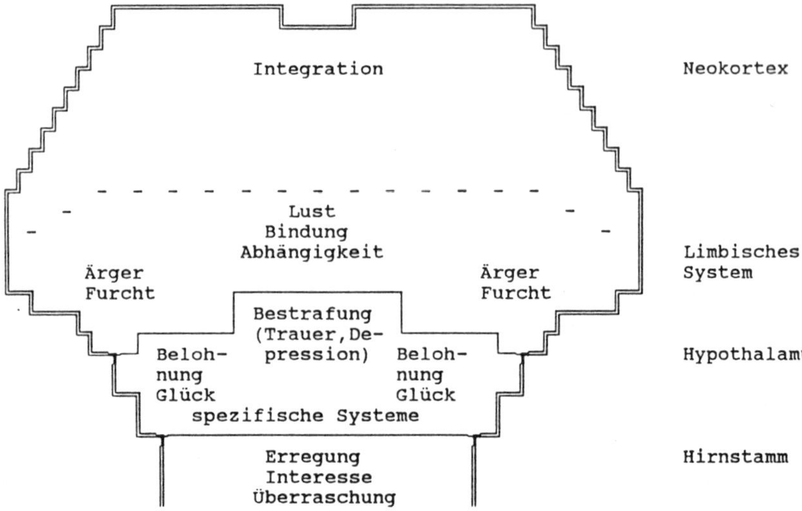

Abb. 19: Emotionsmechanismen im Gehirn (Buck, 1984, S. 86)

Dazu kommt, daß die neuere physiologische Forschung zeigt, daß die Großhirnrinde bei Emotionen wie Glück nicht nur integrierende Funktion besitzt, wie die Abb. 19 andeutet. Sie hat auch eine entscheidende Kontrollfunktion gegenüber den anderen Hirnteilen (z.B. Huber, 1976). Fast alle Reize können durch das corticale System gehemmt werden. Das heißt eben auch, daß Menschen sich in positiven Umwelten unglücklich fühlen können und umgekehrt. Moderne physiologische Forschung verweist also immer wieder auf Komplexität und Verwobenheit emotionsbezogener Prozesse.

Wohlbefindensrelevante physiologische Transmittersubstanzen

Ein zweiter Forschungszweig beschäftigt sich mit den Substanzen im Gehirn, die wohlbefindensrelevante Prozesse auslösen können (Transmitter). Ein Meilenstein der Forschung war hier die Entdeckung der Endorphine durch J. Hughes, 1975 (vgl. Demling, 1986; Hopson, 1988). Man fand im menschlichen Gehirn Stoffe, die dem Morphium ähnlich sind und in geringsten Mengen vom Körper selbst hergestellt werden (endogen hergestellte Morphine = Endorphine). Wie Morphium haben sie stimmungsaufhellende, euphorisierende und auch schmerzlindernde Funktion und werden vom Körper vor allem bei der Belastungs- und Schmerzbekämpfung eingesetzt. Heute weiß man, daß es eine ganze Reihe von Transmitterstoffen gibt, die bei positivem Befinden eine Rolle spielen (Demlin, 1986; Kruse, 1987). Die Abb. 20 gibt einen Überblick.

Noradrenalin	Erregung, Aufmerksamkeit, Aktivation positiver Emotionen
Dopamin	Erregung, positive Empfindung, euphorisierend
Enkephalin Endorphin	Euphorisierend, schmerzlindernd, entspannend, Angst mindernd
Serotonin	Depressive Stimmung verhindernd

Abb. 20: Neurotransmitter bei Wohlbefinden

Weitere Forschung hat sich nun darauf konzentriert, nachzuforschen, unter welchen Bedingungen im Körper solche 'Wohlbefindensstoffe' verstärkt auftreten. Folgende Ergebnisse lassen sich festhalten (Demlin, 1986; Hopson, 1988):

- o Bei starker körperlicher Belastung (z.B. Langlauf) steigen Endorphine und Katecholamine (z.B. Noradrenalin) an. Psychische Belastungen wirken endorphinsteigernd nur dann, wenn sie als positiv empfunden werden.
- o Bei Schmerzen (auch bei Akupunktur!) werden Endorphine verstärkt produziert.
- o Es gibt einen Tagesrhythmus der Endorphine und Katecholamine, in der Regel ein Morgenhoch, aber auch starke interindividuelle Differenzen.
- o Fasten bedingt ebenso Endorphinausschüttungen.
- o Durch Natrium (Kochsalz) werden Endorphine blockiert. So wirkt ein Natriumausschwemmen durch Trinken großer Mengen salzarmer Flüssigkeiten euphorisierend.
- o Essen allgemein setzt Endorphine frei (Spekulationen über die Ursachen von Eßsucht setzen hier an). Koffein (in Kaffee und schwarzem Tee) steigert die Katecholaminausschüttung, allerdings nur wenn es nicht zu Gewöhnungseffekten kommt (bei höchstens drei Tassen Kaffee am Tag). Auch Äthylalkohol wirkt aufheiternd, enthemmend, setzt Endorphine frei, allerdings nur, wenn Katererscheinungen und Abhängigkeiten vermieden werden (z.B. 1/4 l Wein oder 1/2 l Bier am Tag). Kakao und Schokolade enthalten euphorisierende Substanzen (Phenyläthylamin). Eiweiße bieten wichtige Botenstoffe für Katecholamine, jedoch ist eine überzogene Eiweißzufuhr endorphinhemmend.
- o Zuviel Essen wiederum, vor allem zu viel Fett und zu wenig Ballaststoffe, wirken eher wohlbefindenshemmend. So setzt Fett bei seiner Verdauung ein Darmhormon frei (Cholezystokinin), das die Endorphinausschüttung behindert.
- o Kurzfristiger Schlafentzug kann zwar antidepressiv wirken, ein dauerhafter guter Schlaf aber produziert Serotonin.

Dies sind jedoch alles nur korrelative Zusammenhänge, die Wirkrichtungen sind also nicht immer klar. Wie wir im vorigen Abschnitt gesehen haben, sind diese Prozesse weiterhin zum großen Teil vom Großhirn kontrollierbar, hemmbar, sie laufen also nicht völlig automatisch ab. Trotzdem deutet sich hier an, daß vernünftige Ernährung, Sport und Entspannung eine wichtige Rolle für Wohlbefinden spielen können.

Was läßt sich nun aus der physiologischen Wohlbefindensforschung an wichtigen Punkten festhalten?

- Zum einen hat sich gezeigt, daß psychische Prozesse wie Glücksgefühle immer auch physische Korrelate besitzen, ohne daß man sinnvoll von einer Priorität des einen oder anderen sprechen kann.
- Die physiologischen wohlbefindensbegleitenden Prozesse haben sich als komplex, auf verschiedenen Hirnebenen und über unterschiedliche Neurotransmitter ablaufend herausgestellt.
- Neokortikale, also Bewußtseinsprozesse haben dabei integrierende und kontrollierende Funktion.
- Es wurde aber auch ersichtlich, daß die "Pflege" körperlicher Prozesse (Ernährung, Sport, Entspannung) Glück und Wohlbefinden durchaus steigern kann.

2.8 Fazit: Für eine kritische Theorie des Glücks

Wir haben nun sieben Wissenschaftsdisziplinen durchforstet, um eine Grundlage für die Erforschung menschlichen Glücks zu schaffen. Fazit: Eine Psychologie des Glücks steckt zwar erst in den Kinderschuhen, es gäbe aber reichhaltiges Material dafür. Dieses Material erscheint aber nur zum Teil als brauchbar, zum Teil geht es von sehr unterschiedlichen und einseitigen Glücksdefinitionen aus. So ist eine kritische Bewertung dieses Materials notwendig.

Ansatzpunkte für eine solche Bewertung könnte die kritische Psychologie (Holzkamp, 1983) liefern. Hier wird auf philosophischer, gesellschaftstheoretischer, kategorialer und einzeltheoretischer Ebene Kritik an der traditionellen Psychologie geübt und vor allem neue Grundbegriffe und Methoden gefordert. Aber auch die Analyse der hinter den Forschungen stehenden Erkenntnisinteressen (Habermas, 1977, ein praktisches, ein technisches und ein emanzipatorisches Interesse unterscheidend) liefert Ansätze zur Kritik. Dies führt auch zu der besonders für die Glücksforschung so wichtigen Ideologiekritik, wie im ersten Kapitel bereits angedeutet wurde. Man könnte also drei Ebenen einer kritischen Bewertung des vorgestellten Materials unterscheiden: Methodenkritik, Ideologiekritik, Interessenkritik.

Methodologische Kritik

Die methodologischen Wege der Glücksforschung sind so unterschiedlich, daß dieser Punkt als erstes ins Auge sticht. Sozialwissenschaften, Gerontologie, Psychologie, auch Physiologie haben Ansätze aus Philosophie, Theologie und Literatur immer wieder als unwissenschaftlich (weil nicht empirisch) zurückgewiesen. In ihrer eigenen Methodologie sind sie aber wiederum so simpel geworden, daß ihre Ergebnisse auch wieder wenig ernst zu nehmen sind. Für die einzelnen Glücksinstrumente wird dies noch konkret zu zeigen sein (Kap. 4.2). Eine theoretisch und empirisch fundierte, gehaltvolle Glücksforschung ist bis heute nicht erreicht worden. Aber nur in einer solchen Verschränkung von theoretischer und empirischer Analyse ist Glücksforschung möglich (Freund, 1985). Eine reine 'Self-Report'-Methodologie (Freund, 1985) übernimmt die Zufälligkeiten und subjektiven Schwankungen individueller Glücksbegriffe, ohne sie klären zu können. Auf der anderen Seite verlieren die meisten nicht-empirischen Analysen schnell den Bezug zu konkretem menschlichen Denken, Fühlen und Handeln.

Vernachlässigung historischer und gesellschaftlicher Faktoren: Ideologiekritik

An verschiedenen Stellen wurde bereits klar, daß die Vernachlässigung historischer und gesellschaftlicher Faktoren in der Glücksforschung zu ideologischen Verzerrungen führt. Wenn die Gerontologie Glück und Zufriedenheit rein individuell defininiert und als Kriterien für erfolgreiches Altern einsetzt, so kann dies der Entlastung der Gesellschaft in ihrer Verantwortung für schlechte Lebensbedingungen im Alter dienen. Aber auch die christliche Theologie hängt mit ihrem Glücksbegriff an einer ahistorisch fixierten Bibelauslegung und gerät so in Ideologieverdacht. Keine der bisherigen Theorien des Glücks hat gesellschaftliche und historische Faktoren systematisch miteinbezogen. So lassen sich einige ideologische Tendenzen der Glücksforschung differenzieren:

(1) Verdrängung und Abwertung von Glück

Die christliche Theologie, vor allem die Protestantische Ethik der Neuzeit (vgl. Weber, 1920) hat wohl entscheidend Anteil daran, daß Glück heute nicht mehr so wichtig genommen wird. Leistung, materielle Faktoren und konsum- und prestigeorientiertes Freizeitverhalten sind an die Stelle von einfachem Glücklichsein als oberstem Ziel gerückt. So gerät heute immer mehr in Vergessenheit, was Glück wirklich bedeutet. Oder das Glück wird so mystifiziert, vernebelt, als etwas letztlich nicht Erkennbares, nicht Faßbares bezeichnet, daß der Effekt wieder derselbe ist: eine Verdrängung von Glück. Peter Handke hat dies in seiner Erzählung 'Wunschloses Unglück' (1972) sehr schön herausgestellt: Wenn wir nachdächten, würden wir merken, daß wir eigentlich unglücklich sind, und dann müßten wir etwas dagegen tun. Glück wird heute so immer mehr zur Maske. Das Lächeln, der liebenswürdige Schein soll signalisieren, daß alles in Ordnung ist, verwehrt aber eigentlich den Einblick in das Selbst (Roos, 1988). Genau an diesem Punkt setzen dann auch die neuen Glückstherapeuten an (vgl. Kap. 5.1), die meist im Rahmen einer simplifizierenden Psychologie Programme für das individuelle Glücklichwerden verkaufen wollen.

(2) Privatisierung und Individualisierung von Glück

Wenn von Glück überhaupt die Rede ist, dann wird es heute meist in den privaten Bereich abgeschoben. Wir reden von Eheglück, Glück in der Liebe, von Glück im Alter und versuchen damit Glück aus der gesellschaftlichen Ebene herauszuhalten. Schon im Beruf kann man nicht glücklich sein, sondern höchstens zufrieden (Berufszufriedenheit). Damit geht aber auch eine Individualisierung von Glück einher. Glück ist nicht mehr ein alles durchdringendes ethisches Prinzip, sondern eine Angelegenheit des Einzelnen. Die Gesellschaft hält sich hier heraus und kann so auch nicht für das Scheitern individuellen Glücksstrebens verantwortlich gemacht werden. Jeder ist seines Glückes Schmied.

(3) Kommerzialisierung von Glück

Dieses individuelle Glück allerdings wird uns als etwas Kaufbares dargestellt. J.J. Roos (1981) hat sehr deutlich gezeigt, wie mit Glück heute Werbung gemacht wird. "Leben erst alle in Reichtum und Komfort, dann, so nahm man an, werde jeder schrankenlos glücklich sein. Diese Trias von unbegrenzter Produktion, absoluter Freiheit und uneingeschränktem Glück bildete den Kern der neuen **Fortschrittsreli-**

gion" (Fromm, 1976, S. 13f.). F. Fürstenberg (1971) zieht hier das Enzensberger'sche Konzept der Bewußtseinsindustrie heran, um zu zeigen, daß die Massenmedien hauptsächlicher Träger dieser Kommerzialisierung von Glück sind. Die Soziologie der Emotionen (Gerhards, 1988) hat aber auch eine andere Ebene von Kommerzialisierung aufgezeigt, das Verkaufen von Emotionen in der Berufsarbeit. So gehört es zu vielen Berufen dazu, nach außen glücklich zu wirken, ganz egal, wie man sich fühlt und wie die Situation ist (z.B. Stewardessen).

Historische Analysen können bei der Aufdeckung solcher Ideologien eine entscheidende Rolle spielen. So ist es für die Glücksforschung besonders interessant, wann es bisher Höhepunkte der Glücksanalyse gegeben hat. Es lassen sich vielleicht drei Hochs differenzieren:

- USA der 30er Jahre (Pitkin, 1929; Watson, 1930; Hartmann, 1934; Symonds, 1937; Hart, 1940); das waren die Zeiten der Wirtschaftskrise ('Great Depression') und ihrer Überwindungsversuche (Roosevelt: 'New Deal');
- Zeit nach dem 2. Weltkrieg (Tatarkiewicz, 1949; Marcuse, 1949);
- Die 70er und 80er Jahre, also die Zeit, in der wir heute noch stehen (Stichworte 'Neue Innerlichkeit'und 'New Age').

Alle drei Zeitpunkte haben gemeinsam, daß es sich um Krisensituationen handelt, in denen eine Umschichtung von Wertvorstellungen gefordert wurde. So kann man auch den heutigen Boom der Glücksforschung als Reaktion auf Dauerarbeitslosigkeit, Umweltzerstörung und atomare Bedrohung verstehen. Die 'New-Age'-Bewegung, die uns heute ein optimistisches Zukunftsbild verkaufen will, knüpft auch selbst an eine grundsätzliche Gesellschaftskritik an, jedoch ohne gesellschaftliche Konsequenzen daraus zu ziehen (Ruppert, 1985; Kehl, 1988).

Sie postuliert als Antwort darauf 'wunderschöne' Gedanken von Ganzheit und Systemvernetzung, von integralem Bewußtsein und Verschmelzung mit dem Universum, liefert sich damit aber der Kritik aus:

- o Vernachlässigungen der gesellschaftlichen Ebene;
- o Totalitäre Tendenzen des ganzheitlichen Weltbildes;
- o Relativierung von Freiheit und Autonomie;
- o Neuer Irrationalismus (Spiritismus, Esoterik, Astrologie).

Eine kritische Psychologie des Glücks darf in diese Fallgruben nicht fallen; sie kann hier aus der historischen Analyse lernen und muß sich klar gegen eine Vereinnahmung durch die 'New Age'-Bewegung schützen.

Emanzipatorisches Erkenntnisinteresse

Dabei muß eines immer klar sein: Glücksforschung kann nie rein beschreibend, registrierend sein, sie ist immer wertbezogen und interessengebunden. Glück selbst ist ein normatives Konzept. Nachdem die kritische Theorie gezeigt hat, daß es keine wertfreie Wissenschaft gibt (Adorno u.a., 1969; Ulich, 1972), muß sich eine kritische Theorie des Glücks explizit zu einem emanzipatorischen Erkenntnisinteresse (Habermas, 1968) bekennen. Das heißt, es geht darum, die Menschen glücklicher in einem umfassenderen Sinne werden zu lassen,

- gesellschaftliche Bedingungen, die Glück behindern, zu beseitigen;
- Ungleichheiten in den individuellen Chancen auf Glück abzubauen;
- dabei sicherzustellen, daß das Glück nicht mit neuem Unglück eingehandelt wird;
- das Streben nach Glück dabei immer in den Zusammenhang emanzipatorischer Bestrebungen zu stellen.

2.9 Resümee

Es soll nun versucht werden, das in diesem Kapitel vorgestellte Material zusammenzufassen, indem es auf die einleitenden fünf Thesen (vgl. Kap. 1.1) bezogen wird.

1. Das Streben der Menschen nach Glück muß ernst genommen werden - gerade heute

Die Philosophie hat gezeigt, daß das Streben nach Glück universell, jedem Menschen eigentümlich ist. Dies hat sich auch in der erstaunlichen Fülle an Sprichwörtern über Glück erwiesen. Auch die Psychologie kann die Bedeutung des Glücksstrebens unterstreichen, wenn sie seine wesentliche Funktion für psychische Gesundheit ausweist. Die Verdrängung und Abwertung von Glück in der heutigen Zeit, im letzten Abschnitt herausgearbeitet, deutet darauf hin, wie wichtig gerade heute das Glücksstreben ist.

2. Glück ist komplexer, vielschichtiger, als bisher meist angenommen

Obwohl die Philosophie die längste Tradition in der Beschäftigung mit Glück kennt, hat sie kein einheitliches Konzept erarbeiten können. Auch die großen Widersprüche der Glückskonzeptionen in Literatur und Volksweisheit weisen auf die Komplexität. Objektive Faktoren (Wirtschafts- und Sozialwissenschaften), Persönlichkeitsfaktoren (Gerontologie), kognitive und behavioral-expressive Komponenten (Psychologie) sowie physiologische Faktoren lassen Glück zu einem äußerst vielschichtigen Phänomen werden. Dies muß sich auch in den Methoden der Glücksforschung ausdrücken, die oft ein extrem verkürztes Glückskonzept beinhalten.

3. Glück ist mehr als nur ein subjektiv, individuelles Gefühl, es steht immer in einem materiellen, sozialen und gesellschaftlichen Kontext

Philosophie und Theologie haben dies mit ihrem Glücksbegriff als 'tugendhaftem' Leben unterstrichen. Glück wird hier nicht an subjektiven Gefühlen sondern an allgemeinen Maßstäben festgemacht. Auch Wirtschafts- und Sozialwissenschaften liefern Argumente für die dritte These mit ihrem Verweis auf die objektiven Lebensbedingungen als Glücksfaktor. Auch die Gerontologie konnte konkrete materielle und soziale Bedingungen von Glück aufzeigen.

4. Die Beschäftigung mit Glück ist ideologieanfällig

Dies hat sich an mehreren Stellen gezeigt. Die christliche Theologie hat den philosophischen Glücksbegriff im Rahmen ihrer Grundsätze umdefiniert. Die Gerontologie hat Glück immer wieder als Kriterium erfolgreichen Alterns verwendet und damit unterstellt, die strukturellen Benachteiligungen des Alters in der heutigen Gesellschaft seien auf Mißerfolge der Anstrengungen des Einzelnen zurückzuführen. Auch die Abhängigkeit der

Glücksforschung von politischen und wirtschaftlichen Interessen wurde aufgezeigt. Gerade diese Gefahren haben dann dazu geführt, daß eine kritische Theorie des Glücks gefordert wurde.

5. Trotzdem kann man - muß man etwas tun, um ein glücklicheres Leben in dieser Welt zu erreichen

Schon die Philosophie des klassischen Altertums hat Glück immer als etwas konzipiert, für das man etwas tun kann und auch tun muß. Auch die Wirtschafts- und Sozialwissenschaften haben die Förderung von Glück und Wohlbefinden als Aufgabe der Sozialpolitik definiert. Nicht zuletzt die Physiologie zeigt die Beeinflußbarkeit des Glückserlebens. Eine kritische Theorie des Glücks kann schließlich die Richtung zeigen, in die eine Glücksförderung gehen kann.

3. Bausteine einer psychologischen Theorie des Glücks

Auf diesem Hintergrund soll nun versucht werden, Bausteine für ein psychologisches Glückskonzept zusammenzustellen. Dazu wird es notwendig sein, Glück von anderen Wohlbefindensgrößen abzugrenzen und das Begriffsfeld genauer zu definieren. Dann werden psychologische Konzepte von Glückserleben gesammelt und strukturiert. Kernpunkte der daraus entwickelten Glückskonzeption werden dabei sein:

- der Vier-Faktoren-Ansatz des Wohlbefindens: Glück als ein Wohlbefindensfaktor unter anderen;

- das transaktionale Glückskonzept: Glück im Verhältnis objektiver und subjektiver Komponenten;

- der State-trait-Ansatz: aktuelles Glückserleben und biographisches Lebensglück;

- das Einflußfaktorenmodell: Glück im Rahmen konkreter objektiver, biographischer und situativer Faktoren.

3.1 Der Vier-Faktoren-Ansatz Subjektiven Wohlbefindens

Das Gewirr der Definitionen von Glück, das uns im letzten Kapitel immer wieder begegnete, ist groß. Glück wird als allgemeines Wohlbefinden definiert (z.B. Argyle, 1987), als Lebensqualität (z.B. Shin & Johnson, 1978), als Freude (z.B. Hoffmann, 1984), als positive Lebensumstände (z.B. v. Zerssen & Hecht, 1987), als positive Stimmung (Cameron, 1975 z.B.), als Zufriedenheit (z.B. Thomsen, 1943). Hier gilt es, erst einmal die unterschiedlichen Konzepte des Wohlbefindens genau zu definieren und abzugrenzen. Voraussetzung dafür aber ist zunächst, die relative Unabhängigkeit positiven und negativen Befindens zu erweisen.

Relative Unabhängigkeit positiven und negativen Befindens
Die 'Entdeckung' dieser Unabhängigkeit, die wohl auf N.M. Bradburn (1969) zurückgeht, stellt den Ausgangspunkt moderner Wohlbefindensforschung dar. Vorher glaubte man nämlich weitgehend, Wohlbefinden als Abwesenheit von Unbehagen fassen zu können. Wer sich nicht schlecht fühlt, fühlt sich gut. Eine eigenständige Wohlbefindensforschung war damit unnötig. Empirische Analysen im Rahmen von Meinungsumfragen (Bradburn

& Caplowitz, 1965) hatten jedoch ergeben, daß die positive und die negative Befindensdimension unabhängig voneinander variieren können. Das heißt, es gibt Menschen mit vielen negativen Befindensaspekten und gleichzeitig vielen positiven Aspekten. Ebenso kann man von wenig negativem Befinden nicht auf Wohlbefinden schließen. In vielen empirischen Studien hat sich die Unabhängigkeit des positiven und negativen Befindensfaktors immer wieder nachweisen lassen (z.B. Gotlib & Meyer, 1986; Grob, Lüthi & Flammer, 1986).
Aus dieser Einsicht konstruierte Bradburn seine Wohlbefindens-(Synonym Glücks-) theorie: Das Verhältnis der positiven und negativen Affekte im Leben eines Menschen bestimme sein Befinden. Für diesen Zweifaktorenansatz des Befindens können verschiedene Erklärungen herangezogen werden:

- Bradburn selbst schwebte ein einfaches Aggregatmodell vor, sich auf die Arbeitszufriedenheitstheorie Herzbergs berufend: Im Leben jedes Menschen gibt es Glücksfaktoren ('satisfiers') und Unglücksfaktoren ('dissatisfiers'), die sich summieren.
- Eine speziellere Erklärung hebt die Bereichsspezifität des Befindens hervor. Einzelne Lebensbereiche können unterschiedlich und ohne sich gegenseitig zu beeinflussen von Belastungen und Positivem geprägt sein.
- Ein weiterer Erklärungsansatz, an anderer Stelle bereits besprochen (vgl. 2.5 und 2.6), belegt, daß hinter der positiven und negativen Befindensdimension jeweils unterschiedliche Persönlichkeitsfaktoren stehen. Danach wird positives Befinden von einem Extraversionsfaktor, negatives Befinden von einem Neurotizismusfaktor beeinflußt (Costa & McCrae, 1980). Negative Affekte müssen also eher in Zusammenhang mit psychosomatischer Belastung, Gesundheit, Streß, Psychopathologie gesehen werden, während positive Affekte stärker mit Aktivität und sozialem Engagement einhergehen (Watson, 1988).
- Weitere Differenzierungen wurden in der Forschergruppe um Ed Diener gefunden. Zunächst konnten sie nachweisen, daß nur über längere Zeiträume gesehen positive und negative Affekte unkorreliert sind (Diener & Emmons, 1985); in konkreten emotionsgeladenen Situationen ergibt sich sehr wohl eine (negative) Korrelation. In weiteren empirischen Studien fanden sie, daß die Intensität emotionaler Erfahrungen zwischen positiven und negativen Affekten hoch *positiv* korreliert; das heißt, Menschen mit sehr starken positiven Affekten neigen auch zu stark negativen Affekten (Diener, Larsen, Levine & Emmons, 1985). Auch hier wird ein zugrundeliegender Persönlichkeitsfaktor, eine generelle Temperamentsdimension vermutet (vgl. auch Larsen, Diener & Emmons, 1986; Larsen & Diener, 1987). Wenn die Intensitätsdimension der Affekte statistisch kontrolliert wird, wandelt sich der Zusammenhang wieder in eine negative Korrelation. Wer also viele positive Affekte in seinem Leben

erlebt, hat weniger Platz für Negatives; sind die positiven Affekte jedoch sehr intensiv, wird er das wenige Negative auch sehr intensiv erleben. Die Forschung ist hier jedoch noch lange nicht abgeschlossen.

o Ein anderer Erklärungsansatz stammt von D. Watson und A. Tellegen (1985). Sie zeigen anhand von Stimmungsselbsteinschätzungen, daß es Emotionen mit hoch positivem und zugleich hoch negativem Affekt gibt (Überraschung, Erstaunen), ebenso wie Emotionen mit niedrig positivem und zugleich niedrig negativem Affekt (Ruhe, Stille) und kommen zu dem folgenden Zwei-Faktoren-Modell (Abb.21):

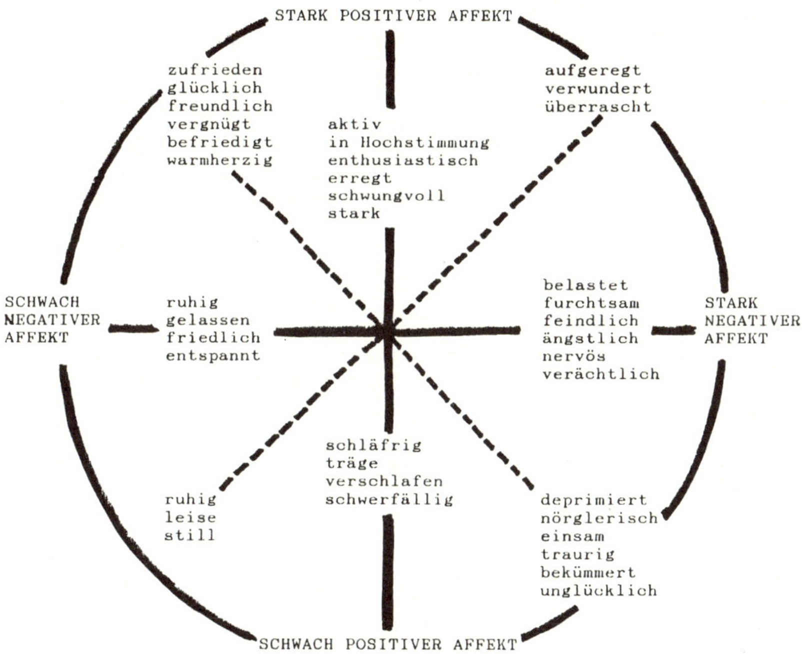

Abb. 21: Zwei-Faktoren-Struktur des Affekts nach Watson & Tellegen, 1985

Insgesamt scheint dies ein sehr fruchtbarer Forschungszweig zu sein. Was sich festhalten läßt, ist die **relative** Unabhängigkeit positiver und negativer Affekte und damit die Forderung nach eigenständiger Wohlbefindensforschung.

Untersuchungen zur Faktorenstruktur des Wohlbefindens

Eine Vielzahl von Untersuchungen hat nun versucht, einzelne Wohlbefindensdimensionen zu isolieren. Dabei wurde meist an einer größeren Stichprobe eine ganze Batterie an Wohlbefindensmeßinstrumenten angewandt um dann mittels Faktorenanalyse Gruppen von Testitems aufzuspüren und zu interpretieren. Die Abb. 22 gibt einen Überblick über solche Untersuchungen.

Autor:	Wiendieck, 1970
Itempool:	LSI
Stichprobe:	1112, Rheinland-Pfalz-repräsentativ
Altersbereich:	über 60
Faktoren:	- Allgemeine augenblickliche Zufriedenheit - Zufriedenheit mit vergangenem Leben
Autor:	Schreiner & Heemskerk, 1972
Itempool:	LSI
Stichprobe:	317, BRD, nicht repräsentativ
Altersbereich:	über 45
Faktoren:	Alters- und geschlechtsspezifisch unterschiedliche Faktoren
Autor:	Lawton, 1972
Itempool:	PGC
Stichprobe:	300 Altenheimbewohner
Altersbereich:	über 65
Faktoren:	- Positive Stimmung - Einstellung zum Alter - Akzeptanz des Status-quo - Ruhe - Gelassener Optimismus - zufriedenstellende Sozialbeziehungen
Autor:	Burt u.a., 1978
Itempool:	12 Zufriedenheitsindikatoren
Stichprobe:	5736, USA-repräsentativ
Altersbereich:	über 18
Faktoren:	- Positiver Affekt - Negativer Affekt - Bereichsspezifische Zufriedenheit - Generelle Zufriedenheit
Autor:	Andrews & McKennell, 1980
Itempool:	23 items, Leben als Ganzes
Stichprobe:	2005, US-UK-repräsentativ
Altersbereich:	über 18
Faktoren:	- Positiver Affekt - Negativer Affekt - Kognitiver Faktor (Zufriedenheit)
Autor:	Bryant & Veroff, 1982
Itempool:	18 Indikatoren
Stichprobe:	2854, USA-repräsentativ
Altersbereich:	über 21
Faktoren:	- Positiver Affekt - Negativer Affekt - Kompetenz
Autor:	Carp & Carp, 1982, 1983
Itempool:	1 item Glück, ABS, PGC-Morale, Cavan-Glück, WB-Index
Stichprobe:	566, USA-California-repräsentativ
Altersbereich:	25-98
Faktoren:	- Wohlbefinden in Gegenwart - Negativer Affekt - - Positiver Affekt - Nervöse Unruhe
Autor:	Veit & Ware, 1983
Itempool:	Mental Health Inventory
Stichprobe:	5089, USA-repräsentativ
Altersbereich:	über 18
Faktoren:	- Genereller positiver Affekt - Emotionale Bindung

Abb. 22: Untersuchungen zur Faktorenstruktur subjektiven Wohlbefindens (Mayring, 1987, S. 370)

Autor:	Liang, 1984
Itempool:	LSI
Stichprobe:	2797, USA, Schwarze überrepräsentiert
Altersbereich:	über 65
Faktoren:	- Stimmung - Lebensfreude - Kongruenz (Zufriedenheit)
Autor:	Hoyt & Creech, 1983
Itempool:	LSI
Stichprobe:	2797, USA, Schwarze überrepräsentiert
Altersbereich:	über 65
Faktoren:	- Zufriedenheit mit Vergangenheit (Kongruenz) - Zufriedenheit mit Gegenwart (positive Stimmung) - Zufriedenheit mit Zukunft
Autor:	Liang, 1985
Itempool:	LSI, ABS
Stichprobe:	2797, USA, Schwarze überrepräsentiert
Altersbereich:	über 65
Faktoren:	- Kongruenz (langfristige Zufriedenheit) - Glück - Positiver Affekt - Negativer Affekt
Autor:	Lawton, 1984
Itempool:	Morale, Selbstwert, Zukunftsbezug, Gesundheit, Verleugnung, Symptome usw.
Stichprobe:	285, USA, 4 Gruppen unterschiedlicher psychischer Gesundheit
Altersbereich:	über 60
Faktoren:	- Inneres Wohlbefinden - Äußerliches Wohlbefinden
Autor:	Wittkowski, 1986
Itempool:	91 items zum Wohlbefinden
Stichprobe:	234, BRD, nicht institutionalisiert, nicht repräsentativ
Altersbereich:	über 60
Faktoren:	- Allgemeine Lebenszufriedenheit - Zufriedenheit mit Gesundheit - Zukunftspessimismus - Zufriedenheit mit Finanzen - Zufriedenheit mit vergangenem und gegenwärtigem Leben, Zukunftspessimismus
Autor:	Closs & Kempe, 1986
Itempool:	LSI, PGC-Morale, Einsamkeit, Beschwerden
Stichprobe:	457 Altenheimbewohner, BRD
Altersbereich:	über 65
Faktoren:	- Soziale Integration - Zufriedenheit im Alter - Beschwerden - Gelassenheit - Positiver Lebensrückblick

Fortsetzung der Abb. 22: Untersuchungen zur Faktorenstruktur subjektiven Wohlbefindens (Mayring, 1987, S. 370)

Trotz der Unterschiedlichkeit der Ergebnisse und der beschränkten Aussagekraft von Faktorenanalysen lassen sich doch einige Schlüsse ziehen. Es scheint eine positive (Positiver Affekt, Zufriedenheit, Freude, Wohlbefinden) und eine negative Komponente (Negativer Affekt, Beschwerden, nervöse Unruhe) zu geben. Die negative Komponente ist natürlich invers zu verstehen: Die **Abwesenheit** negativer Affekte, die Freiheit von Belastungen scheint ein wichtiger Wohlbefindensfaktor zu sein, auch wenn dies den Ergeb-

nissen des letzten Abschnittes (relative Unabhängigkeit positiver und negativer Affekte) zu widersprechen scheint. Zieht man jedoch in Betracht, daß dieser Faktor nur eine unter mehreren Wohlbefindensdimensionen darstellt und daß sich ja wohl Zusammenhänge im letzten Abschnitt ergeben haben, so wird dies verständlich und ist kein Gegensatz mehr.
Weiter erscheint in den Studien zur Faktorenstruktur eine eher emotionale Dimension (Affekte, Stimmung, Freude, Glück) und eine eher kognitive Dimension (Zufriedenheit, Akzeptanz, Kongruenz angestrebter und erreichter Lebensziele, positiver Lebensrückblick) aufzuscheinen. Zum dritten kann man in den ermittelten Faktoren einen unterschiedlichen Zeitbezug feststellen. Es gibt kurzfristigere (Affekte, Freuden) und langfristigere (Lebenszufriedenheit, positiver Lebensrückblick) Wohlbefindensgrößen. Zieht man nun diese Differenzierungen heran, so scheint ein Vier-Faktoren-Ansatz am sinnvollsten:

- o ein negativer emotionaler Wohlbefindensfaktor (Freiheit von Belastung);
- o ein positiver, kurzfristiger emotionaler Wohlbefindensfaktor (positiver Affekt, Freude, Lust);
- o ein positiver, langfristiger emotionaler und kognitiver Faktor (Glück);
- o ein positiver kognitiver Wohlbefindensfaktor (Zufriedenheit).

Man könnte noch weiter differenzieren, z.B. kurzfristiger momentaner von langfristiger Zufriedenheit unterscheiden, das erscheint aber nicht so sinnvoll. Die vier gefundenen Faktoren lassen sich gut interpretieren und decken sich mit dem Alltagsverständnis. So kommt auch einer der einflußreichsten amerikanischen Wohlbefindensforscher (Lawton, 1982; 1983) zu einem ähnlichen Modell (vgl. auch Liang, 1985).

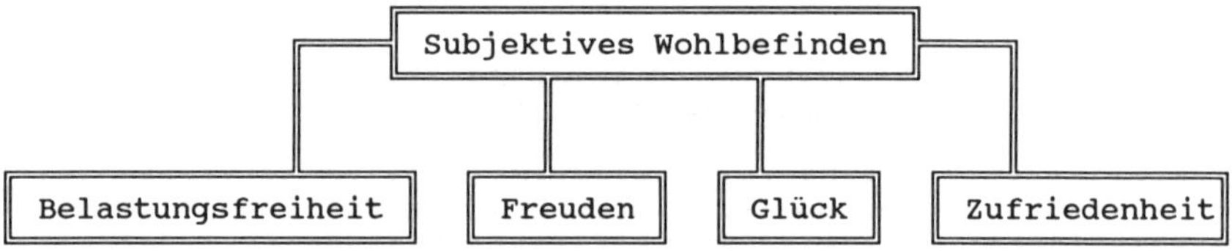

Abb. 23: Der Vier-Faktoren-Ansatz subjektiven Wohlbefindens

Definition der vier Faktoren
Wir müssen nun diese vier Wohlbefindenskomponenten genauer definieren. Dabei kann auf das bisher vorgestellte Material zurückgegriffen werden.

- o **Belastungsfreiheit** ist in seiner negativen Ausprägung über Belastung und Leiden definiert. In seiner positiven Ausprägung ist damit ein unspezifisches Wohlbefinden ('Es geht mir gut, ich kann über nichts klagen!') gemeint, eine Unbeschwertheit,

Offenheit und Aufmerksamkeit für neue Eindrücke. Es läßt sich hier ein emotionaler Aspekt (Unbeschwertheitsgefühl vs. Leidensdruck) und ein kognitiver Aspekt (kognitive Einschätzung der eigenen Belastungsfaktoren; vgl. dazu die kognitive Streßtheorie von R.S. Lazarus (z.B. Lazarus & Folkman, 1984) unterscheiden.

- **Freuden** sind wiederum stärker emotionale Zuständlichkeiten, jedoch an konkrete Situationen gebunden, also relativ kurzfristig. Das heißt aber nicht, daß Freuden oberflächlich sind. "Die echte Freude gibt unseren Wahrnehmungen einen besonderen Glanz, sie zeigt den gesamten gegenständlichen Daseinshorizont mit neuen Lichtern" (Lersch, 1938, S. 237). In diesem Sinne sind Freuden als Höhepunktserlebnisse ('peak experiences') in der Humanistischen Psychologie beschrieben worden (Maslow, 1977; Wuthnow, 1978; Hallaq, 1977). Ein wesentliches Moment der Freude scheint dabei zu sein, daß sie nicht durch äußere Zwecke motiviert sein muß. So beschreibt M. Csikszentmihalyi (1985) Freude als Ergebnis autotelischer (Selbstzweck) Aktivitäten, als Gefühl des Sich-Fließen-Lassens ('flow experiences'). Durch empirische Studien zeigt er, daß solche Freuden mit großen Ereignissen (Bergsteigen, Schach, Tanzen) wie mit kleinen Ereignissen (Tagträumen, Lesen, Kaugummikauen) verbunden sein können. Die Quellen der Freude können also ganz unterschiedlich sein (vgl. auch Meadows, 1975; Tunner, 1983; Argyle, 1987).
- **Glück** muß als ein über Freuden hinausgehender Wohlbefindensfaktor gefaßt werden. Er beinhaltet einerseits Erlebnisse höchster Freude, weist aber über die aktuelle Situation hinaus. Ein allgemeines Lebensgefühl, daß man immer wieder zu freudigen Erlebnissen fähig ist, sowie eine normative Komponente, die über die reine Ich-Bezogenheit hinausgeht, sind im Glück enthalten (zur genaueren Definition vgl. Kap. 3.5).
- **Zufriedenheit** stellt die eher kognitive Wohlbefindenskomponete dar. Sie wird in der Regel über Prozesse des Abwägens definiert: Wieviel meiner Ziele habe ich erreicht? Wie schätze ich das Verhältnis positiver und negativer Faktoren in meinem Leben ein? Das aus diesem Abwägen hervorgehende Gefühl der Dissonanz oder Kongruenz könnte man als Lebenszufriedenheit bezeichnen (Kap. 3.5 geht auf diese kognitiven Ansätze ein).

3.2 Das weitere Begriffsfeld des Wohlbefindens

Zumindest zwei Begriffe, die immer wieder im Zusammenhang mit Wohlbefinden genannt werden, bedürfen einer genaueren Klärung: psychische Gesundheit und Lebensqualität.

Glück und psychische Gesundheit

Daß psychische Gesundheit etwas mit Wohlbefinden und damit auch mit Glück zu tun hat, ist spätestens seit der berühmten Gesundheitsdefinition der Weltgesundheitsorganisation (WHO) bekannt: "Gesundheit ist der Zustand vollkommenen körperlichen, seelischen und sozialen Wohlbefindens und nicht bloß die Abwesenheit von Krankheit und Gebrechen" (nach Becker, 1982). Wenn diese Definition zwar immer wieder als zu breit angegriffen wurde, so läßt sich der Zusammenhang Gesundheit - Wohlbefinden heute doch als empirisch gesichert bezeichnen. A. Zautra und A. Hempel (1984) haben dies in einer Reanalyse von 81 Studien gut belegen können. Um so stärker ist dieser Zusammenhang, wenn man sich auf **psychische** Gesundheit bezieht.
Unter diesem Begriff hat sich in den USA bereits zu Anfang dieses Jahrhunderts eine Bewegung formiert ("Mental-Health-Movement", vgl. Reimann, 1967), die eine Reform der Anstaltspsychiatrie verlangte. Es wurde ein Konzept der gemeindenahen, offenen psychosozialen Versorgung entwickelt, das ab 1963 in den USA in die Tat umzusetzen versucht wurde (Einrichtung von 'Community Mental Health Centers' unter J.F. Kennedy). Kennedy konnte sich dabei auf den Bericht einer Kongreßkommission stützen, in dem M. Jahoda (1958) versucht hat, den Begriff der psychischen Gesundheit genauer zu fassen. Auch wenn sie dabei eine Gesundheitsdefinition über momentane, individuelle Glücksgefühle (amerikanische 'happiness'-Definition) ablehnt, ist in ihrer Konzeption der Zusammenhang zwischen psychischer Gesundheit und Glück (in unserer Definition) zentral. Bis heute wird Glück immer wieder als wesentliches Konstrukt psychischer Gesundheit formuliert (z.B. Stones & Kozma, 1980). In einer umfassenden Literaturanalyse arbeitet Peter Becker (1982) **Kompetenzen** als einen weiteren wichtigen Faktor psychischer Gesundheit heraus (vgl. auch Lindemann, 1985). Es reicht nicht aus, sich psychisch gesund zu fühlen; man muß auch bestimmte Kompetenzen entwickelt haben, um Belastungen zu bewältigen, mit Spannungen und Anforderungen fertig zu werden. Psychische Gesundheit ist also kein rein subjektiver Begriff mehr, weist über subjektives Wohlbefinden hinaus.

Glück und Lebensqualität

Auf den historischen Hintergrund des Lebensqualitäts-Konzepts wurde bereits eingegangen (Kap. 2.4). Es wurde gezeigt, daß man mit diesem Begriff gerade betonen wollte, daß zum 'guten Leben' nicht nur materielle Güter sondern auch subjektives

Wohlbefinden gehört. In der amerikanischen Lebensqualitätsforschung wurden Glück und Zufriedenheit zum wichtigsten Sozialindikator (z.B. Andrews & Withey, 1976; Campbell, 1976). Heute werden die subjektiven und die objektiven Komponenten der Lebensqualität als gleichwertig betrachtet (vgl. Zapf, 1984; George & Bearon, 1980). Gute objektive Voraussetzungen gehören zur Lebensqualität ebenso dazu wie Glück und Zufriedenheit.

Das Begriffsfeld Wohlbefinden

Wir haben damit gesehen, daß beide Konzepte, psychische Gesundheit und Lebensqualität, Glück und Wohlbefinden beinhalten und jeweils über die subjektive Ebene hinausweisen. In diesem Sinne kommt auch M.P. Lawton (1983) zu seinem Ansatz der vier Sektoren des guten Lebens: Subjektives Wohlbefinden, Kompetenzen, objektive Umweltbedingungen und Lebensqualität sind vier Bereiche, die sich zwar jeweils überschneiden, aber jeweils einen eigenständigen Beitrag für das 'gute Leben' liefern. In ihrem innersten Schnittpunkt machen sie das 'Selbst' des Menschen aus. "Das Selbst ist einem direkten empirischen Zugang verschlossen (falsch bezeichnete Maße wie Selbstwert außerachtlassend), es läßt sich aber fassen als die Quelle der bedeutungsvollsten Aspekte für Kompetenzen, Wohlbefinden, Lebensqualität und den Anteil an objektiven Umweltfaktoren, die die Person aktiv gestalten kann" (Lawton, 1983, S. 356).

Von diesen weiterreichenden Interpretationen zum subjektiven Wohlbefinden zurückkehrend können wir das Begriffsfeld genauer bestimmen. Die Abbildung 22 gibt einen Überblick.

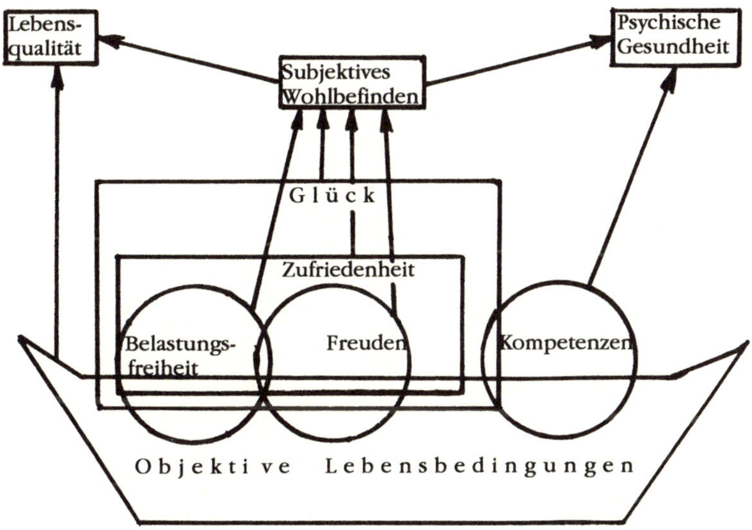

Abb. 24: Begriffsfeld Subjektives Wohlbefinden (Mayring, 1987, S. 371)

Das Begriffsfeld geht von den vier Faktoren subjektiven Wohlbefindens aus, die im letzten Kapitel konzipiert wurden: Belastungsfreiheit, Freuden, Glück und Zufriedenheit. Dort wurde auch die relative Unabhängigkeit der positiven und negativen Affekte erwiesen, weshalb im Zentrum unseres Modells Belastungsfreiheit und Freuden als zwei Kreise dargestellt werden, die sich nur zum Teil überschneiden. Ebenso wurde dort festgestellt, daß Zufriedenheit auf dem Abwägen positiver und negativer Befindensaspekte beruht; Zufriedenheit kann im Begriffsfeld also als Belastungsfreiheit und Freuden einschließend gefaßt werden. Zufriedenheit geht durch ihren kognitiven Faktor über die beiden Befindensgrößen jedoch hinaus. Glück wurde im letzten Kapitel definiert als wiederum über Zufriedenheit hinausgehend. All diese vier Wohlbefindensgrößen sind zum Teil in positiven objektiven Lebensbedingungen verwurzelt, also auch hier ergibt sich im Modell (Abb. 24) eine teilweise Überschneidung. Die Kompetenzen haben ebenso etwas mit Wohlbefinden einerseits und objektiven Lebensbedingungen andererseits (vgl. Lawton & Nahemow, 1973) zu tun. Von hier aus lassen sich nun die wohlbefindensrelevanten Konzepte der psychischen Gesundheit (Subjektives Wohlbefinden + Kompetenzen) und der Lebensqualität (Subjektives Wohlbefinden + Objektive Lebensbedingungen) fassen. Dieses Begriffsfeld kann nun als ein erster Versuch der Definition und Abgrenzung wohlbefindensrelevanter Begriffe verwendet werden.

In diesem Modell wird auch klar, daß dem Glück eine ganz zentrale Rolle zukommt. Bevor dieses Konzept genauer definiert werden kann (Kap. 3.4), sollen zunächst die relevanten psychologischen Ansätze gesammelt und systematisiert werden.

3.3 Bestandsaufnahme bisheriger psychologischer Glückskonzepte

Auf einzelne Glückskonzeptionen wurde bereits im Rahmen der Gerontologie (Kap. 2.5) und der Psychologie (Kap. 2.6) eingegangen. Hier soll nun eine systematische Darstellung versucht werden. Die verschiedenen Konzeptionen lassen sich dabei zu einzelnen Gruppen ordnen.

Subjektive Glückstheorien

Subjektive Glückstheorien versuchen Glück über das Alltagsverständnis der Menschen zu definieren. Auf solche Untersuchungen ist bereits in der Einleitung eingegangen worden (Kap. 1.2). Dabei wurde eine aktive (Freude, Erregung, Lust) und eine kontemplative (Seelenfrieden, Zufriedenheit) Glücksdefinition gefunden (Freedman, 1978). Wie sich in den anderen Studien aber zeigte, weichen viele Menschen der Frage, wie sie Glück definieren,aus. Sie schildern Situationen in denen sie glücklich sind, Aktivitäten bei denen sie sich glücklich fühlen, Voraussetzungen für Glück (so bei Reid & Ziegler, 1977; Hoffmann, 1984). Der Nachweis großer interkultureller Unterschiede in solchen subjektiven Definitionen (Chassein u.a., 1986) zeigt aber, daß man dabei nicht stehen bleiben kann. Eine Psychologie des Glücks kann nur sinnvoll sein, wenn überindividuelle Glückskriterien angegeben werden können, die einen intersubjektiven Vergleich ermöglichen.

Ressourcentheorien

Einige wichtige, vor allem sozialwissenschaftlich orientierte Ansätze fassen Glück über die objektiven Ressourcen, die einer Person zur Verfügung stehen. Da das Verhältnis objektiver und subjektiver Faktoren noch zu wenig geklärt ist, werden diese Konzepte in einem eigenen Kapitel vorgestellt (Kap. 3.5), in dem es darum geht, eine transaktionale Glückskonzeption zu entwickeln.

Kognitive Konzepte

"Glück sollte nicht gesehen werden als rein affektives Konstrukt, da das Gedächtnis und damit zusammenhängende Prozesse der Speicherung und Abrufung affektiv gefärbter Information benötigt werden für interne Einschätzungsprozesse. Andere Prozesse wie die Beurteilung der Auftretenshäufigkeit affektiv positiv und negativ gefärbter Ereignisse scheinen ebenso bei der Bestimmung von Glück impliziert zu sein" (Stock, Okun & Benin, 1986). Die Autoren weisen diese Komponente an amerikanische Repräsentativdaten mit aufwendigen Analyseverfahren (LISREL) sehr schön nach. Diese kognitive Glückskomponente hat verschiedene Quellen.

- Es ist bereits gezeigt worden (Kap. 2.6), daß die **Emotionspsychologie** die kognitive Dimension als einen wesentlichen Bestandteil aller affektiven Prozesse auffaßt. So darf es nicht wundern, daß auch kognitiv orientierte Glücksansätze entwickelt wurden.

- Der Ansatz des **sozialen Vergleichs** stützt sich vor allem auf sozialwissenschaftliche Umfrageforschung (Easterlin, 1974; vgl. Kap. 2.4). Dort sollte das Paradox erklärt werden, daß die durchschnittlichen Wohlbefindenswerte in sozialen Gruppen unterschiedlichster materieller Lage doch sehr ähnlich sind. Die Erklärung: Wohlbefinden basiert auf einer Einschätzung, bei der jeder seinen gegenwärtigen Status mit dem Durchschnitt seiner sozialen Bezugsgruppe vergleicht. Wer in einer besseren Lebenslage ist, fühlt sich gut, wer unter dem Schnitt liegt, fühlt sich schlecht, relativ unabhängig davon, wie seine objektive Lebenslage ist.

- Nicht nur der Durchschnitt der sozialen Bezugsgruppe kann als Maßstab der eigenen Glückseinschätzung dienen. Es gibt auch einen **individuellen internen Level**, der als Bezugspunkt dient. Die 'Adaptation Level Theory', von P. Brickman u.a. (1978) auf Glückseinschätzungen angewandt (vgl. Kap. 2.6), geht davon aus. Glück ist danach relativ zum eigenen Standard zu sehen. Positive Erfahrungen heben diesen Standard, negative Erfahrungen lassen ihn sinken und machen damit neue Glückserfahrungen wahrscheinlich. So ist auch zu erklären, daß man sich an positive, glücksbringende Lebensbedingungen mit der Zeit gewöhnt. Die Autoren sprechen hier von einer 'hedonistischen Tretmühle', in der alle Extremerfahrungen mit der Zeit auf ein internes mittleres Niveau plattgetreten werden.

- Auf noch spezifischere kognitive Prozesse heben die 'Ziel-Erreichtes-Ansätze' ab. Die Wohlbefindenseinschätzung erfolgt hier in bezug auf individuelle Ziele, Ansprüche, Vorsätze, Erwartungen. So hat Thomsen (1943) bereits - auf William James' Selbstwertdefinition aufbauend (Selbstwert als Quotient aus Erfolgen und Ansprüchen) - ein solches Modell formuliert:

$$\frac{\text{Fakten (Was uns das Leben gibt)}}{\text{Erwartungen}} = \text{Zufriedenheit (Glück)}$$

Solche Ansätze (vgl. zum Überblick Michalos, 1980) haben auch eine ganz praxisbezogene Konsequenz. Sie zeigen zwei Wege zum Glück auf: mehr Erfolge, positive 'Fakten' (Vergrößerung des Zählers im Bruch) oder weniger Erwartungen, geringere Ansprüche (Verkleinerung des Nenners).

- o Solche Ansätze spielen auch in der Arbeitszufriedenheitsforschung eine große Rolle (vgl. Bruggemann, Groskurth & Ulich, 1975; Neuberger, 1985). Von Ziel-Erreichtes-Ansätzen ausgehend wurden hier verschiedene **Formen der Zufriedenheit** in Abhängigkeit von unterschiedlichen Abwägungs- und Erlebnisverarbeitungsprozessen formuliert (Bruggemann u.a., 1975):
  - Progressive Zufriedenheit (positives Ziel-Erreichtes-Verhältnis, Erhöhung des Anspruchsniveaus);
  - Stabilisierte Zufriedenheit (keine Ziel-Erreichtes-Differenz; gleiches Anspruchsniveau);
  - Resignative Zufriedenheit (negatives Ziel-Erreichtes-Verhältnis; Senkung des Anspruchsniveaus);
  - Pseudozufriedenheit (negatives Ziel-Erreichtes-Verhältnis; gleiches Anspruchsniveau; verfärbte Situationswahrnehmung),
  - Fixierte Unzufriedenheit (negatives Ziel-Erreichtes-Verhältnis; gleiches Anspruchsniveau; keine Problemlösungsversuche);
  - Konstruktive Unzufriedenheit (negatives Ziel-Erreichtes-Verhältnis; gleiches Anspruchsniveau; neue Problemlösungsversuche).

Diese Formen sind natürlich nicht nahtlos auf Glück übertragbar. Sie zeigen aber doch wichtige Differenzierungen. Im allgemeinen könnte man sagen, daß die kognitiven Ansätze relevanter für die **Zufriedenheits**konzepte sind. Aber insofern, als eine allgemeine Lebenszufriedenheit Bestandteil von globalem Lebensglück sein muß, spielen diese kognitiven Prozesse auch in das Glück hinein. Auch wird man davon ausgehen müssen, daß nicht nur **ein** Standard als Bezugspunkt für Einschätzungsprozesse zugrundegelegt wird. Die eigenen Vorerfahrungen, wichtige Bezugspersonen, Durchschnittswerte von Bezugsgruppen werden alle zu Vergleichsprozessen herangezogen ('Multiple Discrepancies Theory', Michalos, 1985). Neuere empirische Untersuchungen weisen jedoch darauf hin, daß die eigenen Ziele, Maßstäbe und Vorerfahrungen vielleicht eine wichtigere Rolle für Glückseinschätzungen spielen als äußere Standards (Michalos, 1980; Stassen & Staats, 1988).

- o Ein anderer Forschungszweig untersucht die **kognitiven Prozesse im Moment der Glücksselbsteinschätzung** (Schwarz & Clore, 1983; Strack, Schwarz & Gschneidinger, 1985; Schwarz 1987). Sie fanden einen wichtigen Effekt der Stimmung im Augenblick der Glücksselbsteinschätzung. Schlechte Stimmung hat dabei einen indirekten (über Attributionsprozesse), gute Stimmung einen direkten Einfluß auf die Antworten auf die globale Glücksfrage. Es ist für diese Einschätzung nicht nur wichtig, an welche Lebensereignisse (positive oder negative) man sich im Augenblick erinnert, sondern auch, wie (positiv oder negativ) man im Augenblick über sie denkt. Abb. 25 faßt diese kognitiven Prozesse zusammen.

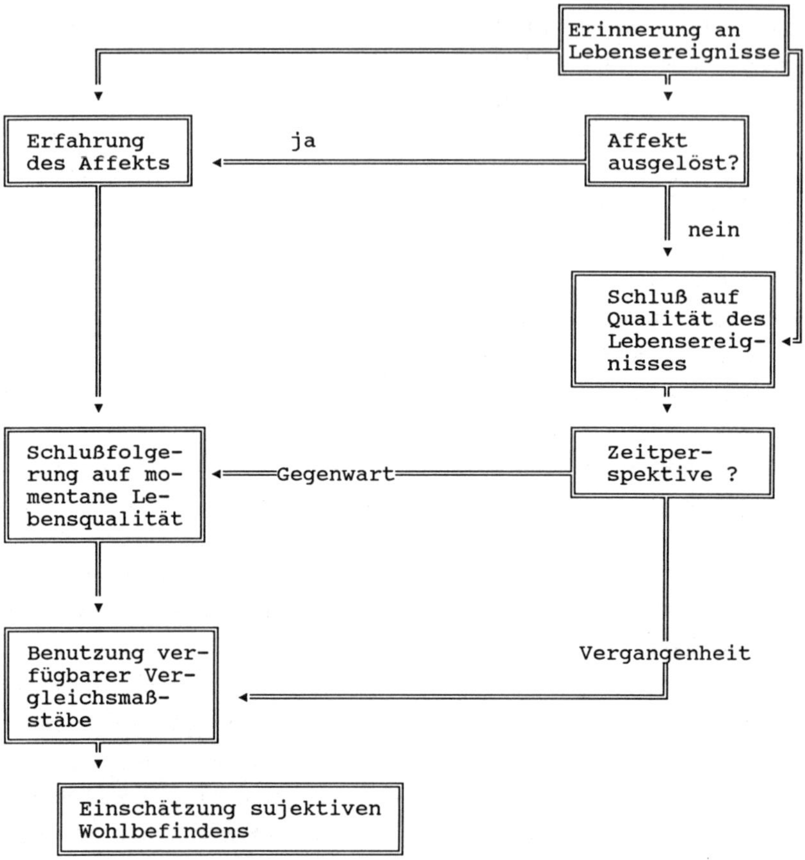

Abb. 25: Kognitive Prozesse bei Wohlbefindensselbsteinschätzungen (nach Strack, Schwarz & Gscheidinger, 1985, S. 1468)

Für die Wohlbefindenseinschätzung werden Lebensereignisse erinnert, deren emotionale Qualität wiedererlebt wird oder durch weitere kognitive Prozesse erschlossen wird. Bei aktuellen Ereignissen hat dies einen direkten Einfluß, bei vergangenen Ereignissen eine Wirkung auf die Vergleichsmaßstäbe.

Ein interessanter, noch lange nicht abgeschlossener Forschungszweig hat sich hier entwickelt, wenn er auch mit Einschränkungen behaftet ist (sehr mechanistisches Denken, keine Glücksdifferenzierung, meist sehr gestellte Untersuchungssituationen).

Affektive Ansätze

Glück nur über das affektive Erleben zu definieren ist weit verbreitet. Sowohl in der Gerontologie (vgl. 2.5) als auch in der Psychologie (vgl. 2.6) sind uns solche Definitionen bereits begegnet. So wurde Glück als Lusterlebnis konzipiert (Freud, 1929; Houston, 1981). Aber auch die phänomenologischen Ansätze gehen von der affektiven Qualität der Glückserlebnisse aus (Lersch, 1938; Hoffmann, 1981; Rümke, 1924; Bollnow, 1956). Die letztgenannten Ansätze (vgl. dazu 2.6 und 3.5) haben es fertiggebracht, Glückserlebnisse genauer zu beschreiben. Dabei lassen sich folgende Punkte festhalten:

- Glücksgefühle sind intensivste positive Emotionen.
- Die affektiven Erlebnisse in Glücksgefühlen sind nicht leicht zu beschreiben; sie können individuell äußerst unterschiedlich sein.
- Glücksgefühle haben meist etwas mit Harmonie, Spannungslösung zu tun; sie betreffen den ganzen Menschen, sind 'tiefe' Emotionen.
- Glücksgefühle gehen einher mit einem Öffnen der Sinne, einem Sich-Öffnen für unmittelbare Empfindungen.
- Glücksgefühle sind stark an intensive menschliche Beziehungen gebunden.

Die rein affektiven Glückskonzepte haben einige Schwierigkeiten; sie gehen oft von ganz unterschiedlichen subjektiven Glücksdefinitionen aus; sie sind stark von den Verbalisierungsfähigkeiten der Person abhängig; sie treffen meist keine Unterscheidung zwischen Glück und großer Freude. Andererseits weisen sie klar darauf hin, daß Glück immer eine starke emotionale Komponente besitzt, daß es abwegig wäre, Glück z.B. rein kognitiv aufzufassen.

Handlungstheorien

In einigen der eben angeführten phänomenologisch orientierten Ansätzen ist eine Handlungsebene enthalten. So sieht R. Hoffmann (1981, 1984) die Bewegung der Annäherung und Vereinigung im Glückserleben impliziert. Sie konnte dies auch empirisch belegen. Die von ihr, aber auch von O.F. Bollnow (1953) geschilderte sozial aufschließende, sich öffnende Ebene der Glücksgefühle verweist auf die Handlungsebene (vgl. auch Carlson, Charlin & Miller, 1988).

Eine explizite Handlungstheorie stellt der Ansatz von M.Csikszentmihalyi (1985) dar. Glück und Freude (hier nicht differenziert) werden hier als Begleitphänomene autotelischer ('Selbstziel'), intrinsisch motivierter Aktivitäten gefaßt. Bei solchen Aktivitäten ohne von außen gesetztes Ziel stellt sich ein 'Flußerlebnis' (flow experience) ein, ein Sich-Selbst-Vergessen, ein Aufgehen in der Handlung. Dabei kommt es jedoch darauf an, daß in der Tätigkeit die subjektiven Handlungsfähigkeiten weder unterfordert (Langweile) noch überfordert (Angst) werden (vgl. Kap. 2.6).

Von den Ansätzen der Humanistischen Psychologie wird ein anderer Handlungsbezug der Glückserlebnisse angesprochen. So definierte E. Fromm (1947) Glück dezidiert nicht als rein subjektives Lusterlebnis, sondern als Leistung innerer Produktivität. "Glück ist verbunden mit einer Zunahme an Vitalität, Intensität von Fühlen und Denken und Produktivität" (Fromm, 1947, S. 181). Die produktive Orientierung sich selbst und der Welt gegenüber ist der Kern des Glücksgefühls.

Die Aktivitätstheorien der Gerontologie (vgl. 2.5) weisen auf einen noch viel grundsätzlicheren Zusammenhang. **Jede** Art von aktiv sein (aktiv bleiben), von Hobbies, sportlichen Betätigungen bis zu sozialen Aktivitäten, produziert danach Wohlbefinden.
Auch hier fällt es wieder schwer, die spezifischen Wohlbefindensfaktoren (Glück, Freude, Zufriedenheit) zu differenzieren. Trotzdem scheint mit den Handlungstheorien eine wichtige Ebene der Glückserlebnisse angesprochen zu sein.

Persönlichkeitspsychologische Ansätze
Immer mehr Wohlbefindensforscher tendieren dazu, Glück als eine relativ stabile, im Lebenslauf aufgebaute Persönlichkeitseigenschaft zu fassen. In den großen gerontologischen Längsschnittuntersuchungen (Costa & McCrae, 1980, 1984; Stones & Kozma, 1986; Costa, McCrae & Zonderman, 1987) hat sich immer wieder eine erstaunlich hohe intraindividuelle Stabilität des Glücks herausgestellt (vgl. 2.5). Der Grad an persönlichem Lebensglück ändert sich nur wenig, auch wenn sich die Lebensumstände völlig wandeln. Das wurde als Hinweis auf die Persönlichkeitsvariable interpretiert. Die Verankerung von Glück in der Persönlichkeit läßt sich dabei auf verschiedenen Ebenen konkretisieren:

- **Tiefe der Glücksemotion**
  Es wurde immer wieder herausgestellt, daß Glück ein die ganze Person betreffendes, besonders tiefes Empfinden darstellt. Schon bei Scheler (1922) wird Glück als Emotion mit der größten Gefühlstiefe im Sinne einer Ich-Betroffenheit dargestellt. Glück überstrahlt alle anderen momentanen Befindlichkeiten (Rümke, 1924; Bollnow, 1956). Glücksgefühle sind "insofern tief, als sie den seelischen Schwerpunkt des Menschen treffen, d.h. seine seelischen Bezirke sowohl im Querschnitt der gelebten Gegenwart als auch im Längsschnitt des Lebensverlaufs durchdringen" (Lersch, 1938/1970, S. 237).

- **Glück als Harmonie der Persönlichkeit**
  Auch die Harmonie-Definitionen von Glück weisen auf die Persönlichkeitsvariable. Glück als "harmonisches Zusammenwirken aller Gefühle einer gutorganisierten und einheitlichen Persönlichkeit" (McDougall, 1908/1960, S. 134) drückt dies bereits aus.

"Je reicher, höher entwickelt, einheitlicher oder integrierter die Persönlichkeit, desto mehr ist sie dauerhaften Glückes fähig" (McDougall, 1908/1960, S. 134). Auch die psychoanalytischen Glücksdefinitionen (vgl. 2.6) betonen dies. Glück wird hier gesehen als Einheit, als Harmonie der drei Freudschen Instanzen der Person, Ich, Über-Ich und Es (Deutsch, 1927; Adam, 1981; Grotjan, 1971). Und eine solche Einheit läßt sich nicht im Augenblick schaffen, ist Ausdruck eines allgemeinen Lebensgefühls, das sich in der Biographie des Einzelnen entwickeln muß.

o **Glück als Ergebnis von Extraversion und geringem Neurotizismus**
Die Forschungen von Costa & McCrae (1980, 1984) haben Glück mit spezifischen Persönlichkeitsvariablen in Verbindung gebracht (vgl. 2.5). Die Balance zweier grundlegender Persönlichkeitsdimensionen, Extraversion und geringer Neurotizismus, bestimmt das Glück des Menschen, so haben sie empirisch belegt. Extraversion ist dabei über Soziabilität, Tempo, Vitalität und soziale Eingebundenheit definiert und verschafft positive Affekte im Leben. Geringer Neurotizismus bedeutet einen Mangel an Ängstlichkeit, Feindseligkeit, Impulsivität und psychosomatischer Beschwerden; er verhindert negative Affekte. Neuere Forschungen haben dabei ergeben, daß es in diesem Modell vor allem die Soziabilität ist, die über die Glücksgefühle bestimmt (Emmons & Diener, 1986). Menschen mit einer auf andere zugehenden, sozialen Persönlichkeit neigen also zum Glücklichsein.

o **Glück und Selbstwert**
Starke Zusammenhänge zwischen Glück und Wohlbefinden und dem Selbstwertgefühl, einer zentralen Persönlichkeitsvariable, wurden immer wieder gefunden (zum Überblick: Diener, 1984; Argyle, 1987). Das verwundert auch nicht, denn wir haben eben (Abschnitt 'kognitive Konzepte') für Zufriedenheit und Selbstwert eine fast identische Definition gefunden (nämlich die Ziel-Erreichtes-Relation). Glückliche Menschen also, so faßt Fordyce (1974) zusammen, haben ein positives Selbstbild, hohe Selbstachtung, ein befriedigendes Identitätsgefühl; sie beschreiben sich selbst positiv, und diese Beschreibungen entsprechen eben ihren Idealen. Das positive Selbstwertgefühl glücklicher Menschen basiert dabei aber nicht notwendig auf einer Selbstüberschätzung, einer Realitätsverzerrung (Fordyce, 1974, S. 103 f). Ihr Selbstbild ist darüber hinaus sehr sicher, konstant, schwer zu verunsichern.

Paradoxien bisheriger Glückskonzepte

Diese Sammlung an subjektiven, kognitiven, affektiven, handlungsbezogenen und persönlichkeitspsychologischen Konzepten hinterläßt eine gewisse Ratlosigkeit. Ist Glück ein so breites Konzept, daß das alles dafür zentral ist? Kann man dann noch etwas damit anfangen? Auf der anderen Seite haben sich auch echte Widersprüche ergeben:

- Die Persönlichkeitsansätze sehen Glück als lebenslang aufgebautes, stabiles Personmerkmal, die affektiven Konzepte beschreiben intensive, situationsspezifische, momentane Erlebnisse. Ist hier überhaupt von derselben Sache die Rede?
- Die subjektiven Theorien zeigen große individuelle Definitionsunterschiede, die anderen Ansätze sind jedoch bei weitem nicht so vage, enthalten dezidierte Definitionen. Wer bestimmt über eine Definition von Glück?
- Aus den kognitiven und den handlungsbezogenen Ansätzen lassen sich klare Wege zum Glück ableiten, in den anderen Konzepten verbietet sich dies eher. Kann man nun etwas für sein Glück tun oder nicht?
- Die Ressourcenansätze zeigen, wie wichtig die objektiven Lebensbedingungen für das Glück sind. Affektive und persönlichkeitspsychologische Ansätze erwähnen solche Faktoren überhaupt nicht. Sind sie nun wichtig oder nicht?

Die bisherigen Glückskonzepte führen also direkt in Paradoxien hinein. Ein Grund mag dafür sein, daß Glück zu wenig abgegrenzt wird von anderen Wohlbefindenskonzepten (Zufriedenheit, Freude). Der Vier-Faktoren-Ansatz (Kap. 3.1) versucht hier mehr Klarheit zu schaffen. Es sind aber zur Auflösung der Widersprüche noch weitere Differenzierungen notwendig, auf die nun eingegangen wird:

- der 'State-trait'-Ansatz des Glücks;
- das transaktionale Modell;
- die Systematisierung von Einflußfaktoren auf das Glück.

3.4 Ein 'State-trait'-Konzept des Glücks

Die bisherigen Glückskonzepte geraten in solche Paradoxien, weil sie in aller Regel eine emotionspsychologische Verankerung vermissen lassen. Denn dort werden so wichtige Differenzierungen vorgenommen wie das 'State-trait'-Konzept.

Das 'State-trait'-Konzept

"Es ist ein Ding, vom Jähzorn besessen zu sein, und etwas ganz anderes, in Zorn zu geraten, ebenso wie ein ängstliches Temperament verschieden ist vom Verspüren von Angst." (Cicero nach Chaplin, John & Goldberg, 1988, S. 541) Bereits 45 v. Chr. hat damit Cicero die wesentliche Unterscheidung zwischen Gefühlen als Persönlichkeitseigenschaft und Gefühlen als konkreter Empfindung getroffen. In der Psychologie der Gegenwart wird dies wieder aufgegriffen. So haben G.W. Allport und H.S. Odbert (1936) eine Klassifikation aller englischen personbeschreibenden Begriffe (fast 18.000) vorgenommen und sind zu vier Klassen gelangt:

- Persönlichkeitszüge (traits);
- vorübergehende Zustände (states), Stimmungen, Aktivitäten;
- Charakterbewertungen;
- sonstige Personbeschreibungen.

Der Persönlichkeitspsychologe Allport interessierte sich dabei vor allem für die Trait-Komponente. C.D. Spielberger nutzte die Differenzierung dann für die Angstforschung. Seine Mitarbeiter und er unterschieden zwischen Ängstlichkeit (Trait-Komponente) und Angst (State-Komponente). Sie konstruierten einen 'State-Trait-Angst-Fragebogen' (Spielberger, Gorsuch & Lushene, 1969) als Meßinstrument, das bis heute Verwendung findet (vgl. Laux, Glanzmann, Schaffer & Spielberger, 1981). Ein fruchtbares Forschungsfeld baute sich auf dieser Angsttheorie auf. Als das State-Trait-Konzept dann auch versucht wurde, auf andere Emotionen anzuwenden (z.B. Ärger: Schwarzer & Schwarzer, 1982), wurde kritisiert, daß es sich hier um eine relativ willkürliche Unterscheidung handle (Allen & Potkay, 1981). Diese Kritik jedoch forderte zu Präzisierungen heraus, so daß man heute durchaus von einer Renaissance des State-Trait-Konzeptes sprechen kann (Zuckermann, 1983; Fridhandler, 1986; Nesselroade, 1988; Chaplin, John & Goldberg, 1988).

Die Nützlichkeit des Konzeptes kann auf zwei Arten nachgewiesen werden: empirisch und theoretisch. Empirisch kann man argumentieren, indem man Unterschiede bei State- und Traitmessungen aufzeigt. Was die Glücksmessung angeht, läßt sich dies leicht zeigen. Konstanz der Glückswerte ergeben sich vor allem in Untersuchungen, die Glück traitorientiert operationalisiert haben, variablere Werte bei state-orientierten Instrumenten (vgl. George, 1981). Ein anderer interessanter empirischer Zugang wurde von Chaplin,

John & Goldberg (1988) gewählt. Sie legten 75 personbeschreibende Begriffe (darunter Glück) einer Stichprobe von 74 Studenten vor und baten sie um eine Klassifikation. Einige der Begriffe wurden vorwiegend als State, einige vorwiegend als Trait, einige als keines von beiden eingeschätzt. Dabei schätzten 22% Glück als vorwiegendes Trait-Konzept, 77% als vorwiegend State-Konzept ein. Eine verfeinerte Analyse an einer neuen Stichprobe ergab folgendes:

Glück	State: 49%	Trait: 5%	Beides: 44%	Keines: 2%

Dieses Ergebnis ist natürlich auch Ausdruck einer kulturspezifischen (hier für USA) Glücksdefinition (Glücksideologie); in anderen Kulturkreisen dürfte die Trait-Komponente häufiger gewählt werden. Empirische Belege für die Nützlichkeit der State-Trait-Unterscheidung hat auch Zuckermann (1983) zusammengestellt.
Man kann diese Differenzierung aber auch theoretisch begründen. So hat B.M. Friedhandler (1985) die philosophische Unterscheidung zwischen Erscheinung und Disposition angeführt, um zu zeigen, daß Traits abstrakte Einheiten sind, die erschlossen werden müssen. Sie sind stabile Neigungen, auf Situationen in bestimmter Weise zu reagieren, während States kurzfristige, situative, reaktive Manifestationen darstellen. Mit einem prototypischen Ansatz (die Kategorien werden durch Idealbedingungen definiert) haben W.F. Chaplin, O.P. John & L.R. Goldberg (1988) die Unterschiede von State und Trait genauer definiert. Sie weisen fünf Dimensionen nach:

- **Stabilität**: Temporäre, vorübergehende, zeitweilige Gefühle und Verhaltensweisen (state) vs. stabile, andauernde Aspekte einer Persönlichkeit (trait);
- **Kausalität**: Situativ hervorgerufene (state) vs. in der Person selbst begründete Gefühle und Verhaltensweisen (trait);
- **Dauer**: Nur kurz (z.B. einige Minuten) andauernde (state) vs. länger (z.B. einen Tag) andauernde Zustände;
- **Häufigkeit**: Nur wenige Beobachtungen sind notwendig, um einer Person das Attribut zu verleihen (state) vs. eine so attribuierte Person zeigt das Attribut sehr häufig (trait);
- **Situative Generalisierung**: eine Person zeigt das Attribut nur in spezifischen Situationen (state) vs. in den unterschiedlichsten Situationen (trait).

Die Lösung der Glücksparadoxien

Wenn man dies nun auf das Glückskonzept anwendet, so wäre es zunächst sinnvoll, eine begriffliche Trennung vorzunehmen. So wie die Angstforschung zwischen Angst (state) und Ängstlichkeit (trait) unterscheidet, muß man differenzieren zwischen Glückserleben (state) und Lebensglück (trait). Durch diese Differenzierung lösen sich einige Widersprüche bisheriger Glücksforschung auf. Die Persönlichkeitskonzepte, auch die kognitiven Konzepte beziehen sich eher auf die Trait-Komponente, die affektiven und handlungsorientierten Ansätze eher auf die State-Komponente. Die großen Unterschiede subjektiver Definitionen werden nun auch erklärbar. Auch die Beeinflußbarkeit, die Machbarkeit von Glück kann differenzierter gesehen werden: States sind kurzfristig beeinflußbar, traits nur langfristig. Auch dürfte das State-Glück direkter an objektive Lebensumstände gebunden sein.

Um zu einer genaueren Definition zu gelangen, sollen nun den beiden Komponenten Ergebnisse der Glücksforschung zugeordnet werden.

Glück als aktuelles Glückserleben (state)

Zur Beschreibung des aktuellen Glückserlebens sind zwei bereits vorgestellte Arbeiten am besten geeignet (Rümke, 1924; Hoffmann, 1981). Der Psychiater H.C. Rümke hat aus genauen Beschreibungen in Klinik und Literatur Merkmale des Glückserlebnisses extrahiert. P. Hoffmann (1981; 1984) hat Studenten sich in glückliche Situationen hineinversetzen und diesen Zustand beschreiben lassen (vgl. Kap. 3.3). Auch die phänomenologischen Analysen des Glückserlebens von E. Kern (1938), Ph. Lersch (1938), O.F. Bollnow (1956) und S. Strasser (1956), sowie einige weitere empirischen Arbeiten (Wlodarek-Küppers, 1987; Fordyce, 1974, Kap. 3) sind hier zentral. Die folgenden Merkmale von aktuellem Glückserleben lassen sich danach beschreiben:

- o **Extrem positive Emotion**, größte Freude, Überschwänglichkeit, Begeisterung, Entzücken, Aufgehen in der Emotion;
- o **höhere Sensibilität**, höhere Aufmerksamkeit für Innen und Außen, Wachheit, Bewußtheit, Schärfung und Öffnung der Sinne;
- o **positive Sicht**, selektiv positive Wahrnehmung und Erinnerung, Suche nach Verstärkung der positiven Emotion in der Außenwelt;
- o **von abstrakten 'idealen' Vorstellungen begleitet**, wie Schönheit, Einklang, Harmonie, Frieden, Einheit, Erhabenheit, Tiefe, Freiheit, Sinn, Transzendenz, Unendlichkeit, usw.;
- o **gesteigertes Selbstwertgefühl**, Selbstzufriedenheit, positives Selbstkonzept, Identitätsgefühle;
- o **Soziale Aufgeschlossenheit**, Zugänglichkeit, Freundlichkeit, Soziabilität, Extraversion;
- o **Spontaneität**, schnelle Entschlossenheit, Flexibilität;
- o **Produktivität**, schöpferische Kraft, Kreativität.

Mit diesen Merkmalen wird schnell klar, daß Glück mehr als nur positives Gefühl ist. Glücksgefühle sind mit ganz spezifischen kognitiven und handlungsbezogenen Veränderungen kennzeichenbar.

Glück als biographisch entwickeltes Lebensglück (trait)

Lebensglück als Trait ist nicht direkt beobachtbar, ist ein Konstrukt, das erschlossen wird, das zugeschrieben wird. Unter welchen Bedingungen nun kann man Lebensglück einer Person zuschreiben? Aufgrund der bisherigen Ausführungen lassen sich folgende Merkmale festhalten:

o **Erhöhte Wahrscheinlichkeit von Glückserleben**;
Dies läßt sich aus der Trait-Definition ableiten. Menschen mit hohem Lebensglück neigen dazu, sich immer wieder glücklich zu fühlen. So definieren Stones & Kozma (1986) Glück als Neigung (propensity) zu Glückserleben.

o **Im Lebenslauf entwickelt**;
Lebensglück baut sich in der biographischen Entwicklung auf konkreten Glückserfahrungen auf. Es ist deshalb auch nur sehr langsam veränderbar, was viele Ansätze bereits untermauert haben (vgl. 2.5, 2.6 und 3.3). Charlotte Bühler (1969), die Glück als das Ergebnis grundsätzlicher Lebenserwartungen sieht, zeigt die biographische Entwicklung solcher traits im Zusammenhang mit Lebensstil, individuellen Erfahrungen, Gewohnheiten, Lebensplänen und Daseinsthemen. Sie alle kristallisieren sich im Lebensglück heraus.

o **Auf einer grundlegenden Lebenszufriedenheit aufbauend**;
Glück wurde bereits (Kap. 3.1 und 3.2) als ein Zufriedenheit umfassender Begriff gefaßt. Dies haben die kognitiven Glückskonzepte (Kap. 3.3) herausgearbeitet, daß Lebensglück immer auch auf Zufriedenheit aufbaut, auf einer Überzeugung beruht, daß man selbst das eigene Leben als gelungen (eigene Ziele erreicht) einschätzt. Dadurch unterscheidet sich Lebensglück von anderen Persönlichkeitseigenschaften (wie z.B. Intelligenz), daß diese Selbsteinschätzung notwendig (nicht aber hinreichend) dazugehört.

o **Hinausgehen über Ich-Bezogenheit**;
Schon beim Glückserleben wurde betont, daß ein wesentliches Merkmal das sich Öffnen, die soziale Orientierung ist. Dies muß sich ebenso im Lebensglück niederschlagen. Lebensglück bedeutet immer über die Ich-Bezogenheit hinauszugehen. Dabei muß man nicht so weit gehen wie die Glücksphilosophie (Eudaimonismus, Kap. 2.1) und Glück als tugendhaftes Leben fassen, denn die Festlegung von mora-

lischen Normen für ein solches glückliches Leben dürfte sehr schwer fallen. Auf der anderen Seite wären wir nicht bereit, einen Massenmörder, der voll Wohlbefinden in seinem Tun aufgeht, Lebensglück zu attestieren. Die normative Komponente im Lebensglück ist unverzichtbar (z.B. Hellmann, 1930; Fromm, 1947; Scott, 1971; Schulz-Hageleit, 1979; Tatarkevicz, 1984; Freund, 1985). Wir wollen diese Komponente vorsichtig definieren als ein über die Ich-Bezogenheit Hinausgehen, als Transzendenz der subjektiven Grenzen.

Dadurch ergeben sich nun die folgenden Definitionsmerkmale von Glück:

Glückserleben (state)	Lebensglück (trait)
o extrem positive Emotion, o in konkreter Situation, o höhere Sensibilität, Bewußtheit, Öffnung der Sinne o positive Sicht, o von abstrakten `idealen` Vorstellungen begleitet, o gesteigertes Selbstwertgefühl, o soziale Aufgeschlossenheit o Spontaneität, o Produktivität	o Erhöhte Wahrscheinlichkeit von Glückserleben, o im Lebenslauf entwickelt, o auf grundlegender Lebenszufriedenheit aufbauend, o Hinausgehen über Ich-Bezogenheit

Abb. 26: Definitionsmerkmale einer State-Trait-Konzeption von Glück

3.5 Objektiver und subjektiver Glücksbegriff: das transaktionale Modell

Bei der Vorstellung der sozialwissenschaftlichen Ansätze (Kap. 2.4) wurde gezeigt, daß es dort eine Debatte zwischen Subjektivisten und Objektivisten in der Wohlfahrtsforschung gibt (vgl. Zapf, 1984). Objektivisten definieren Wohlfahrt und Lebensqualität über die Verfügbarkeit objektiver Güter, Lebensverhältnisse; Subjektivisten setzen das Subjektive Wohlbefinden, Glück und Zufriedenheit als Kriterien ein. Diese Spannung hat sich auch in den psychologischen Glückskonzepten gezeigt (vgl. Kap. 3.3). Die Ressourcenansätze stellen die objektiven Faktoren in den Vordergrund, in den restlichen Ansätzen sind subjektive Faktoren zentral. Zum Problem wird dies vor allem dadurch, daß sich gezeigt hat, daß objektive Lebensbedingungen und subjektives Wohlbefinden nur schwach miteinander korrelieren (vgl. Kap. 2.4).
Um das Verhältnis objektiver und subjektiver Faktoren des Glücks genauer zu erklären kann ein Konzept dienen, das aus der Analyse negativer Befindlichkeiten stammt, aus der Belastungsforschung. Das auf den Emotions- und Streßforscher R.S. Lazarus zurückgehende transaktionale Modell (vgl. Lazarus & Launier, 1981) geht von einer Wechselwirkung Individuum-Umwelt aus. Da es nicht gelang, Belastung eindeutig über die Umweltfaktoren (objektive Stressoren) oder die Individuumsfaktoren (Subjektive Belastung) zu definieren, faßte man Belastung im transaktionalen Modell als **Relation** zwischen Individuum und Umwelt auf. Dadurch wird betont, daß situative Faktoren immer subjektiv interpretiert werden, daß sie auch subjektiv hergestellt und sozial vermittelt werden. Andererseits sind die Personfaktoren immer auch als auf spezifische Situationen, Zeitpunkte und Gegenstände bezogen zu sehen. Abb. 27 veranschaulicht dieses Verhältnis.

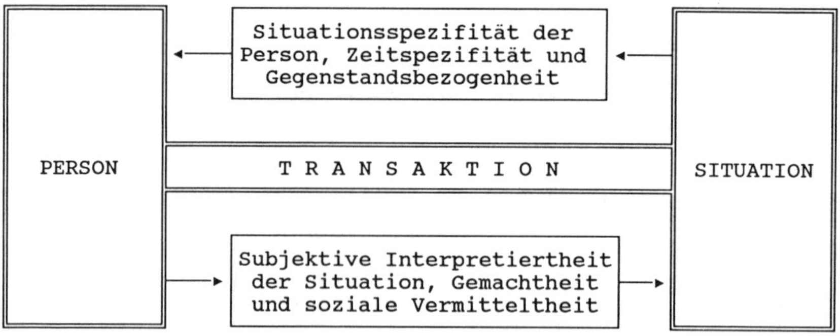

Abb. 27: Person-Umwelt-Transaktion (Mayring, 1988b, S. 203)

Und dies muß natürlich auch für Konzepte positiven Befindens, auch für Glück gelten. Glück stellt eine Relation zwischen positiven Lebensbedingungen und positivem sub-

jektiven Befinden dar.
So gibt es einige moderne Wohlbefindensansätze, die von einem solchen transaktionalen Modell ausgehen. Bereits zitiert wurde M.P. Lawton (1984), der sein Konzept des 'guten Lebens' als vier sich überschneidende Kreise darstellt (Subjektives Wohlbefinden, Objektive Umwelt, Lebensqualität, Verhaltenskompetenzen). Aber auch E.M. Scott (1971) hat einen ähnlichen Ansatz entwickelt. Er sieht Glück eingebunden in Umweltfaktoren ('arena').

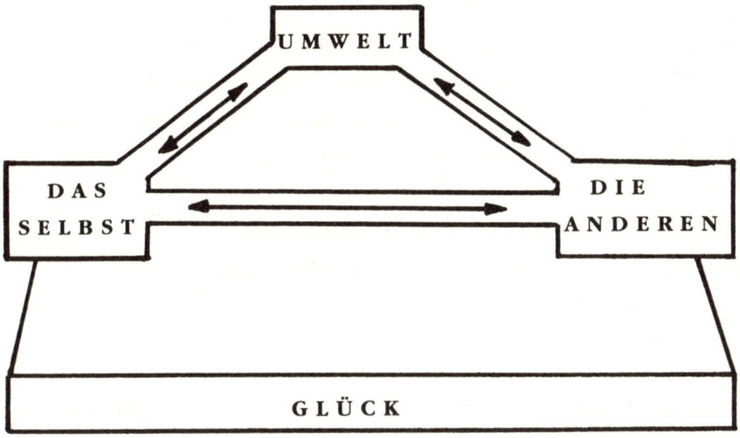

Abb. 28: Transaktionales Glückskonzept (nach Scott, 1971)

Das transaktionale Konzept läßt Glück in einer doppelten Natur erscheinen. "Die doppelte Natur des Glücks ist von der folgenden Art: Es ist ein innerer Zustand, der aber der Hilfe von außen bedarf; wir haben es **in uns, nicht aber durch uns**. Die äußere Welt an sich verschafft uns das Glück nicht, auch ein günstiges Schicksal hilft nicht, wenn uns die entsprechende innere Haltung fehlt. Die innere Haltung aber muß auf die äußere Welt gerichtet sein; sie muß das Leben ausfüllen, andernfalls wird es arm und langweilig sein." (Tatarkiewicz, 1984, S. 143)
So schwierig dieses transaktionale Verhältnis genauer theoretisch zu fassen ist, so eindeutig sind die daraus abzuleitenden Konsequenzen für die Glücksforschung. Eine Glückskonzeption muß danach immer multifaktoriell angelegt sein. Im Kapitel 3.7 wird das versucht genauer zu entwickeln. Wichtig auch ist die Konsequenz für die Erhebungsmethodik. Denn nach dem transaktionalen Modell dürfte eine reine Selbsteinschätzung für die Glücksdiagnose nicht ausreichen. Ein methodisches Konzept, das darüber hinausgeht, wird später (Kap. 4.2) vorgestellt werden.

3.6 Ein Rahmenmodell der Einflußfaktoren von Glück

Es soll nun versucht werden, Glück in einen größeren Zusammenhang zu stellen, in dem die Einflußfaktoren auf Glück systematisiert werden. Welche konkreten Faktoren im Individuum und in der Umwelt gehen mit Glücksgefühlen einher? Diese Frage mit Korrelationsstudien anzugehen ist eines der beliebtesten Themen bisheriger Glücksuntersuchungen. Denn solche Untersuchungen sind wenig aufwendig; andererseits lassen sie die Hoffnung zu, man habe echte Einflußfaktoren gefunden, man könne also ableiten, wie man glücklich werden kann. So sollen zunächst die wichtigsten Korrelate von Glück vorgestellt werden (vgl. zum Überblick Wilson, 1967; Fordyce, 1974; Veenhoven, 1984a und b; Argyle, 1987; einzelne Arbeiten werden nur in Ausnahmefällen zitiert, diese 'Reviews' beinhalten allein viele hundert Studien).

Biographische Voraussetzungen als Glückskorrelate

Auf solche Untersuchungen, die Persönlichkeitsfaktoren als Korrelate von Glück gefunden haben, wurde bereits mehrfach hingewiesen (Kap. 2.5 und 3.1). Den grundsätzlichen Zusammenhang haben hier P.T. Costa und R. McCrae (1980) nachgewiesen. Die beiden Grunddimensionen der Persönlichkeit im Modell von H. Eysenck, **Extraversion** und **Neurotizismus**, korrelieren mit Glück. Auf der Neurotizismusachse ist es vor allem die Freiheit von psychischen und psychosomatischen Beschwerden, die für Glück wichtig sind, auf der Extraversionsebene sind es **Soziabilität** und **Aktivität**. Vor allem die Soziabilität wurde in vielen anderen Untersuchungen ebenso als Glückskorrelat nachgewiesen. Eine soziale Persönlichkeit kann zu Glücksgefühlen führen, so M. Argyle (1987), da gute Sozialbeziehungen positive Erlebnisse wie Liebe, Vertrauen, Selbstwert verschaffen, freudvolle Aktivitäten nach sich ziehen und einen Schutz vor negativen Erlebnissen darstellen. Ähnlich ist bei einer aktiven Persönlichkeit die Wahrscheinlichkeit angenehmer Erfahrungen größer. Allerdings ist hier die Beziehung nicht so eindeutig (vgl. auch die Debatte um die Aktivitätstheorie in der Gerontologie, Kap. 2.5). So haben wir ja auch bei den Glücksuntersuchungen gesehen, daß es aktivere und kontemplativere Glücksformen gibt (z.B. Freedman, 1978). Auch die gerontologischen Lebensstilforschungen zeigen dies. Es gibt passivere ('Schaukelstuhlstil') wie aktivere ('Angriffslustiger Stil') Lebensstile, die mit Glück und Wohlbefinden verbunden sind (Reichard, Livson & Peterson, 1962), aber auch andere Lebensstile, die Unbehagen nach sich ziehen ('Verärgerter Stil', 'Selbsthasser'). Dies verweist auf den **Lebensstil** als wichtiges Glückskorrelat (vgl. auch Snow & Havighurst, 1977).

Unter den weiteren Persönlichkeitsvariablen ist es der hohe **Selbstwert** (vgl. auch Campbell, 1981) und die **Kontrollüberzeugung**, die immer wieder mit Glück korrelieren. Obwohl bei beiden Variablen unklar ist, in welche Richtung der hauptsächliche Kausalzu-

sammenhang geht, scheinen beide zumindest teilweise Glücksgefühle zu erleichtern. Denn beides ist wichtig für das Erreichen zentraler Lebensziele und einer zufriedenen Lebenseinstellung. Die kognitive Glückskomponente wird damit also gestärkt.
In diesem Zusammenhang sind auch die **Ziele und Interessen** einer Person wichtig. Ein Zuviel an Zielen kann zwar vermehrte Enttäuschungen schaffen, trotzdem ist die Entwicklung von Lebenszielen und Interessen eine Voraussetzung von Glück.
Solche Ergebnisse zusammenfassend, hat Michael Fordyce (1974) das aktive **Involviertsein in das Leben** als den Schlüsselfaktor der glücklichen Persönlichkeit herausgearbeitet. Das heißt nicht Aktivität um jeden Preis, wohl aber ein Sich-Öffnen, sensibel sein, spontan sein, produktiv sein, alles Eigenschaften, die wir als Beschreibungsmerkmale von Glückserleben gesammelt haben (Kap. 3.4).
Einen **Lebenssinn** gefunden zu haben stellt auch ein - wenn auch schwächeres Glückskorrelat - dar. Theoretische Ansätze betonen dieses Element ja sehr (vgl. Kap. 3.4). Auch Religiosität als eine Form des Lebenssinns korreliert in einigen Studien mit Glück. Bei Frauen und bei alten Menschen scheint diese Dimension wichtiger zu sein (Koenig, Kvale & Ferrel, 1988). Dieser Sinnfaktor wirkt dabei einerseits in seiner persönlichkeitsintegrierenden Kraft; und Glück wurde ja als die ganze Persönlichkeit betreffend dargestellt (Kap. 3.4). Andererseits werden daraus erreichbare und befriedigende Lebensziele abgeleitet. Religiosität speziell sorgt durch die Einbindung in eine Kirche in der Regel auch für soziale Unterstützungen.
Hier muß auch betont werden, daß andere Persönlichkeitsvariablen nicht signifikant mit Glück korrelieren. Dies gilt vor allem für Intelligenz. Weder verhilft hohe Intelligenz zu Glückserleben, noch sind einfältige Geister glücklicher (vgl. Sigelman, 1981). Auch ist es bisher nicht gelungen, klare Geschlechtsunterschiede im Glückserleben nachzuweisen. Weiter ist erfolglos versucht worden, einen Zusammenhang zwischen der Reife der Persönlichkeit und Glück und Wohlbefinden herzustellen (McCrae & Costa, 1983).

Objektive Lebensbedingungen als Glückskorrelate

Der **sozioökonomische Status** einer Person stellt eines der stärksten Glückskorrelate dar. Diese Variable ist zusammengesetzt aus **Einkommen**, **beruflichem Status** und **Bildungsstand**. In den US-amerikanischen Repräsentativstudien hat sich herausgestellt, daß diese Variable 10% der Glücks- und Wohlbefindenswerte ausmacht (Campbell, 1981). Das ist zwar viel im Vergleich zu anderen Variablen, zeigt aber auch, daß die objektiven Lebensbedingungen nur zum geringen Teil Glück garantieren können. Im Alter, darauf wurde bereits hingewiesen (Kap. 2.5), sind es unter den objektiven Merkmalen der Lebenssituation vor allem die Wohnbedingungen (Infrastruktur), die wichtig sind.
Beim Faktor Einkommen zeigt sich sehr schön die Vernetzung der Einflußfaktoren. Denn die eigenen Einkommensverhältnisse werden anhand von subjektiven Maßstäben bewer-

tet (vgl. Easterlin, 1973; Duncan, 1975). Nur sehr niedriges Einkommen wirkt glückserschwerend, mittlere Einkommen werden an kollektiven oder individuellen Bezugsnormen relativiert. Hohes Einkommen kann also Glück nicht garantieren, aber bestimmte Voraussetzungen schaffen.

Dies zeigt sich auch an Untersuchungen zur Arbeitslosigkeit (z.B. Warr, 1978): Arbeitslose haben deutlich niedrigere Glückswerte.

Von den weiteren zu den objektiven Lebensbedingungen gezählten Variablen ist es die soziale Integriertheit, vor allem der **Familienstand**, der mit Glück korreliert. Einen Lebenspartner zu haben (Ehe) scheint ein wichtiger Glücksfaktor zu sein (bei Campbell, 1981, macht er 5% der Glücks- und Zufriedenheitswerte aus). Ledige, Verwitwete und Geschiedene sind in der Regel signifikant weniger glücklich. Neuere Untersuchungen zeigen jedoch, daß diese Effekte heute geringer geworden sind. Auch ohne Ehe sind befriedigende Sozialbeziehungen heute möglich (Ryan, 1981). Darüber hinaus kommt es extrem auch auf die Qualität der Ehebeziehung an (Williams, 1988). Hier deuten sich auch Geschlechtsunterschiede an. Männer definieren die Ehe eher als Versorgungsinstitution und Verhinderung von Einsamkeit, Frauen haben höhere emotionale Erwartungen an die Ehe. Der Ehestand für sich genommen korreliert deshalb bei Männern höher mit Wohlbefinden (Williams, 1988). Neben dem Ehestand ist es die allgemeine soziale Integriertheit, die immer wieder als Glückskorrelat erwiesen wurde.

Das dritte zentrale Glückskorrelat unter den objektiven Lebensbedingungen stellt die **Gesundheit** dar. Fast unüberschaubar ist die Literatur dazu. Sowohl in einer interpretativen Zusammenschau von 81 Arbeiten (Zautra & Hempel, 1984) als auch in einer statistischen Sekundäranalyse von 37 Untersuchungen (George & Landerman, 1984) haben sich - zumindest schwache - Korrelationen ergeben. Dies verwundert nicht, da es ja auch eine konzeptionelle Überschneidung gibt (Kap. 3.1). Denn Glück ist eine Voraussetzung für psychische Gesundheit: Auch hier gilt wieder, daß der Zusammenhang Gesundheit - Glück bei älteren Menschen stärker ist, da sie eher mit Gesundheitseinschränkungen konfrontiert sind. Wenn in solchen Untersuchungen Gesundheit nicht nach objektiven (ärztliche Untersuchung), sondern nach subjektiven (Gesundheitsselbsteinschätzung) Indikatoren gemessen werden, schnellen die Zusammenhänge nach oben. Denn hier dürften die Rückwirkungen noch stärker sein: glückliche Menschen fühlen sich gesünder.

Ein weiteres Korrelat stellen die **positiven Lebensereignisse** dar, die einem Menschen widerfahren, obwohl es auch hier gegenläufige Ergebnisse gibt (z.B. v.Zerssen & Hecht, 1987, an einer Stichprobe psychiatrischer Patienten). Positive Lebensereignisse verschaffen freudige, positive Erlebnisse und sind so mit Glück korreliert (Zautra & Reich, 1983). Natürlich ist hier wieder die Umkehrwirkung zu beachten: Glückliche Menschen verschaffen sich positive Lebensereignisse.

Gesellschaftliche Voraussetzungen als Glückskorrelate

Hier sind eine Reihe von US-amerikanischen Untersuchungen zu nennen, die Korrelationen zwischen Glück und Rasse festgestellt haben. In den USA lebende Farbige haben danach geringere Glückswerte als Weiße (vgl. Diener, 1984; Argyle, 1987). Dies liegt zum großen Teil daran, daß die gesellschaftliche Verteilung von glücksrelevanten Faktoren (Sozioökonomischer Status z.B.) solche Bevölkerungsgruppen benachteiligt.

Kognitive Variablen als Glückskorrelate

Glück wurde auch als Ergebnis diverser kognitiver Einschätzungsprozesse dargestellt (vgl. Kap. 3.3). So ließen sich einige kognitive Variablen als Glückskorrelate nachweisen. Die **subjektive Wahrnehmung, Einschätzung der objektiven Lebensbedingungen** ist hier ein wichtiger Punkt, der eben schon (bei Gesundheit) belegt wurde. Daneben sind es vor allem Einschätzungsprozesse, die bestimmte Kriterien für die Bewertung heranziehen. Der **soziale Vergleich**, also Normierung an wichtigen Bezugspersonen oder Bezugsgruppen wie auch der **Adaptationsniveau**vergleich, also der Bezug auf ein internes langfristiges Niveau, wurden empirisch belegt, ebenso wie der Vergleich mit eigenen Zielen (**Ziel-Erreichtes-Abwägung**).

Emotionale Glückskorrelate

Die **emotionale Gestimmtheit** einer Person hat einen entscheidenden Einfluß auf ihre Glücksselbsteinschätzung. Dies wurde in experimentellen Untersuchungen belegt (Schwarz & Clore, 1983; Schwarz, 1987). Die Stimmung hat dabei, wie bereits gezeigt wurde (Kap. 3.3), eine direkte und indirekte Wirkung auf die Glückseinschätzung.

Umweltauseinandersetzung als Glückskorrelat

Auch auf der Handlungsebene, der Ebene der Auseinandersetzung mit der Umwelt, gibt es Korrelate von Glück (vgl. auch 3.3). Auf der negativen Befindensachse ist dies längst bewiesen worden. Der Mensch ist negativen Lebensumständen nicht ausgeliefert, er kann versuchen sie handelnd zu **bewältigen** (zur Bewältigungstheorie vgl. z.B. Brüderl, 1988). Eine positive Bewältigung hat über eine höhere Zufriedenheit dann auch Einfluß auf das Glück. Aber auch direkte "**Glückshandlungen**" sind bereits angedeutet worden. Diese Handlungen liegen auf drei Dimensionen: **soziale** Handlungen, **aktive** Handlungen und **autotelische** (Selbstzweck) Handlungen.

Entwurf eines Einflußfaktorenmodells

Wenn man die zahllosen Untersuchungen zu den Wohlbefindenseinflußfaktoren systematisieren will, kann man wieder eine Anleihe bei den Untersuchungen über negatives Befinden machen. Die Belastungs-Bewältigungs-Forschung (Lazarus & Folkman, 1984; Ulich, Haußer, Mayring, Strehmel, Kandler & Degenhardt, 1985; Brüderl, 1988), die bereits für das transaktionale Glücksmodell (Kap. 3.5) fruchtbar gemacht werden konnte, arbeitet dabei mit einem weiteren für die Wohlbefindensforschung verwertbaren Modell.

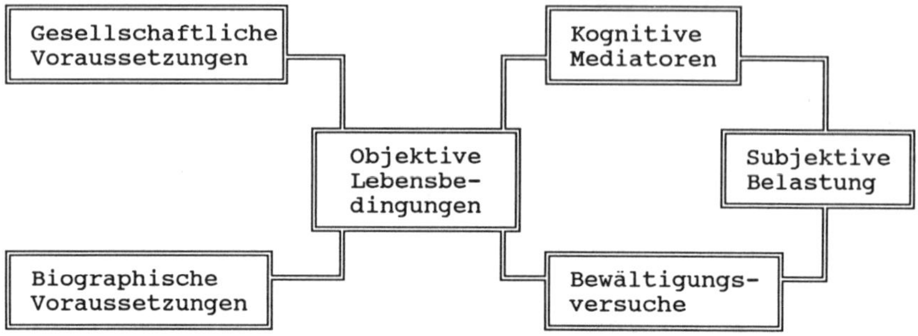

Abb. 29: Variablenmodell der Belastungs-Bewältigungs-Forschung

Dieses Modell, das beispielsweise bei der Analyse von Belastungs-Bewältigungsprozessen bei Arbeitslosigkeit (Ulich u.a., 1985) erfolgreich eingesetzt werden konnte, paßt sehr gut auf die hier referierten und geordneten Glückskorrelate, wenn man subjektive Belastung mit Wohlbefinden ersetzt und die emotionalen Moderatoren hinzunimmt. Nach diesem Modell ist das subjektive Befinden in Abhängigkeit zu sehen von gesellschaftlichen und biographischen Voraussetzungen, den objektiven Lebensbedingungen und kognitiven, aktionalen und emotionalen Moderatoren.

Auf die Festlegung von Einflußrichtungen (Pfeile) ist in diesem Modell bewußt verzichtet worden. Denn überall sind Rückwirkungen zu beachten. Das Befinden wirkt auf die Moderatorvariablen zurück, diese (vor allem die Handlungen) beeinflussen die objektiven Lebensbedingungen, das Befinden beeinflußt auch die biographischen Voraussetzungen. Um ein Wirrwarr an Pfeilen zu vermeiden, wurden hier also nur, sozusagen als Strukturmodell, Verbindungslinien markiert.

Wir können dieses Modell nun füllen mit den hier referierten Glückskorrelaten, zusammen mit den bisher entwickelten Theoriebruchstücken, und gelangen zu einem Rahmenmodell der Einflußfaktoren von Glück (Abb. 30):

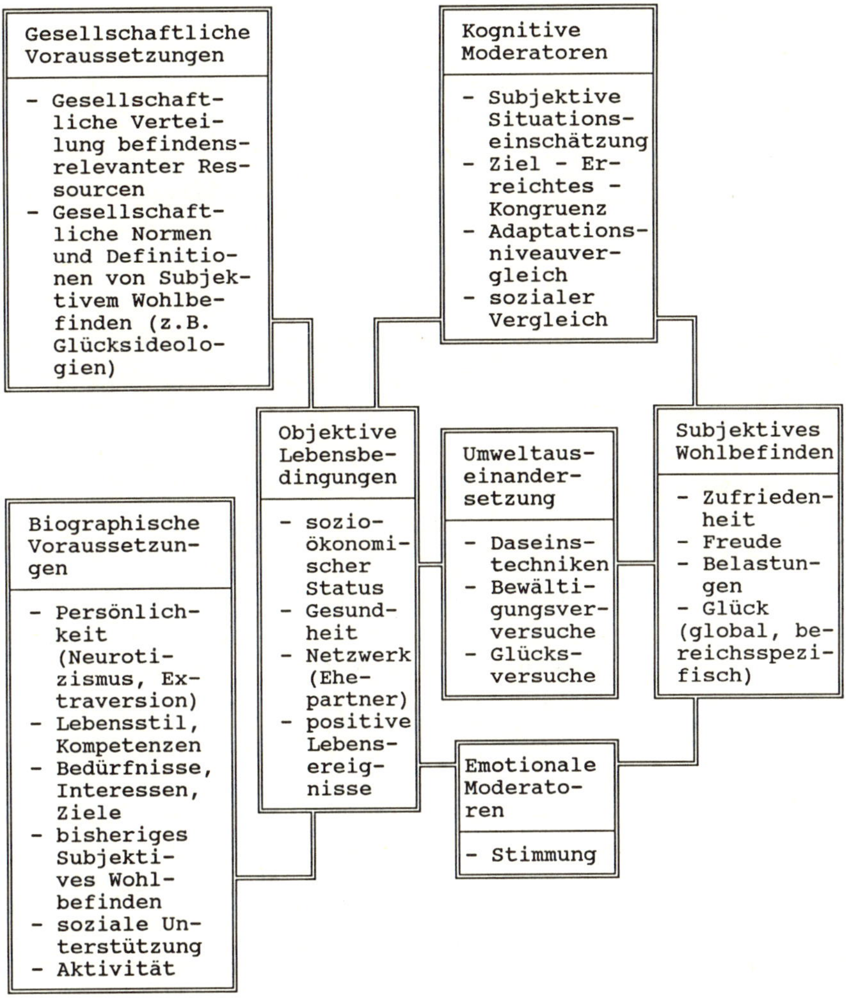

Abb. 30: Rahmenmodell der Einflußfaktoren von Glück (vgl. auch Mayring, 1987)

3.7 Das psychologische Gegenteil von Glück: Depression

Nachdem nun in diesem Kapitel einige Theoriebruchstücke über das Glück zusammengetragen worden sind, soll nun auch einmal erörtert werden, was denn das Gegenteil von Glück sei. Glück und Pech, das hatten wir schon in der Einleitung betont, würde den Glücksbegriff einseitig auf die Zufallsbedeutung festlegen, und dies entspricht nicht dem hier vorgelegten Konzept. Glück vs. Unglück bietet ein etwas unspezifisches Gegensatzkonzept. Auch paßt Unglück als Gegenteil der Trait-Komponente, des Lebensglücks, weniger gut. Glücklich vs. traurig ebenso Glück wie Leid, sind noch stärker auf State-Komponente beschränkt. So sollen hier einige Argumente vorgestellt werden, Depression als Gegensatzkonzept zu fassen. Sowohl aus der Wohlbefindens- als auch aus der Depressionsforschung gibt es dafür Hinweise.

Hinweise aus der Wohlbefindensforschung

Es gibt einige frühe Hinweise darauf, daß eine solche Konzeption sinnvoll ist. Erich Fromm hat 1947 als Gegenteil von Glück bereits Depression gesetzt, da Depression viel eher als Trauer oder Leiden aus einer inneren Sterilität und Unproduktivität resultiere (Fromm definierte ja Glück über selbstverwirklichende Produktivität). Auch der Ansatz von A. Wessmann und D. Ricks (1966) weist in diese Richtung. Sie definieren Glück als den langfristigen Stimmungslevel einer Person, und die Stimmung kann zwischen Hochstimmung ('elation') und Depression variieren. Dieses Konzept hat sich auch in ihren empirischen Studien als fruchtbar erwiesen.

Daneben gibt es einige empirische Hinweise auf eine hohe negative Korrelation von Glück und Depression. So haben S. Himmelfarb und St. Murell (1983) an zwei Stichproben (N = 488) älterer Menschen hochsignifikante negative Korrelationen zwischen Glück- und Wohlbefindensmaßen (LSI und ABS, vgl. Kap. 4.1) und einer Depressionsskala gefunden. Auch J.N. Morris, S. Wolff und L.V. Klerman (1975) haben große Überschneidungen zwischen Maßen der allgemeinen Lebenszufriedenheit und der Depression empirisch belegt. In einer Längsschnittuntersuchung über drei Zeitpunkte mit einer repräsentativen Stichprobe (N = 1166) stellte sich folgendes heraus (Murrell & Norris, 1984): Je mehr positive Lebensereignisse eine Person erlebt, desto weniger verschlechtert sich ihr psychischer Zustand über die Zeit in Richtung Depression. Das Positive im Leben hat also eine protektive Wirkung in bezug auf Depression. Auch die neuere Längsschnittuntersuchung von N. Krause (1988b, N = 351; repräsentative Stichprobe) belegte diesen Zusammenhang. Noch spezifischer sind die Ergebnisse aus einer Zwillingsstudie (N = 150; Watson, Clark & Clark, 1988), bei der positive und negative Affekte mit einzelnen psychischen Störungen (nach psychiatrischen Diagnosekriterien) in Verbindung gebracht wurden. Positive Affektivität (ein Persönlichkeitszug, der dem hier formulierten Trait-

Glück sehr ähnlich kommt) korreliert signifikant einzig mit Depression. Die Autoren fordern deshalb, daß man den Verlust eines freudvollen Engagements in der Welt in die Definition und Messung von Depression mit aufnimmt (was bereits z.T. geschehen ist, vgl. nächster Abschnitt).

Hinweise aus der Depressionsforschung

Zur Erklärung von Depression wird heute ein multifaktorielles Geschehen angenommen (Akiskal & McKinney, 1975; Hautzinger, 1983; Häfner, 1987). Viele Faktoren müssen ineinandergreifen, daß es zu Depressionen kommen kann. Diese integrativen Ansätze haben das lange vorherrschende einseitige Schulendenken (z.B. Psychoanalyse vs. Lerntheorien) abgelöst. So faßt M. Hautzinger (1983) das Depressionsgeschehen im folgenden Modell zusammmen.

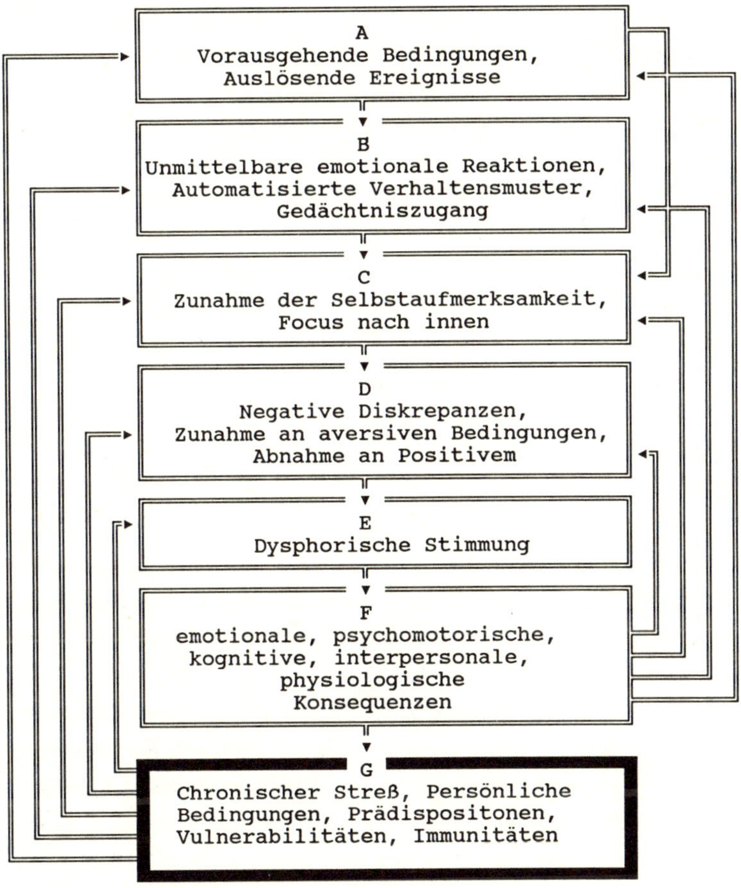

Abb. 31: Integratives Depressionsmodell (Hautzinger, 1983, S. 384).

Nach diesem Modell stehen auslösende kritische Lebensereignisse (A) am Anfang der Depressionsgenese. Sofern sie, jeweils abhängig von persönlichen Bedingungen, Prädispositionen, Vulnerabilitäten, Immunitäten (Kindheit) (G), emotionale Reaktionen auslösen, die grundsätzliche aversive Bedingungen, Abnahme positiven Erlebens erzeugen (D), verstärkt durch stärkere Selbstaufmerksamkeit (C), führt dies zu dysphorischer Stimmung (E). Und wenn sich die emotionalen, psychomotorischen, kognitiven, interpersonalen und physiologischen Konsequenzen dieser Verstimmung (F) langfristig verfestigen und ihrerseits negative emotionale Reaktionen bedingen, kann sich eine Depression entwickeln.

Der lerntheoretische Beitrag zu diesem Modell ist nun besonders interessant. Depressionen sind gekennzeichnet durch ein Defizit an Verstärkungen, das heißt, ein Defizit an positiven Erfahrungen, an deren Spitze als umfassendstes Konzept das Glück steht. Die Untersuchungen des Depressionsforschers P.M. Lewinsohn haben dies belegt (z.B. Lewinsohn & Amenson, 1978). Durch mehrere Studien (insgesamt N = 909) wurde gezeigt, daß Depressive einen Mangel an angenehmen, positiven Lebenserfahrungen haben. Darüber hinaus ist ihr Leben oft auch durch ein Übermaß an negativen Lebensereignissen gekennzeichnet. Positive und negative Lebensereignisse haben sich in diesen Untersuchungen aber wiederum (vgl. Punkt 3.1) als relativ unabhängig erwiesen. Beide haben eine eigenständige Wirkung auf Depression. Sie müssen, so die Folgerung von Lewinsohn, deshalb auch unabhängig therapiert werden. Und hier gibt es in der Tat heute wirkungsvolle Ansätze der Depressionstherapie. Von R. Lutz und E. Koppenhöfer (1983) wurde eine 'Kleine Schule des Genießens' entwickelt, bei der es u.a. darauf ankommt,

- Zeit zu schaffen für angenehme Erfahrungen,
- Wahrnehmung, Aufmerksamkeit auf Positives zu lenken,
- Lernen, **was** einem guttut,
- die fünf Sinne zu schulen.

Gerade bei Depressionen hat sich dies (als **ein** Therapieschritt) als äußerst wirkungsvoll erwiesen (Koppenhöfer & Lutz, 1983; vgl. auch Beckenridge, Zeiss & Thompson, 1987). Und sowohl die stark positiven Emotionen als auch das Öffnen der Sinne waren ja zentrale Definitionsmerkmale von Glückserleben (vgl. Kap. 3.4).

Ein weiterer Hinweis auf die Zusammenhänge von Glück und Depression läßt sich anführen. Der Verlust an Selbstwertgefühl wurde bereits als ein wesentlicher Indikator von Depression beschrieben. Genau dieses Merkmal des Selbstwertgefühls ist aber auch in der Beschreibung des Glückserlebens aufgetaucht (vgl. Kap. 3.4). Auch das eingeschränkte Aktivitätsniveau kontrastiert mit dem aktiven In-der-Welt-Sein des glücklichen Menschen. Auch der soziale Rückzug und die sozialen Defizite Depressiver passen zur erhöhten Soziabilität Glücklicher. So ergibt sich auf der Ebene der Indikatoren durchaus die

Möglichkeit der Gegensatzbildung, wie die Abbildung 32 veranschaulicht. Die Depressionsmerkmale beziehen sich dabei auf die wesentlichen psychiatrisch validierten Symptome (Angst u.a., 1987; v.Zerssen & Möller, 1988)

DEPRESSION	GLÜCK
o Dysphorie	o positive Stimmung
o Interessenverlust	o Ziele und Interessen
o Energieverlust/Müdigkeit	o Produktivität, Aktivität
o Gedächtnis/Konzentrationsschwierigkeiten	o Bewußtheit/Wachheit
o Tendenz zur negativen Verstärkung	o Tendenz zur positiven Verstärkung
o geringer Selbstwert	o hohes Selbstwertgefühl
o sozialer Rückzug, soziale Inkompetenzen	o hohe Soziabilität, Aufgeschlossenheit

Abb. 32: Gegensätzliche Indikatoren von Depression und Glück

Glück und Manie

Einen direkten Zusammenhang zwischen Depression und euphorischen Emotionen stellt die Zyklothyme Störung (manische Depression) dar. Deshalb muß hier auch auf Manie eingegangen werden. Dabei zeigt sich zunächst, daß die Manie sich nicht als Glücksgefühl bezeichnen läßt. Ihre klassischen Symptome sind (Wolpert, 1975; Kuks & Tölle, 1987):

- o **Hyperaktivität**, unüberlegte Geschäftigkeit, Aktivitäten oft nicht sinnvoll zu Ende gebracht, Betätigungs- und Rededrang, oft Hypersexualität, oft Alkoholmißbrauch;
- o **Überschuß an Affektivität**, oft grundlose Heiterkeit, oft auch gereizte Hochstimmung, übersteigertes Selbstwertgefühl (Grandiosität);
- o **Denkstörungen**, ständiger Themenwechsel (Ideenflucht), mangelnde richtungsgebende Zielvorstellungen; Wahnbildungen (Beeinflussung, Verfolgungsideen).

Es wird schnell klar, daß das Symtombild der Manie auf aktionaler, emotionaler und kognitiver Ebene der hier vorgelegten Glücksdefinition widerspricht. Glückliche Menschen sind nur gemäßigt aktiv, bringen ihre Handlungen produktiv zu Ende, ihre positive Stimmung ist klar begründet, das Selbstwertgefühl zwar hoch, aber nicht übersteigert, sie sind bei vollem Bewußtsein, gehen eindeutigen Zielvorstellungen nach. Die Manie stellt also klar eine affektive Störung dar, von der man heute z.T. physiologische, genetisch bedingte Ursachen annimmt. Aber auch psychogene Anteile werden vermutet. Schon S. Freud (1921) nahm an, daß bei Depressionen die Identifikation mit einem verlorenen Objekt (z.B. Bezugsperson) vom Über-Ich verurteilt wird; wenn nun die Identifikation so stark wird, daß Ich und Über-Ich fusionieren, komme es zu einer starken Energiefreisetzung (Manie). Aber dieser Ablauf hat wenig zu tun mit einer Harmonie der drei Instanzen (Ich, Es, Über-Ich), die als Definition von Glück aus psychoanalytischer Sicht konzipiert wurde (vgl. Punkt 2.6). Gerade diese Unähnlichkeit von Glück und Manie, so vermuten A.W. Staats und E.M. Heiby (1985), garantiert Mißerfolgserlebnisse und Verluste aufgrund der Manie, die notwendig wieder in die Depression führen. Man kann also sagen, daß Manie zu einer bestimmten Form der Depression als schwere affektive Störung dazugehört und wenig mit Glück zu tun hat.

3.8 Resümee

Auch in diesem dritten Kapitel soll wieder versucht werden, die wichtigsten Ergebnisse zusammenzufassen, indem sie auf die einleitenden fünf Thesen bezogen werden.

1. Das Streben der Menschen nach Glück muß ernst genommen werden - gerade heute.

Es hat sich zu Anfang gezeigt (Kap. 3.1), daß die positiven Affekte ein unabhängiger Faktor sind, nicht nur das Gegenteil der negativen Affekte. So ist die Beschäftigung mit positivem Befinden ein eigenständiges Gebiet, nicht Restkategorie. Dabei wurde Glück als der umfassendste, zentralste Wohlbefindensbegriff ausgewiesen. Denn vor allem das State-Trait-Konzept hat gezeigt, daß Glück mehr als nur ein subjektives, momentanes Gefühl ist. Die genauere Definition hat Glück bestimmt als ganz breites, die emotionale, kognitive und aktionale Ebene beinhaltendes Erleben, das die ganze Persönlichkeit betrifft, lebenslang aufgebaut wird und ein Hinausgehen des Menschen über seine Ich-Bezogenheit bedeutet. In dieser Konzeption wird sofort ersichtlich, daß das Streben nach Glück ein zentraler Lebensbezug des Menschen ist. Auch die Gegenteilskonzeption der Depression liefert Argumente für die erste These. Wenn Depression das Gegenteil von Glück ist, so schützt das Streben nach Glück vor Depressionen (der heute am weitest verbreiteten psychischen Störung).

2. Glück ist komplexer, vielschichtiger, als bisher meist angenommen.

Dies ist der Hauptansatzpunkt der hier vorgelegten Glückskonzeption. Glück wurde in einen Vier-Faktoren-Ansatz des Wohlbefindens eingeordnet, in Beziehung gesetzt mit verwandten Konzepten wie Lebensqualität und psychische Gesundheit. Durch die State-Trait-Konzeption, das transaktionale Modell und das Einflußfaktorenmodell wurde die Komplexität des Glücksbegriffs versucht zu strukturieren.

3. Glück ist mehr als nur ein subjektives, individuelles Gefühl, es steht immer in einem materiellen, sozialen und gesellschaftlichen Kontext.

Dies hat die Bestandsaufnahme bisheriger Glückskonzepte gezeigt, die dann zur State-Trait-Konzeption geführt hat. Glück als rein individuelles, subjektives Gefühl auszuweisen, ist danach eine Verkürzung. Kognitionen, Persönlichkeitsfaktoren und situative Faktoren gehören zum Glücksbegriff untrennbar dazu. Das transaktionale Modell hat dann gezeigt, daß Glück über das Individuum hinausgeht, indem es eine Individuum-Umwelt-Relation bezeichnet.

4. Die Beschäftigung mit Glück ist ideologieanfällig.

Argumente für diese These lassen sich vor allem aus dem dritten Abschnitt ziehen. Dort wurde gezeigt, wie unterschiedlich und widersprüchlich die bisherigen Glückskonzepte sind. Sie führen direkt in Paradoxien. Dadurch wird die bisherige Glücksforschung zu einem 'Selbstbedienungsladen', in dem jeder die für ihn passende Konzeption finden kann.

5. Trotzdem kann man - muß man etwas tun, um ein glücklicheres Leben in dieser Welt zu erreichen.

Im sechsten Abschnitt hat sich gezeigt, daß sich eine ganze Reihe von Glückskorrelaten nachweisen lassen: gesellschaftliche, biographische, situative Bedingungen sowie kognitive, aktionale und emotionale Moderatoren wurden dort beschrieben. All diese Faktoren sind aber zu einem gewissen Grade beeinflußbar, veränderbar. Und insofern ist auch das Glück des Menschen veränderbar.

4. Empirische Studien zum Glückskonzept

Nun soll versucht werden, die theoretischen Annahmen des letzten Kapitels einer empirischen Überprüfung zuzuführen. Mit unseren Pilotstudien ist dazu ein erster Schritt getan. Zuvor jedoch müssen die gravierenden methodischen Probleme der Glücksforschung zur Sprache kommen. Denn die bisher entwickelten Glücks-Meßinstrumente (es werden 9 Maße besprochen) halten einer strengen Überprüfung nur zum Teil stand.

4.1 Die Methoden der Glücksforschung

Die Meßinstrumente, die bisher vorgeschlagen wurden, um Glück zu erfassen, sind weit verstreut in der wissenschaftlichen Literatur und sehr unterschiedlich im Ansatz. Da sie bisher noch nicht systematisch gesammelt und verglichen wurden, muß dies nun hier der erste Schritt einer Glücksmethodologie sein.

Es lassen sich im wesentlichen 18 Instrumente anführen, die vorgeben, Glück zu messen. Sie werden zunächst vorgestellt, bevor sie einer Kritik unterzogen werden. Dabei lassen sich sechs unterschiedliche Meßansätze unterscheiden. Die erste Gruppe, die gebräuchlichste Methode, umfaßt Selbsteinschätzungen mit einer einzigen geschlossenen Frage ('Single-Item'-Ansatz):

Autor:	Gurin, Veroff & Feld, 1960	(1)
Instrumentname:	Single-Item-Happiness	
Form:	1 item - 3 punkt	
Beschreibung:	Selbsteinschätzung Glück	
Faktoren/Dimensionen:	. / .	
Itembeispiele:	Alles zusammengenommen, wie würden Sie sagen, steht es in Ihrem Leben dieser Tage? Würden Sie sagen, Sie sind sehr glücklich, etwas glücklich oder nicht so glücklich?	
Altersgruppe:	alle	
Gütekriterien:	z.T. sehr gut	

Autor:	Wessmann & Ricks, 1966	(2)
Instrumentname:	Elation-Depression-Scale	
Form:	1 item - 10 punkt	
Beschreibung:	Hedonistischer Stimmungslevel, Glücksmaß als Durchschnittswert mehrerer Tage	
Faktoren/Dimensionen:	./.	
Itembeispiele:	- völlige Hochstimmung (10) - sehr heiter, in gehobenerer Stimmung (9) - sich sehr gut und froh fühlen (8)	
Altersgruppe:	junge Erwachsene	
Gütekriterien:	unklar	

Autor:	Cameron, 1975	(3)
Instrumentname:	Selbsteinschätzung Glück	
Form:	1 item - 3 punkt	
Beschreibung:	Stimmungsselbsteinschätzung der letzten halben Stunde	
Faktoren/Dimensionen:	./.	
Itembeispiele:	Stimmung der letzten halben Stunde - glücklich - neutral - traurig	
Altersgruppe:	alle	
Gütekriterien:	unklar	

Autor:	Hartman, 1934	(4)
Instrumentname:	Selbsteinschätzung 'Glück'	
Form:	1 item - 7 punkt	
Beschreibung:	Glück mit sozialem Vergleichsanker	
Faktoren/Dimensionen:	./.	
Itembeispiele:	Ich bin - der Glücklichste von allen (7) - weitaus glücklicher als die Mehrheit (6) - ein wenig glücklicher als alle anderen (5)	
Altersgruppe:	junge Erwachsene	
Gütekriterien:	z.T. befriedigend	

Kurze Selbsteinschätzungsinstrumente werden dabei immer deshalb empfohlen, weil das Individuum selbst als einziges einschätzen könne, ob es glücklich sei oder nicht.

Die erstgenannte Methode, die 'Single-Item-Happiness'-Selbsteinschätzung ist in der sozialwissenschaftlichen Glücksforschung am verbreitetsten und wird bis heute in Repräsentativbefragungen in vielen Ländern der Erde immer wieder benutzt (vgl. z.B. auch Andrews & Withey, 1976; Veroff u.a., 1981; Glatzer & Zapf, 1984). Es werden zum Teil sehr gute Reliabilitäts- und Validitätswerte berichtet (Rodgers & Converse, 1975; Andrews & Withey, 1976). So korreliert diese Selbsteinschätzung sehr hoch mit komplexen, aufwendigeren Glücksskalen. Also, so die Verfechter dieser Methode, steht hier ein hervorragendes, rationelles Instrument zur globalen Glücks- und Wohlbefindensmessung zur Verfügung.

Cameron (1975) faßt Glück mehr als affektiven, aktuellen Stimmungszustand auf und fragt, auch in der Single-Item-Form, direkt nach glücklicher Stimmung in der letzten halben Stunde.

Ähnlich ist auch der Ansatz von Wessmann & Ricks (1966), die den Stimmungslevel des Tages als Ausgangswert nehmen. Das Glück jedoch bestimmt sich dann als der durchschnittliche Stimmungslevel über eine längere Zeit (mehrere Tage).

In einer frühen Studie mit rund 200 Studenten hat Hartmann (1934) in die Single-Item-Selbsteinschätzung den sozialen Vergleich eingebaut. Denn das Glücksgefühl habe immer als Bezugsnorm die Glücksgefühle der Durchschnittsmitmenschen. Auch ist diese Skala mit 7 Antwortmöglichkeiten wieder etwas komplexer.

Die nächste Gruppe von Glücksinstrumenten umfaßt nun ausführlichere Skalen.

Autor:	Kozman & Stones, 1980; 1983	(5)
Instrumentname:	Memorial University of Newfoundland Scale of Happiness MUNSH	
Form:	Skala 24 items	
Beschreibung:	Selbsteinschätzungsskala Glück (breite Definition), Mischung aus PGC-Morale-Scale, LSI, ABS und eigenen items	
Faktoren/Dimensionen:	- positiver Affekt - negativer Affekt - generelle positive Lebenserfahrung - generelle negative Lebenserfahrung	
Itembeispiele:	- Haben Sie sich in den letzten Monaten glücklich (lucky) gefühlt? - Wenn ich auf mein Leben zurückblicke, bin ich wohl zufrieden.	
Altersgruppe:	Alte	
Gütekriterien:	z.T. gut	

Autor:	Kammann & Flett, 1983	(6)
Instrumentname:	Affectometer 2	
Form:	Skala 40 items, Adjektivpaare und Satzitems	
Beschreibung:	Selbsteinschätzungsskala, generelles Gück oder Gefühl von Wohlbefinden; Balance der Häufigkeit positiver und negativer Affekte	
Faktoren/Dimensionen:	- Konfluenz - Optimismus - Selbstwert - Selbstverwirklichung - Soziale Unterstützung - Soziales Interesse - Freiheit - Energie - Fröhlichkeit - Gedankliche Klarheit	
Itembeispiele:	- Mein Leben läuft in die richtige Richtung - zufrieden - unzufrieden	
Altersgruppe:	Erwachsenenalter	
Gütekriterien:	z.T. gut	

Autor:	Fordyce, 1985	(7)
Instrumentname:	Psychology of Happiness Inventory PHI	
Form:	Skala 80 items forced choice mit Parallelform	
Beschreibung:	Breite Glücksselbsteinschätzungsskala, theoriegeleitet entwickelt	
Faktoren/Dimensionen:	- generelle positive Erfüllung - glückliche Persönlichkeit - Glückseinstellung - glücklicher Lebensstil	
Itembeispiele:	- globales Glück - Extraversion - Optimismus - soziales Engagement	
Altersgruppe:	frühes Erwachsenenalter	
Gütekriterien:	z.T. gut	

Autor:	Hart, 1940	(8)
Instrumentname:	Euphorimeter	
Form:	Mehrere Skalen und Adjektivliste	
Beschreibung:	Allgemeines, aktuelles und bereichsspezifisches Wohlbefinden als Glücksmaß	
Faktoren/Dimensionen:	- Long-run euphorimeter - At-the-moment euphorimeter - Diagnostic euphorimeter (bereichsspezifisch)	
Itembeispiele:	./.	
Altersgruppe:	alle	
Gütekriterien:	teils gut	

Autor:	Kutner u.a., 1956	(9)
Instrumentname:	Kutner Morale Scale	
Form:	Skala 7 items, gemischt	
Beschreibung:	Gefühl von Glück und Zufriedenheit im Alter	
Faktoren/Dimensionen:	./.	
Itembeispiele:	- Es wird alles immer schlimmer für mich, während ich älter werde. - Wie zufrieden sind Sie mit Ihrem Leben heute, alles in allem?	
Altsgruppe:	Alte	
Gütekriterien:	z.T. gut	

Autor:	Clark & Anderson, 1967	(10)
Instrumentname:	Morale Scale	
Form:	Skala, 37 items und Interviewerrating	
Beschreibung:	Affektive Erfahrungsdimension; glücklich sein mit seiner Lebensart	
Faktoren/Dimensionen:	- Depression (Zufriedenheit) - Geselligkeit - Negative Alterseinstellung - Gleichmut - Soziale Entfremdung - Lebenswille - Physischer Abbau - Positive Alterseinstellung	
Itembeispiele:	- Fühlen Sie sich oft niedergeschlagen und bedrückt? - Wie sehr planen Sie die Dinge voraus, die Sie in den nächsten Wochen tun?	
Altersgruppe:	Alte	
Gütekriterien:	teils, teils	

Autor:	Bradburn & Caplovitz, 1965	(11)
Instrumentname:	Affect Balance Scale ABS	
Form:	10 items forced choice	
Beschreibung:	Selbstrating von positiven und negativen Affekten, auf das gegenwärtige Leben bezogen; Glück/Wohlbefinden als Differenz der beiden	
Faktoren/Dimensionen:	- positiver Affekt - negativer Affekt	
Itembeispiele:	- Erfreut darüber, etwas geleistet zu haben? - Ärgerlich, weil Sie jemand kritisiert hat?	
Altersgruppe:	- Erwachsenenalter	
Gütekriterien:	teil, teils	

Autor:	Neugarten u.a., 1961; Wiendieck, 1970	(12)
Instrumentname:	Life Satisfaction Index LSI-A, LSI-Z	
Form:	Skala A: 22 items - 3 punkt Z: 13 items - 3 punkt	
Beschreibung:	Selbstrating, Multidimensionale allgemeine Lebenszufriedenheit, Glück	
Faktoren/Dimensionen:	- Lebensfreude - Lebensmut - Zufriedenheit - positives Selbstbild - positive Stimmung (jedoch umstritten)	
Itembeispiele:	- Während ich älter werde, entwickeln sich die Dinge besser, als ich erwartet hatte. - Ich bin so glücklich wie früher.	
Altersgruppe:	Alte	
Gütekriterien:	teils, teils	

Schon 1940 wurde ein Glücksmaß entwickelt, das Euphorimeter. Sein Autor (Hart, 1940) preist dies als eine Erfindung an, die ähnlich wie das EKG oder das Fieberthermometer einen neuen Forschungszweig begründen werde. Das Instrument enthält einen Teil zur langfristigen Lebenseinstellung (7 items), zum aktuellen Befinden am jeweiligen Tage (Unterstreichungen in einer 48 Emotions-Adjektive umfassenden Liste) und bereichsspezifische Skalen (Freizeit, Arbeit, Wohnen, Sozialbeziehungen usw.). H. Hart präsentiert Ergebnisse dieser Glückserfassung bei 2.200 Versuchspersonen. Trotz der Euphorie des Autors ist aber diese Methode später nicht mehr aufgegriffen worden.

Es wurde bereits darauf hingewiesen (Kap. 2.5), daß in der frühen Gerontologie das Konstrukt 'Haltung' ('morale') zur Messung von Glück und Wohlbefinden im Alter entwickelt wurde. Zwei Instrumente (9 und 10) sind solche 'Haltungs'-Skalen, die explizit vorgeben, auch Glück zu erfassen. Die 'Kutner Morale Scale' ist ein kurzes, praktikables Instrument, für eine großangelegte Studie an 500 alten Menschen in den USA entwickelt.

Die 'Morale Scale' (Clark & Anderson, 1967) ist umfangreicher, enthält Items aus der 'Cornell Personal Adjustment Scale' (Thompson, Streib & Kosa, 1960) und der 'Anomie Scale'(Srole, 1956) und aufgrund offener Interviews entwickelten Neuformulierungen. Sie wurde im Rahmen einer gerontologischen Längsschnittstudie (1.135 Vpn) entwickelt. Bekannt und auch heute noch oft benutzt ist die 'Affect-Balance Scale' (ABS), in der das Erleben positiver und negativer Affekte in den letzten Monaten zu einem Glücksindex verrechnet wird. Sie wurde im Rahmen sozialwissenschaftlicher Analysen psychischer Gesundheit an über 2.000 Probanden entwickelt und auch an alten Menschen erprobt (Moriwaki, 1974). Am beliebtesten aber unter den älteren Instrumenten ist wohl der Life Satisfaction Index (Neugarten u.a., 1961), von den Begründern der Sozialgerontologie in den USA entwickelt und vielfach erprobt. Er wurde schon bald ins Deutsche übersetzt (Wiendieck, 1970), kurz danach aber einer vernichtenden Kritik ausgesetzt (Schreiner & Heemskerk, 1972). Auch im angelsächsischen Raum bleibt dieses bekannte Instrument umstritten, da immer neue Faktorenstrukturen entdeckt werden (vgl. Kap. 3.1).
Wir kommen nun zu den eigentlichen Glücksskalen der letzten Jahre. MUNSH (Kozma & Stones, 1980) ist eine Mischung alter und selbst entwickelter Items zur Glücksmessung an alten Menschen. Die Skala stammt aus einer kanadischen repräsentativen Längsschnittuntersuchung an 600 über 60jährigen. Der Affectometer 2 wurde in Neuseeland entwickelt und ist an die ABS-Skala angelehnt, aber etwas ausführlicher (vgl. auch Kamman u.a., 1979). PHI schließlich ist ein umfangreiches Instrument (80 Items), das sehr stark theoriegeleitet entwickelt wurde im Rahmen von Studien zum verhaltenstherapeutischen Glückstraining in Florida, USA (vgl. Kap. 5.1).
Alle erwähnten Skalen sichern sich durch Angaben zu klassischen Gütekriterien (meist Itemanalyse und Validierung durch Vergleich mit anderen Glücksmaßen) ab; dies kann aber nur zum Teil befriedigen (vgl. Kap. 4.2).

Ein weiterer Ansatz der Operationalisierung ist, im Leben der Probanden nach positiven Lebensereignissen zu suchen und dies als Indikator für Glück zu werten. Ein gewiß interessanter, wenn auch problematischer Ansatz.

Autor:	Maier-Diewald u.a., 1983; v. Zerssen & Hecht, 1987	(13)
Instrumentname:	Münchner Ereignisliste MEL (positive Ereignisse)	
Form:	Vorgegebene Ereignisliste ankreuzen: 5 punkt items dazu	
Beschreibung:	Identifikation und subjektive Einschätzung von Valenz und Belastungsgrad von positiven Lebensereignissen und Dauerbelastungen der letzten 6 Monate als Glücksindikator	
Faktor/Dimensionen:	- positive Ereignisse - negative Ereignisse	
Itembeispiele:	- Sie haben eine Ausbildung angefangen/wieder aufgenommen (Umschulung, Studium/Lehre)? - Sie haben über längere Zeit (mind. 3 Monate) keine feste Partnerbeziehung gehabt?	
Altersgruppe:	alle	
Gütekriterien:	teils, teils	

Dabei wurde im Rahmen einer größeren psychiatrischen Untersuchung ein Instrument entwickelt, das eine Liste von Lebensereignissen und chronischen Belastungen vorgibt und dann nachfragt, wenn eines davon zutrifft. Glücklichen Menschen, so wird gesagt (v.Zerssen & Hecht, 1987), geschieht mehr Positives im Leben.
Einen ganz anderen Weg, nicht über Befragung, schlagen Instrumente zur Messung des **Ausdrucksverhaltens** ein, ein in der Emotionspsychologie aber durchaus üblicher Weg (vgl. Kap. 2.6).

Autor:	Ekman & Friesen, 1978	(14)
Instrumentname:	Facial Action Coding System FACS, Teil Glück/Freude	
Form:	Kodierungssystem von Muskelbewegungen im Gesicht; Expertenrating	
Beschreibung:	Möglichst objektive Messung der Mimik (glückliches Lächeln)	
Faktoren/Dimensionen:	46 Muskelbewegungen der Gesichtsmuskulatur	
Itembeispiele:	Glückliches Lächeln: - Mundwinkelanhebung (Zycomatic major) - Backenanhebung und Straffung der unteren Augenpartie (Orbicularis oculi lateralis)	
Altersgruppe:	alle	
Gütekriterien:	z.T. gut	

Autor:	Noelle-Neumann, 1978	(15)
Instrumentname:	Ausdruckstest Glück	
Form:	Interviewrating	
Beschreibung:	Der Interviewer ratet Mimik und Gestik während des Survey-Interviews	
Faktoren/Dimensionen:	- Gesamteindruck des Gesichts - Augenpartie - Mundpartie - Haltung/Bewegung/Gebärden	
Itembeispiele:	- Sieht insgesamt ganz fröhlich aus - Der Blick ist frei	
Altersgruppe:	alle	
Gütekriterien:	?	

Dabei scheint das Verfahren aus der Meinungsforschung, das Noelle-Neumann (1977, 1978) vorschlägt, etwas 'selbstgestrickt', wenig kontrolliert. Ekman & Friesen dagegen stützen sich auf jahrzehntelange Ausdrucksforschung, sie lassen geschulte Beobachter die den mimischen Veränderungen zugrundeliegenden Bewegungen der Gesichtsmuskulatur einschätzen und identifizieren so sechs fundamentale Emotionen, eine davon Glück/ Freude. Mit ihrem Instrument FACS bringen die Autoren es z.B. fertig , echtes von aufgesetztem Lächeln zu unterscheiden (Ekman, Friesen & O'Sullivan, 1988).
Wieder einen anderen methodischen Weg schlagen die **graphischen Ansätze** ein.

Autor:	Andrews & Withey, 1976	(16)
Instrumentname:	Gesichter	
Form:	1 item - 7 punkt, Selbsteinschätzung	
Beschreibung:	Vorlage von 7 Gesichtern mit unterschiedlicher Mundstellung (glücklich vs. traurig); Selbsteinschätzung, welches Gesicht das gegenwärtige Leben am besten kennzeichnet.	
Faktoren/Dimensionen:	./.	
Itembeispiele:	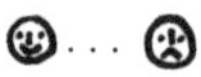	
Altersgruppe:	alle	
Gütekriterien:	z.T. gut	

Autor:	Pressey & Kuhlen, 1957	(17)
Instrumentname:	Life chart	
Form:	Vom Probanden gezeichnete Lebenslinie (Abszisse) entlang der Zeitachse (Ordinate)	
Beschreibung:	Der Proband soll den Grad des Glücks in seinem bisherigen Leben durch eine Kurve veranschaulichen; dies als Ausgangspunkt für Nachfragen im Interview.	
Faktoren/Dimensionen:	./.	
Itembeispiele:	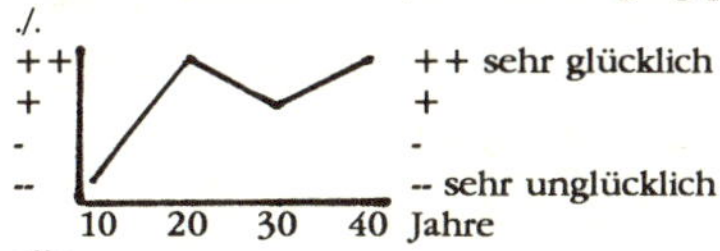	
Altersgruppe:	alle	
Gütekriterien:	?	

Die glücklichen und traurigen Gesichter wurden in den USA in großen Repräsentativuntersuchungen eingesetzt und stellen, so Andrews & Withey (1976), ein gutes Maß für globales Wohlbefinden und Glück dar. Die Lebenslinien (life graphs) sind im Rahmen von gerontologischen Längsschnittuntersuchungen sehr beliebt (Back & Bourque, 1970; Runyan, 1980; Schroots, 1984; Bourque & Back, 1985). Dort wird nach Höhen und Tiefen, nach dem allgemeinen Lebensverlauf oder der Lebenszufriedenheit gefragt. Explizit eine Glückskurve haben Pressey & Kuhlen (1957) sich zeichnen lassen. Sie fragen dann im Interview nach den Extrempunkten und den einzelnen Lebensphasen nach.

Die letzten beiden Instrumente, die ich vorstellen möchte, stellen **Tiefeninterviews** dar.

Autor:	Yensen, 1975	(18)
Instrumentname:	Composite overall happiness score COHS	
Form:	offenes Tiefeninterview, Interviewerrating, Verrechnung der Kodierungen zu gewichtetem Score	
Beschreibung:	Exploration subjektiv bedeutsamer Lebensbereiche; Summe der Glückserfahrungen, dort Stärke und Gewichtung der Glückserfahrungen	
Faktoren/Dimensionen:	./.	
Itembeispiele:	./.	
Altersgruppe:	?	
Gütekriterien:	?	

Autor:	Wlodarek-Küppers, 1987	(19)
Instrumentname:	Tiefeninterview Glück	
Form:	Tiefeninterview, Transkription, Sortierung des Materials nach Stichworten	
Beschreibung:	1-5stündiges nondirektives Interview, Kategorien (Stichworte) aus dem Material entwickelt zur Beschreibung von Glück	
Faktoren/Dimensionen:	- Voraussetzungen von Glück - Glücklich sein im täglichen Leben - Glücklich sein durch innere Einstellung	
Itembeispiele:	Stichworte: - Befreiung von den Schatten der Vergangenheit - Wille zum Glücklichsein	
Altersgruppe:	alle	
Gütekriterien:	?	

Der Vorschlag des Neuseeländers Yensen besteht in einer Kombination aus Tiefeninterview, subjektivem Anker und Verrechnung der Kodierungen zu einem Gesamtwert und wurde bisher leider nur an hypothetischen Daten demonstriert. Eva Wlodarek-Küppers (1987) hat ihr Tiefeninterview an 50 Probanden zwischen 16 und 82 Jahren erprobt und hält sich an die methodischen Regeln eines nondirektiven Interviews mit interpretativer Auswertung (Langer, 1985). Dabei werden vorwiegend induktiv Kategorien gebildet, nach denen das Material geordnet und dann pro Kategorie ("Stichwort") zusammengefaßt wird. Beide Verfahren sind in ihrem konkreten Vorgehen wenig explizit und somit auch schwer auf ihre Güte hin einzuschätzen.

4.2 Kritik und Entwicklung eines qualitativen Ansatzes

So wie die Unzufriedenheit mit der Zufriedenheitserfassung (Bloom, 1975; Erlenmeier, 1980) schon zum geflügelten Wort geworden ist, so macht auch die bisherige Glücksmethodologie eher unglücklich.

4.2.1 Kritik der Glücksmethodologie

Das konzeptuelle und definitorische Chaos, weiter oben schon beklagt (Kap. 3.1), setzt sich hier fort. Zufriedenheit, Haltung, aktuelle positive Stimmung, allgemeines Wohlbefinden, positive Lebensereignisse, Lächeln werden erhoben und dann wird auf Glück geschlossen, ohne eine klare Definition der Begriffe zugrundezulegen. Wenn man, ausgehend vom Begriffsfeld subjektiven Wohlbefindens (vgl. Kap. 3.2), als Minimaldefinition Glück definiert als auch langfristiges, starkes Gefühl von Wohlbefinden und Lebenszufriedenheit, so müssen einige Glücksinstrumente kritisiert werden (Numerierung vgl. 4.1):

(2) Die Elation-Depression-Scale (Wessman & Ricks, 1966) mißt zwar langfristigeres Wohlbefinden, ist aber zu wenig glücksspezifisch.

(3) Camerons (1975) Selbsteinschätzung Glück mißt nur kurzfristige positive Stimmung, höchstens aktuelles Glückserleben (state).

(9) Die Kutner Morale Scale (Kutner u.a., 1956), das zeigen auch die Itembeispiele, erfaßt defensive Lebenszufriedenheit, Haltung, nicht aber Glück.

(11) Die ABS (Bradburn & Caplovitz, 1965) erfaßt 5 positive und 5 negative Affekte, die sehr beliebig erscheinen und keine Interpretation als Glücksmaß zulassen.

(12) Der Life Satisfaction Index (Neugarten u.a., 1961) stellt ein breites Wohlbefindensmaß dar, in dem aber die affektive Komponente unterrepräsentiert ist; es handelt sich doch um mehr Zufriedenheit und Haltung.

(13) Der Versuch, über positive Lebensereignisse Glück zu definieren (Maier-Diewald u.a., 1983; v.Zerssen & Hecht, 1987) muß ebenso kritisiert werden. Positive Lebensereignisse sind zu stark von externen Faktoren abhängig und ziehen nicht automatisch Glücksgefühle nach sich.

(14) Über die Mimik (FACS, Ekman & Friesen, 1978) kann man vielleicht aktuelle Freude, vielleicht aktuelles Glückserleben (state), nicht aber Glück generell erfassen.

(15) Ähnliches gilt für den Ausdruckstest Glück (Noelle-Neumann, 1977, 1978), dessen Indikatoren zudem sehr beliebig erscheinen.

(16) Auch die glücklichen und traurigen Gesichter (Andrews & Withey, 1976) erscheinen als Glücksmaß problematisch; sie messen vielleicht allgemeine Lebenszufriedenheit, sind für Glück aber zu unspezifisch.

So bleiben also von den in Kapitel 4.1 vorgestellten Instrumenten nur noch gut die Hälfte, also acht Glücksmaße, übrig. Weiterhin ist die Ein-Item-Form, zudem im Survey-Interview gestellt, als zu simpel einzuschätzen. Es wurde schon vielfach belegt, daß Glück differenzierter ist, als daß man es mit einer einzigen Frage, zwischen Tür und Angel gestellt, erfassen könnte. Die Antwort auf die Glücksfrage bleibt oberflächlich, von sozialer Erwünschtheit und von Zufällen abhängig. So wurde bereits darauf hingewiesen (Kap. 2.4), wie Smith (1975) in den amerikanischen Repräsentativuntersuchungen dokumentiert, daß die Stellung der Glücksfrage im Interview signifikante Unterschiede nach sich zieht: den Fragen zur Partnerschaft folgend gestellt ergeben sich höhere Glückswerte. Auch ist die konkrete Frageformulierung entscheidend: etwas glücklich wird einmal als 'very happy' und einmal als 'pretty happy' formuliert, was zu signifikant unterschiedlichen Ergebnissen führt. Auch bei den deutschen Surveys findet Hans-Michael Mohr (1987) signifikante Effekte der unterschiedlichen Befragungssituation, Stimulusrepräsentation und Jahreszeit der Untersuchung. Sehr eindrucksvoll sind auch die bereits zitierten Untersuchungen von N. Schwarz (Schwarz & Clore, 1983; Strack u.a., 1985; Schwarz, 1987): Die aktuelle Tagesstimmung, auch die Tatsache, ob es regnet oder die Sonne scheint, haben einen signifikanten Einfluß auf die Glückswerte, wenn sie mit der Single-Item-Form erhoben werden. Das Problem der sozialen Erwünschtheit (die Befragten antworten nicht wie sie sich wirklich fühlen, sondern so, wie sie denken, ein möglichst gutes Bild abzugeben) trifft nicht nur die Ein-Item-Form, sondern auch die Glücksskalen. So haben mehrere Untersuchungen (Carstensen & Cone, 1983; Huber, 1983; Kozma & Stones, 1987) eine signifikante Korrelation zwischen Wohlbefindensskalen (LSI, MUNSH, PGC-Morale Scale) und Meßinstrumenten für soziale Erwünschtheit nachgewiesen. Die Kanadier Kozma und Stones (1988) weisen jedoch darauf hin, daß das zum Teil daran liegt, daß die Skalen ähnliche Inhalte haben, sich überschneiden. Soziale Erwünschtheit wird zum Teil mit Wohlbefindens-Items erfaßt (vgl. auch McCrae, 1986). Es bleibt aber die Tatsache bestehen, daß Menschen aufgrund der herrschenden Glücksideologie (vgl. 2.8) ihr Wohlbefinden in geschlossenen Instrumenten beschönigen. Die enorm hohen Glückswerte, wie sie in den sozialwissenschaftlichen Studien (vgl. Kap. 2.4) erscheinen, sind so erklärbar.

Ganz generell ist zu fragen, ob Glück allein durch Selbsteinschätzung erhoben werden kann, ohne daß eine Definition von Glück von den Befragten bekannt ist (vgl. auch Huber, 1983). Denn das subjektive Glücksverständnis ist so unterschiedlich, daß die Antworten nur schwer vergleichbar sind.

Auf der Suche nach anderen Indikatoren für Glück muß man jedoch vorsichtig sein. In vielen Glücksskalen werden Indikatoren und Korrelate verwechselt. Es mag sein, daß es Zusammenhänge zwischen Glück und positivem Selbstbild, zwischen Glück und Geselligkeit (Korrelate von Glück) bestehen; es ist aber problematisch, positives Selbstbild (wie im LSI, PHI und Affectometer 2) oder Geselligkeit (Morale Scale, Affectometer 2) als Glücksindikatoren in das Meßinstrument aufzunehmen. Wenn nämlich dann Korrelationen zwischen Glück und solchen Variablen später festgestellt werden, so zeigt sich die Zirkularität dieses Vorgehens (vgl. Kap. 3.7).

Ein weiterer Kritikpunkt an den Glücksskalen ist auch die dubiose Herkunft und Auswahl der einzelnen Items. Entweder werden sie aus älteren Skalen zusammengemischt oder sie stammen aus nicht weiter ausgewiesenen oder gar dargestellten Vorstudien. Aus einem oft auch auf beiden Wegen zusammengestellten größeren Itempool werden dann durch Itemanalyse solche Fragen eliminiert, die wenig trennscharf sind, bei denen also ein Großteil der Probanden ähnlich antwortet. Bei dieser Itemselektion wird der **Inhalt** der Fragen nicht angesehen: Die Skala soll etwas messen, **was** ist zunächst egal! In einem zweiten Schritt werden dann in der Regel durch Faktorenanalyse ähnliche Fragen gebündelt und (erst jetzt!) inhaltlich zu interpretieren versucht. Items, die nicht in die Faktorenstruktur passen, werden nun gestrichen. Die interpretierten Faktoren bilden dann Unterskalen und sollen auch etwas über die Struktur des Wohlbefindens aussagen (vgl. die in Kap. 3.1 vorgestellten Untersuchungen). Linda George (1981) hat dieses Vorgehen mit dem treffenden Wort entlarvt: Der Karren zieht das Pferd. Denn eigentlich sollte ja umgekehrt die theoriegeleitete Konzeptbildung am Anfang stehen und daraus dann Operationalisierungen abgeleitet werden. Hier zeigt sich einmal mehr das große Theoriedefizit der Wohlbefindensforschung (vgl. auch Stones & Kozma, 1980; Bryant & Veroff, 1982; Lawton, 1984).

Wenden wir diese Kritikpunkte ins Positive! Was sind die Forderungen an eine vernünftige Methodologie der Glücksforschung?

1. Die Erfassung von Glück muß multidimensional sein. Ein einzelnes Item oder ein paar simple Fragen können nur an der Oberfläche bleiben. Kein Mensch käme zum Beispiel auf die Idee, Intelligenz so primitiv messen zu wollen!
2. Die Konstruktion des Instruments muß theoriegeleitet geschehen. Die einzelnen Dimensionen der Erfassung müssen theoretisch abgeleitet sein.
3. Man muß wohl mit den Probanden ins Gespräch treten, um deren subjektives Verständnis von Glück zu eruieren und auch die eigene Glücksdefinition zu vermitteln. Nur so können die Ergebnisse vergleichbar sein. Die Erhebung im offenen Gespräch kann auch dazu beitragen, Effekte der sozialen Erwünschtheit zu verkleinern.
4. Die Erhebung von Glück läßt sich präzisieren, wenn unterschiedliche methodische Zugänge (Selbsteinschätzung, Indikatoren, graphische Methoden, usw.) miteinander kombiniert werden. Das Material aus den verschiedenen Quellen kann dann miteinander verglichen werden.

4.2.2 Das qualitative Glücksinterview als Alternative

Ein Versuch, diesen Forderungen nachzukommen, ist das qualitative Glücksinterview. Es handelt sich um ein offenes halbstrukturiertes Interview. Offen bedeutet dabei, daß nicht mit Antwortvorgaben gearbeitet wird, sondern der Proband auf die Fragen frei reden kann. Halb-strukturiert heißt, daß der Interviewer einen Interviewleitfaden an der Hand hat, der ihm die Frage vorgibt, über deren konkrete Formulierung und Reihenfolge er aber selbst im Interview entscheiden kann. Ziel dieses qualitativen Interviews (vgl. Mayring, 1988a) ist dabei, ein möglichst freies Gespräch in vertrauensvoller Atmosphäre zu erreichen. Das qualitative Glücksinterview dauert etwa eine viertel bis eine halbe Stunde und hat sich (vgl. 4.3) bei jungen Erwachsenen bis hin zu Hochbetagten, bei Akademikern und Menschen mit niedrigerem Bildungsniveau bisher sehr gut bewährt. Hier soll nun der Leitfaden vorgestellt werden.

Mayring
Januar 1987
Entwurf

ALLGEMEINER INTERVIEWLEITFADEN "G L Ü C K"

BE ± LE * Wenn Sie das letzte Jahr, also die Zeit von _____ bis heute betrachten, gab es da einschneidende Ereignisse, die Ihr Leben in positiver oder negativer Weise beeinflußt haben?

< * War das eine Belastung für Sie? ----->
< * Empfanden Sie das als positiv? ----->

(subjektive Betroffenheit, einschneidenden Charakter sicherstellen)

(merken und in nun vorzulegende Befindenspartitur mit dem Interviewpartner zusammen eintragen)

(dem Interviewten Befindenspartitur vorlegen)

Ich möchte Ihnen hier ein Blatt vorlegen, auf dem die einzelnen Lebensbereiche aufgeführt sind: (jeweils hindeuten) Beruf (bzw. bei Schülern: Schule; bei Rentnern: Aufgaben/Pflichten); Wohnen; Finanzen; Gesundheit; Freunde; Bekannte; Familie; Partner; Freizeit; politisch-gesellschaftlicher Bereich. Über dem Ganzen liegt die Zeitachse, von _____________ bis heute (deuten). Die Dinge, die Sie bereits genannt haben, tragen wir jetzt hier ein.

* Wenn Sie jetzt diese Bereiche durchgehen, fallen Ihnen da noch weitere Ihr Leben beeinflussende Ereignisse aus dem letzten Jahr ein?
-------------- (eintragen) --------------

<* War das eine Belastung für Sie? ------>
<* Empfanden Sie das als positiv? ------>

LZ * Ich möchte Sie jetzt einmal bitten, Ihr Befinden in diesen Lebensbereichen über das letzte Jahr in einer Kurve auszudrücken. Die oberste Linie dieser Liniensysteme heißt hohe Zufriedenheit, die unterste Linie heißt niedrige Zufriedenheit. Beginnen wir mit dem Bereich, in dem wir schon Eintragungen haben. ---------

(bei noch nicht genannten Extremverläufen nachfragen, was da war)

<* War das eine Belastung für Sie? ------>
<* Empfanden Sie das als positiv? ------>

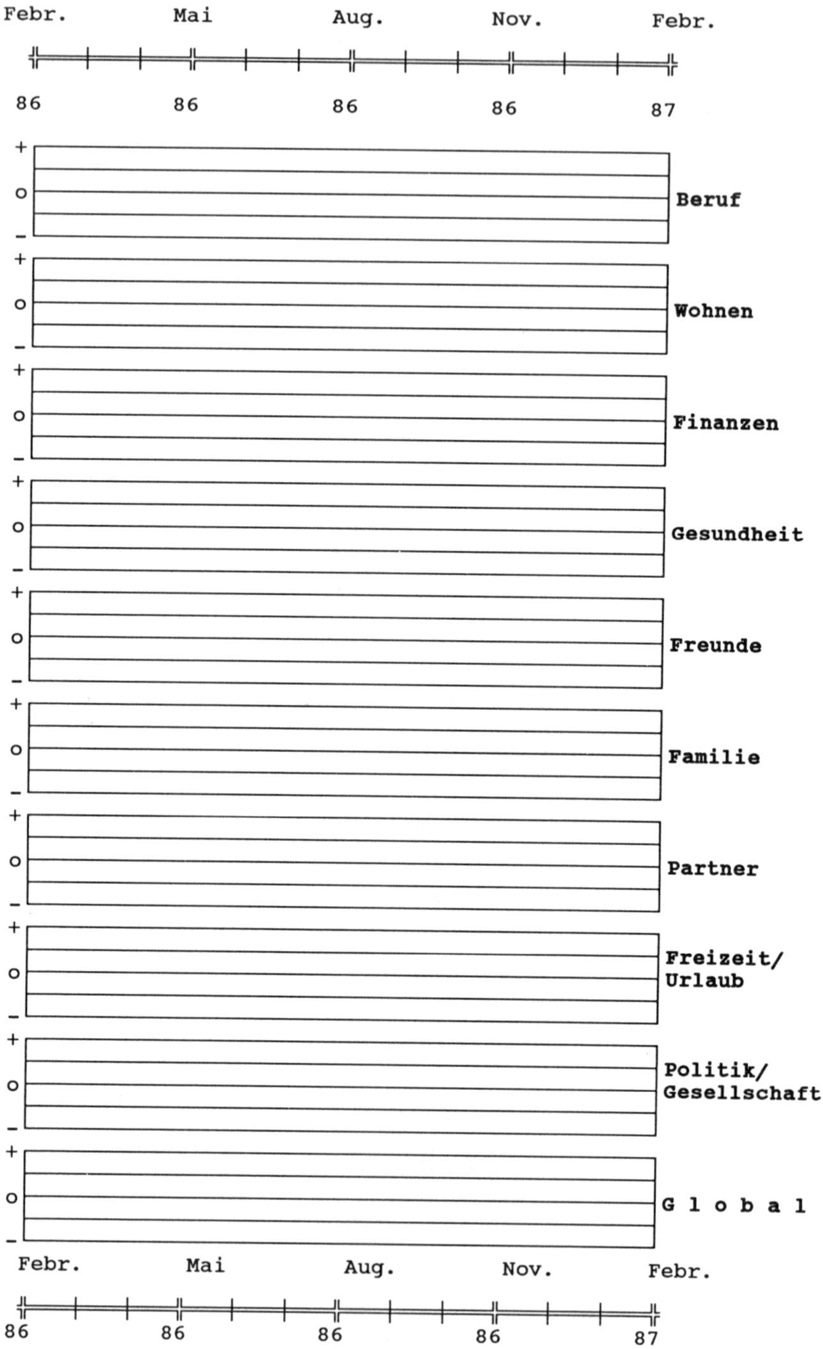
Febr.
Mai
Aug.
Nov.
Febr.
86
86
86
86
87
+
o
–
Beruf
Wohnen
Finanzen
Gesundheit
Freunde
Familie
Partner
Freizeit/
Urlaub
Politik/
Gesellschaft
G l o b a l

LZ * Und jetzt nehmen wir einmal alles zusammen, betrachten das letzte Jahr ganz global. Wie könnte die Kurve Ihrer allgemeinen Lebenszufriedenheit aussehen? ------

---

(Hier kann Coping-Teil angefügt werden, auf die zentralsten negativen Lebensereignisse und chronischen Belastungen bezogen.)

GE * Gibt es in Ihrem jetzigen Leben Momente, in denen Sie sich *glücklich* fühlen? ---

(bei jeder Nennung:)

	♦ Was war das für eine Situation? ---
(intensive, tiefe, positive Emotion)	♦ Können Sie dieses Glückserleben kurz beschreiben? <Sie fühlen sich gut dabei? --->
(gut erinnerbar, im letzten Jahr)	♦ Wann war das? Wie oft kommt das vor? Wann das letzte Mal? ---
(Aktivitäten)	♦ Was haben Sie da getan? ---
(neue Erfahrungen, Vorstellungen abstrakter allgemeiner Kategorien)	♦ Was haben Sie dabei erfahren? --- <Können Sie die Empfindungen beschreiben?--->
(Strahlungseffekt)	♦ Hat das Ihr Leben beeinflußt? --- <Beeinflußt das Ihr Leben? --->

* Wenn wir die Höhepunkte unserer Zufriedenheitskurven anschauen, waren die mit glücklichen Momenten verbunden?

(aus der Befindenspartitur heraussuchen)
(nachfragen wie oben)

G * Wenn wir jetzt wieder Ihr Leben als Ganzes betrachten, würden Sie sagen, es ist ein glückliches Leben? ---

* Was heißt für Sie: ein glückliches Leben? ---

♦ (Positives Lebensgefühl)

♦ (Allgemeine Lebenszufriedenheit)

♦ (keine reine Ichbezogenheit)

* Ist es für Sie ein Ziel, glücklich zu sein? ---
* Würden Sie sagen, Sie haben ein positives Lebensgefühl, ganz allgemein?

gar nicht - wenig - stark - sehr stark

* Wenn Sie Positives und Negatives in Ihrem Leben gegeneinander abwägen, überwiegt da das Positive? Sind Sie ganz allgemein mit Ihrer Lebensbilanz zufrieden?

gar nicht - etwas - viel - sehr viel

* Beziehen Sie Ihr Lebensgefühl in bezug auf Glück nur auf das eigene Wohl, befinden oder beziehen Sie sich dabei auch auf Ihre Mitmenschen, ihre Umwelt? -------

* Wie stark? -----

überhaupt - nicht - wenig - stark - ausschließlich

<* Verdeutlichen Sie dies: --------->

G* Wie glücklich würden Sie Ihr Leben bezeichnen? ---

nicht - etwas - glücklich - sehr glücklich

Im Leitfaden werden die vier Wohlbefindensvariablen differenziert (Belastung, Zufriedenheit, Freude, Glück; vgl. Kap. 3.1) und bei der Glückserhebung die 'State'- und 'Trait'-Komponente mit ihren Definitionselementen (vgl. Kap. 3.4) einzeln angesprochen. Die erste Glücksselbsteinschätzung dient dabei nur der 'Aufwärmung', sie wird nicht ausgewertet. Denn erst im Folgenden wird durch das Besprechen der einzelnen Glücksdimensionen eine gemeinsame Definition nahegelegt, was dann im Anschluß eine valide Selbsteinschätzung ermöglicht. Auch ist versucht worden, das Gespräch durch eine graphische Methode (Befindenspartitur) aufzulockern und so eine Methodenkombination zu erreichen.

Das so erhobene Material muß in jedem Falle auf Tonband aufgezeichnet werden und wenn möglich transkribiert werden. Denn die Antworten der Probanden werden im Gegensatz zu Selbsteinschätzungen durch geschulte Interpreten kodiert. Dafür werden, nach den Regeln einer strukturierenden qualitativen Inhaltsanalyse (vgl. Mayring, 1988a), genaue Kodiervorschriften zugrundegelegt. Denn nur so kann eine einheitliche, explizite Definition von Glück und Wohlbefinden durchgesetzt werden, auf die sich die Werte beziehen lassen. Die Kodierungen verschiedener Probanden sind auf diese Weise überhaupt erst vergleichbar. Dabei hat sich ein Verfahren bewährt (vgl. Ulich, Haußer, Mayring, Strehmel, Kandler & Degenhardt, 1985; Mayring, 1988a), das Kodiervorschriften in drei Schritten formuliert. Zunächst wird eine Explizitdefinition jeder möglichen Kodierung gegeben, dann werden typische (prototypische) Beispiele gegeben und schließlich werden Kodierregeln zur Abgrenzung der einzelnen Ausprägungen (Kodierungen) formuliert. Dieses Regelwerk entsteht und vervollständigt sich schrittweise theoriegeleitet am Material. Hier nun der Ausschnitt für die Wohlbefindensvariablen:

Variable	Auswertungsdimension	Ausprägung	Definition	Ankerbeispiele	Kodierregeln
Belastungsfreiheit	Belastende Lebensereignisse	N	Plötzliche Veränderungen der Lebenssituation; subjektive Betroffenheit, negatives Befinden	Umzug mit Verschlechterung der Lebensbedingungen	Belastend nur dann, wenn keine Routinebewältigung dem Einzelnen möglich ist
	Grad der Belastung	schwach	nur geringfügige negative Befindensbeeinträchtigung	Mißerfolg im Studium	Bewältigung zwar nicht routinemäßig, Möglichkeiten werden aber gesehen
		stark	stark negative Befindensbeeinträchtigung	Verwitwung	Bewältigung zunächst völlig unklar
	Aktualität	ja	Lebensereignis wirkt noch heute negativ auf das Befinden	'betrifft mich heute nicht mehr', habe ich überwunden	Zeitpunkt des Interesses (vgl. Befindenspartitur Endpunkt)
		nein	negative Wirkung vorüber	belastet mich auch heute noch	
	Chronische Belastungen im letzten Jahr	N	Lebensabschnitte, in denen das Befinden andauernd negativ war, ohne plötzliche Veränderungen	Probleme mit der Familie	Abschnitte in der Befindenspartitur, die längerfristig (über 1 Monat) unter der zweiten Linie liegen und nicht bereits als belastendes Lebensereignis
	Grad der Belastung	schwach	s. o.	viel Arbeit	s. o.
		stark		Partnerprobleme	
	Aktualität	ja	s. o.	chronische Krankheit	s. o.
		nein		Prüfungsphase	
	Alltagsbelastungen	nie	Kümmernisse und Sorgen im Alltag, Häufigkeit	zu wenig Zeit für wirklich Wichtiges, Streß	kann auch Folge von Lebensereignissen oder chronischen Belastungen sein
		monatlich			
		wöchentlich			
		täglich			
		immer			

Variable	Auswertungsdimension	Ausprägung	Definition	Ankerbeispiele	Kodierregeln
Freuden	Positive Lebensereignisse im letzten Jahr	N	Plötzliche Veränderungen der Lebenssituation bzw. Verhaltensroutine; subjektive Betroffenheit; positives Befinden	Werkvertrag an der Uni bekommen	Alltagsroutine betroffen
	Stärkegrad	schwach	nur geringfügiges positives Befinden	Besuch Honeckers in der BRD	ohne Glückserleben (state) s. u.
		stark	starkes positives Befinden	Neue Partnerschaft	mit Glückserleben (state) s. u.
	Aktualität	ja	Lebensereignis wirkt noch heute positiv auf Befinden	Eintritt in eine Gesprächsgruppe	vgl. Befindenspartitur, Endpunkt
		nein	positive Wirkung vorüber	Einladung zu Urlaubsfahrt	
	Andauernde positive Lebensbedingungen im letzten Jahr	N	Lebensabschnitte im letzten Jahr, in denen Befinden andauernd positiv war, ohne plötzliche Veränderungen	Spaß im Beruf	Abschnitte in der Befindenspartitur über der 2. Linie, die nicht bereits als positives Lebensereignis kodiert wurden
	Stärkegrad	schwach	s. o.	Schöne Wohnung	s. o.
		stark		Glückliche Partnerschaft	
	Aktualität	ja	s. o.	Enkelkinder	s. o.
		nein		Krankheit endlich überstanden	
	Alltagsfreuden	nie	Alltägliche positive Erlebnisse und Freuden, Häufigkeit	Die kleinen Dinge des Alltags, netter Anruf	Kann auch Folge von Lebensereignissen oder positiven Lebensbedingungen sein
		monatlich			
		wöchentlich			
		täglich			
		immer			

Variable	Auswertungsdimension	Ausprägung	Definition	Ankerbeispiele	Kodierregeln
Glück	Glückserleben (state)	oft	Häufigkeit von Glückserleben in der gegenwärtigen Lebenssituation (stark positive Emotionen in konkreter Situation bei klarem Bewußtsein), mehr als monatlich	Aufgehen in der Musik Weihnachtsfeier in der Familie Liebesbeziehung	Nachfragen im Interview nach Emotionen und Kognitionen beachten
		manchmal	monatlich		
		selten	weniger als monatlich		
	Lebensglück (trait) Emotionale Komponente	gar nicht	Allgemeines positives Lebensgefühl keinerlei Anhaltspunkte	Selbsteinschätzungen	Anhand der im Interview genannten Beispiele Kodierung überprüfen
		etwas	nur Vereinzeltes		
		viel	überwiegend		
		sehr viel	fast ausschließlich		
	Kognitive Komponente	gar nicht	Allgemeine Lebenszufriedenheit als kog. Einschätzung der Lebensbedingungen (Überwiegen von Positivem?), s. o.	"	"
		etwas	s. o.		
		viel	s. o.		
		sehr viel	s. o.		
	Ich-Transzendenz	gar nicht	positives Lebensgefühl auf andere Menschen/Umwelt bezogen s. o.	"	"
		etwas	s. o.		
		stark	s. o.		
		sehr stark	s. o.		

Variable	Auswertungsdimension	Ausprägung	Definition	Ankerbeispiele	Kodierregeln
Fortsetzung - Glück	Globale Selbsteinschätzung	nicht	Globale Glücksselbsteinschätzung	"	"
		etwas			
		viel			
		sehr viel			
Zufriedenheit	Bereichsspezifisch - Beruf - Wohnen - Finanzen - Gesundheit - Freunde - Familie - Partner - Freizeit/Urlaub - Politik/Gesellschaft	sehr zufrieden eher zufrieden neutrag eher unzufrieden sehr unzufrieden	Zufriedenheitseinschätzung des Einzelnen nach Abwägen positiver und negativer Lebensbedingungen Selbsteinschätzung		vgl. Befindenspartitur
	Global	s. o.	s. o.	s. o.	s. o.

4.3 Vier Glücksstudien

Hier werden nun einzelne Studien zu Glück und Wohlbefinden vorgestellt, die die theoretischen und methodischen Annahmen der vorangehenden Kapitel einer ersten Überprüfung unterziehen sollen.

4.3.1 Reanalyse der Arbeitslosenstudie

Hier handelt es sich um eine von der Deutschen Forschungsgemeinschaft (DFG) finanzierte Längsschnittuntersuchung über die psychosozialen Auswirkungen von Arbeitslosigkeit bei angehenden Lehrern (Ulich, Haußer, Mayring, Strehmel, Kandler & Degenhardt, 1985). Dabei wurden offene, halbstrukturierte, zum Teil mehrstündige Interviews durchgeführt, zu sieben Erhebungszeitpunkten über ein Jahr verteilt. Die Probanden waren 79 arbeitslose Lehrer und eine Kontrollgruppe von 25 Lehrern auf unbefristeten Planstellen. Die Interviews gingen um die Lebenssituation, subjektive Belastungen, kognitive Verarbeitung (Attribution, Kontrollerwartung), biographische Voraussetzungen (Bewältigungskompetenz zum Beispiel) und die konkreten Bewältigungsversuche der Betroffenen. Natürlich standen die negativen Auswirkungen der Arbeitslosigkeit im Vordergrund (und konnten auch eindrücklich nachgewiesen werden, vgl. Ulich et al., 1985). Aber es tauchten immer wieder auch positive Erlebensfaktoren auf, die noch nicht systematisch ausgewertet wurden.

■ *Fragestellung*

Für die Wohlbefindensforschung relevante Ergebnisse finden sich in der Arbeitslosenstudie zu drei Fragestellungen:

1. Gibt es auch positive Faktoren im Leben als Arbeitsloser?
2. Hängen die positiven Faktoren mit der Arbeitslosigkeit oder mit der sonstigen Lebenssituation zusammen? Welche Rückschlüsse auf das Verhältnis objektiver zu subjektiven Bedingungsfaktoren beim Wohlbefinden lassen sich ziehen?
3. Wie relevant sind die positiven Faktoren für das Befinden?

■ *Stichprobe*

Die Untersuchungsgruppe (N=79) bestand aus Lehrern, die nach dem Referendariat (2. Ausbildungsphase) keine feste Anstellung bekamen, die Kontrollgruppe (N=25) aus Lehrern, die zum selben Zeitpunkt eine unbefristete Planstelle bekamen. Die Studie fand zwischen 1981 und 1985 in einem süddeutschen Großstadtbereich statt. Obwohl eine Reihe von Faktoren ähnlich wie in der Grundgesamtheit verteilt waren (Alter, Geschlecht,

Lehrämter), handelt es sich nicht um eine völlig repräsentative Stichprobe. Es waren 2/3 Frauen, das durchschnittliche Alter lag bei 29 Jahren.

■ *Methode*

Es wurden halbstrukturierte offene Interviews entlang eines Interviewleitfadens (vgl. Ulich et al., 1985, S. 253-269) durchgeführt. Die Interviewer waren ausführlich geschult und aufeinander abgestimmt. Die transkribierten Interviews wurden qualitativ und quantitativ mittels Inhaltsanalyse (vgl. Mayring, 1988a) ausgewertet. Eine ausschnittsweise Überprüfung der Interkoderreliabilität erbrachte befriedigende Werte.

■ *Ergebnisse*

Es wurden zunächst nach positiven Faktoren (in der Arbeitslosigkeit entlastenden Faktoren) in den einzelnen Lebensbereichen gesucht (Beruf, Finanzen, Partner, Kinder, Freundeskreis, Organisationen, Eltern, Zeitstruktur). Dabei stellte sich heraus, daß die Untersuchungsgruppe im Durchschnitt mehr als drei Bereiche mit positiven Faktoren aufweist. In bis zu sieben von acht Bereichen haben die Arbeitslosen Entlastungsfaktoren.

	t1	t4	t7
Bereiche mit positiven Faktoren (Median)	3,2	3,7	3,8

Abb. 33: Zahl der Lebensbereiche mit Entlastungsfaktoren in der Arbeitslosigkeit (N = 77)

Allerdings gilt ähnliches für die Kontrollgruppe. Es besteht **kein signifikanter Unterschied** zwischen den Gruppen, zwischen Arbeitslosen und Nichtarbeitslosen in der Anzahl der Lebensbereiche mit positiven Faktoren. Das liegt wohl daran, daß hier das soziale Umfeld (Netzwerk) eine besondere Rolle spielt.

	% der Probanden mit positiven Faktoren (N=104)		
Lebensbereiche	t1	t4	t7
Freunde und Bekannte	75	80	72
Partner	63	66	65
Eltern	57	58	59
Beruf	45	65	64
Organisation	26	16	18
Zeitstruktur	25	24	17
Finanzen	21	25	32
Kinder	14	19	24

Abb. 34: Positive Faktoren in den einzelnen Lebensbereichen (N = 104)

Der Freundeskreis, die Partnerschaft, aber auch die Eltern sorgen dafür, daß es trotz Arbeitslosigkeit positive Erlebnisse gibt. Darüber hinaus hat eine ganze Reihe von Probanden auch noch finanzielle und berufliche Ressourcen (z.B. alternative Berufsqualifikationen), über die sie sich nun besonders freuen können.

Neben der bereichsspezifischen Erhebung wurde die Belastung in der Arbeitslosigkeit auch bereichsübergreifend erfaßt. Ein Indikator war hier, ob der Einzelne noch besondere Freuden an bestimmten Dingen oder Tätigkeiten erlebt. Es ergibt sich ein ähnliches Bild. Solche Freuden kommen unabhängig von der Arbeitslosigkeit in allen Gruppen vor. Es ergeben sich keine signifikanten Unterschiede je nach beruflichem Status, Umfang der Berufstätigkeit, Sicherheit des Arbeitsplatzes, zu keinem der Erhebungszeitpunkte. Wohl aber ergibt sich ein signifikanter Zusammenhang zur allgemeinen Belastung.

	Besondere Freude an bestimmten Dingen und Tätigkeiten		
	t1	t4	t7
Allgemeine Belastung, Gesamtwert	-.31 ***	-.17 *	-.25 ***
Belastungs-breite		-.16 *	-.18 *

Abb. 35: Zusammenhang zwischen Freuden und Belastungen (Kendall's tau; * = signifikant, Irrtumswahrscheinlichkeit $p \leq 0{,}05$; ** = hoch signifikant, $p \leq 0{,}01$; *** = sehr hoch signifikant, $p \leq 0{,}001$; N = 104).

Also solche Probanden, die wenig Freuden kennen, sind besonders stark belastet, relativ unabhängig von den Bedingungen der Arbeitslosigkeit.

Allerdings sind die positiven Befindensfaktoren nicht völlig unabhängig von der Arbeitslosigkeit. Hier zeigt wieder die bereichsspezifische Analyse, daß der berufliche Status und die damit zusammenhängende finanzielle Situation für positive Befindensfaktoren im finanziellen und beruflichen Bereich verantwortlich ist, nicht in anderen Lebensbereichen.

Also nur ein Teil des positiven Befindens wird von der Arbeitslosigkeit tangiert, ein anderer Teil scheint relativ unabhängig davon zu sein, während das **negative** Befinden (Belastung) in **allen** Bereichen von der Arbeitslosigkeit betroffen wird.

		Beruflicher Status	Haushalts-einkommen	funktionierendes soziales Netzwerk
positive	t1	-.41 ***	-.27 ***	-
finanzielle	t4	-.30 **	-.28 ***	-.17 *
Faktoren	t7	-.37 ***	-.34 ***	-.24 *
positive	t1	-	-	-
berufliche	t4	-.22 *	-.34 ***	-
Faktoren	t7	-	-	-
positive	t1	-	-	-
Netzwerk-	t4	-	-	-.15 *(Freunde)
faktoren	t7	+.33 * Kinder	-	-.24 *(Freunde)
pos. Fakt.	t1	+.26 *	-	-
Organisa-	t4	-	-	-.21 *
tionen	t7	+.21 *	-	-

Abb. 36: Zusammenhänge zwischen positiven Faktoren und Aspekten der Lebenssituation (Kendall's τ) (N=104)

An zwei Stellen kommt es hier sogar zu erwartungswidrigen Zusammenhängen (positives Vorzeichen): je schlechter hier die objektive Lebenssituation, desto mehr positive Faktoren. Abgesehen davon, daß diese Zusammenhänge zufällig sein können (keine multivariate Analyse), wäre dies gut zu interpretieren: Nur für die Arbeitslosen stellt der Bereich Organisation (z.B. Gewerkschaft, Lehrerverband) eine Entlastungsfunktion dar, nur sie setzen diesen Bereich bewußt ein. Für die Probanden auf unbefristeten Stellen sind die Organisationen oft weniger relevant für ihr Befinden. Andererseits sind dies nur sehr schwache Zusammenhänge. Ein deutliches Muster ergibt sich nur für den beruflichen und den finanziellen Bereich.

■ *Diskussion*

In dieser Studie wird deutlich, wie wichtig die Untersuchung von Wohlbefinden für Belastungsanalysen ist. Sie belegt die relative Unabhängigkeit von positivem und negativem Befinden (vgl. Kap. 3.1). Zusammenfassend läßt sich sagen, daß die Arbeitslosigkeit zwar zu erheblichen subjektiven Belastungen führt, aber das positive Befinden nicht völlig unterbindet. Im Gegenteil scheinen bestimmte positive Faktoren (Organisation, Eltern, Freunde) erst in der Arbeitslosigkeit an Bedeutung zu gewinnen, während die Abnahme des positiven Befindens auf finanzielle und berufliche Bereiche zentriert scheint. Diese Ergebnisse relativieren in keiner Weise die Tragik der Arbeitslosigkeit, sie gestatten uns aber einen differenzierteren Blick auf die psychosozialen Auswirkungen in einzelnen Lebensbereichen. Denn Arbeitslosigkeit kann nur auf dem Hintergrund des gesamten Lebenszusammenhanges begriffen werden. Die Sekundäranalysen bestätigen so auch den modernen Ansatz der **differentiellen** Arbeitslosenforschung (Wacker, 1983; Kieselbach & Wacker, 1985).

Für die Wohlbefindensforschung lernen wir hier besonders viel über den Zusammenhang objektiver und subjektiver Faktoren. Denn das transaktionale Modell (vgl. Kap. 3.5), das beiden Faktoren gleiches Gewicht zuschreibt, findet hier Verstärkung. Die objektiven Faktoren (Arbeitslosigkeit) haben einen Einfluß nicht nur auf die Belastungen, sondern auch auf das Wohlbefinden, aber zunächst nur auf bestimmte Bereiche. Wenn allerdings in der Arbeitslosigkeit über alle Bereiche hinweg das positive Befinden beeinträchtigt wird, kommt es zu schweren Belastungen.

Somit findet sich hier auch eine schöne Bestätigung für die Bedeutung bereichsspezifischen Vorgehens in der Befindensforschung.

4.3.2 Fragebogenuntersuchung mit Schülern und Studenten[2]

Als nächstes soll auf eine Fragebogenstudie mit 67 Schülern und Studenten eingegangen werden, die im Sommer 1986 durchgeführt wurde.

■ *Fragestellung*

In der Fragebogenuntersuchung sollten die vier Wohlbefindensfaktoren (Glück, Zufriedenheit, Belastungsfreiheit, Freude) eigens untersucht werden. Dabei sollte vor allem auf das Glücksverständnis der Probanden eingegangen werden. Darüber hinaus sollten die Möglichkeiten der Fragebogenmethode in der Glücksforschung eruiert werden.

Es standen also hier drei Fragen im Vordergrund

1. Wie ist das subjektive Wohlbefinden von Schülern und Studenten?
2. Lassen sich dabei Unterschiede zwischen Glück, Zufriedenheit, Freuden und Belastungsfreiheit (Vier-Faktorenansatz, vgl. 3.1) belegen?
3. Ist eine halb-geschlossene, schriftliche Erhebung (Fragebogen) möglich?

---

[2]Ich danke Frau Dipl.Päd. Rosemarie Neff für ihre Arbeiten bei der Auswertung dieser Studie

■ *Stichprobe*

Im Rahmen von Studieninformationstagen haben Schüler der gymnasialen Abschlußklasse an der Universität Augsburg die Möglichkeit, reguläre Seminare zu besuchen. In einem solchen Seminar zur psychologischen Wohlbefindensforschung (Sommer 1986) wurden Fragebögen ausgeteilt und bearbeitet. Es liegen auswertbare Fragebögen von 58 Schülern und 9 Studenten vor. Es handelt sich also um junge Erwachsene, die an psychologischer Wohlbefindensforschung interessiert waren, den hier entwickelten Ansatz jedoch noch nicht kannten. Das Alter der ProbandInnen lag zwischen 17 und 28 Jahren (im Schnitt 18.9), es waren 71% weiblich, 29% männlich.

■ *Methode*

Es handelt sich um einen Fragebogen mit einem geschlossenen Teil (Glücks- und Zufriedenheitsselbsteinschätzung, bereichsspezifische Fragen nach Freuden, Belastungen und Zufriedenheit) und offene Fragen zu Glücksdefinition, Glückssituation und Glückserlebnissen. Am Schluß wurde noch einmal nach der Glücks- und Zufriedenheitsselbsteinschätzung gefragt. Dabei sollte unabhängig von den Eingangsfragen geantwortet werden.

Lehrstuhl für Psychologie
Forschungsstelle für Päd.
Psychologie und Entwick-
lungspsychologie / Phil. I
Universität Augsburg

Dr. Philipp Mayring

Fragebogen "G L Ü C K"

1. Ist Ihr Leben **im Augenblick**

sehr glücklich....... ☐ ziemlich glücklich...... ☐

ziemlich unglücklich ☐ sehr unglücklich....... ☐

2. Was meinen Sie, wie zufrieden sind Sie **gegenwärtig** - alles in allem - heute mit Ihrem Leben?

ganz und gar unzufrieden	☐	☐	☐	☐	☐	☐	☐	☐	☐	☐	ganz und gar zufrieden
	1	2	3	4	5	6	7	8	9	10	

3. Bitte denken Sie nun an einzelne Bereiche Ihres Lebens und beantworten Sie, ob es dort Dinge gibt, über die Sie sich **freuen**, frohe Erlebnisse, angenehme Erfahrungen.

	Es gibt immmer wieder Dinge, über die ich mich freue	Es gibt (fast) nichts, über das ich mich freuen kann
o Schule bzw. Hochschule	☐	☐
o Meine Gesundheit	☐	☐
o Meine Wohnverhältnisse	☐	☐
o Meine finanzielle Situation	☐	☐
o Der Bereich Partnerbeziehung ...	☐	☐
o Mein Freundes- und Bekanntenkreis	☐	☐
o Meine familiäre Situation	☐	☐
o Der Bereich Freizeit	☐	☐
o Politisch-gesellschaftl.Bereich	☐	☐

4. Gibt es auf der anderen Seite in diesen Bereichen auch Dinge, die Sie belasten?

	Es gibt für mich Belastungen	Es gibt keine nennenswerten Belastungen
o Schule bzw. Hochschule	☐	☐
o Meine Gesundheit	☐	☐
o Meine Wohnverhältnisse	☐	☐
o Meine finanzielle Situation	☐	☐
o Der Bereich Partnerbeziehung ...	☐	☐
o Mein Freundes- und Bekanntenkreis	☐	☐
o Meine familiäre Situation	☐	☐
o Der Bereich Freizeit	☐	☐
o Politisch-gesellschaftl.Bereich	☐	☐

5. Wenn Sie positive und negative Aspekte Ihres Lebens in diesen Bereichen vergleichen, fühlen Sie sich insgesamt **zufrieden**?

	zufrieden		unzufrieden
o Schule bzw. Hochschule	☐	....	☐
o Meine Gesundheit	☐	....	☐
o Meine Wohnverhältnisse	☐	....	☐
o Meine finanzielle Situation	☐	....	☐
o Der Bereich Partnerbeziehung ...	☐	....	☐
o Mein Freundes- und Bekanntenkreis	☐	....	☐
o Meine familiäre Situation	☐	....	☐
o Der Bereich Freizeit	☐	....	☐
o Politisch-gesellschaftl.Bereich	☐	....	☐

6. Können Sie versuchen, in ein paar Stichworten zu definieren, was für Sie **Glück** bedeutet?

____
____
____

7. Bitte geben Sie Beispiele für **Situationen**, in denen Sie sich in der letzten Zeit **glücklich** gefühlt haben. (Bitte streichen, wenn Sie sich **nie** glücklich fühlen.)

____
____
____

8. Bitte versuchen Sie an höchstens 3 Beispielen zu umschreiben, **wie** Sie sich glücklich fühlten, was Sie empfanden, welche Gefühle beim Glückserleben im Mittelpunkt standen. (Bitte streichen, wenn Sie sich **nie** glücklich fühlten.)

Beispiel 1: .... Gefühle: ....
Beispiel 2: .... Gefühle: ....
Beispiel 3: .... Gefühle: ....

9. Bitte beantworten Sie nochmals die Glücksfrage, **unabhängig** davon, was Sie am Anfang geantwortet haben (bitte **nicht** nachschauen). Mein Leben ist **im Augenblick**

sehr glücklich....... ☐ ziemlich glücklich...... ☐

ziemlich unglücklich ☐ sehr unglücklich........ ☐

10. Bitte beantworten Sie nochmals die Zufriedenheitsfrage: "Was meinen Sie, wie zufrieden sind Sie **gegenwärtig** - alles in allem -heute mit Ihrem Leben?

ganz und gar unzufrieden	☐	☐	☐	☐	☐	☐	☐	☐	☐	☐	ganz und gar zufrieden
	1	2	3	4	5	6	7	8	9	10	

Alter: ☐ Geschlecht: weibl. ☐ Student: ☐

männl. ☐ Schüler: ☐

In der Auswertung wurden für die geschlossenen Fragen einfache Häufigkeitsanalysen und nonparametrische Zusammenhangsanalysen (mittels SPSS-PC) vorgenommen. Für die Zusammenhangsanalysen wurden zusammenfassende Werte (Indizes) gebildet. So wurden als "sehr hohe Zufriedenheit" Probanden mit Zufriedenheit in allen acht Lebensbereichen, als "hohe Zufriedenheit" Probanden mit Zufriedenheit in sechs bis sieben Bereichen, als "wenig Zufriedenheit" Probanden mit Zufriedenheit in ein bis fünf Bereichen und als "keine Zufriedenheit" Probanden mit Zufriedenheit in keinem Lebensbereich kodiert. Analog wurde bei den Indizes Belastungsfreiheit und Freuden vorgegangen (zur Indexbildung vgl. Besozzi & Zehnpfennig, 1976). Die offenen Fragen wurden mit strukturierender qualitativer Inhaltsanalyse (Mayring, 1988a) ausgewertet, wobei bei der Kategorienbildung die Ergebnisse der Studie von R. Hoffmann (1981) als Ausgangspunkt verwendet und aus dem Material heraus modifiziert wurden. Die Kategorienbildung wurde dabei zur besseren Kontrolle von zwei Auswertern vorgenommen und bei Abweichungen aufeinander abgestimmt.

■ *Ergebnisse*

Hier zunächst die Ergebnisse der einfachen Häufigkeitsanalysen:

Glück	N	%
sehr glücklich	6	9
ziemlich glücklich	50	74
ziemlich unglücklich	10	15
sehr unglücklich	1	2
Summe	67	100

Zufriedenheit	**(0 bis 10)**
Median	7.11
Modalwert	8
Arithmetisches Mittel	6.85

	Freuden N	Freuden %	Belastungen N	Belastungen %	Zufriedenheit N	Zufriedenheit %
Freizeit	62	95	16	25	57	88
Freunde	60	92	26	40	54	83
Gesundheit	56	86	28	43	61	94
Wohnen	53	82	23	35	53	82
Partner	51	78	33	51	42	65
Schule/Hoch-schule	48	74	44	68	46	72
Familie	45	70	39	60	40	62
Finanzen	37	57	35	54	41	63

Abb. 37: Häufigkeiten bei den geschlossenen Items des Glücksfragebogens

Die Schüler und Studenten sind also vorwiegend zufrieden und glücklich; dies deckt sich mit den großen Repräsentativuntersuchungen (vgl. Kap. 2.4). Freuden finden hier vor allem im Bereich Freizeit und Freundeskreis statt, weniger freudespendend sind die Finanzen und die Schul-/Hochschulsituation. Vor allem Schule (bzw. Hochschule) aber auch die finanzielle Situation und zum Teil die Partnerschaft können für Belastungen sorgen (selten der Bereich Freizeit und Wohnen). Die Schüler und Studenten sind vor allem zufrieden mit der Gesundheit, mit Freizeit und Wohnbedingungen, nicht ganz so stark mit Familie, Finanzen und Partnerschaft.
In der Abbildung 38 werden die Mittelwerte für die vier zusammenfassenden Wohlbefindensindizes, nach Geschlecht getrennt, dargestellt.

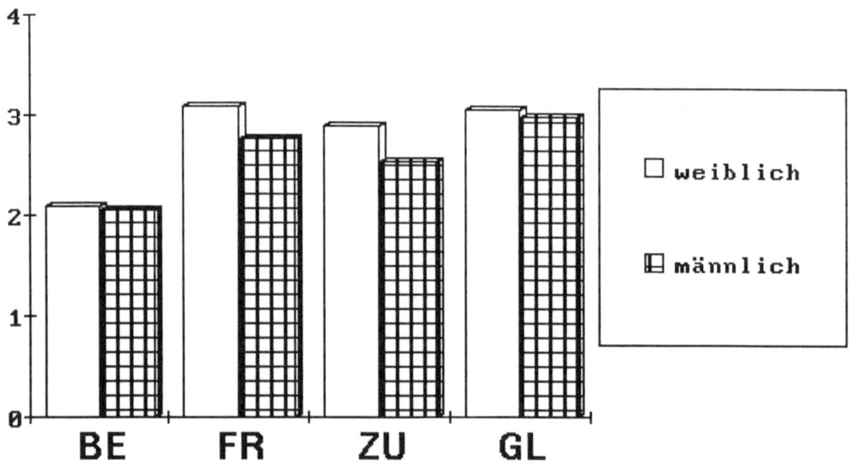

Abb. 38: Mittelwerte der zusammenfassenden Indizes für Belastungsfreiheit (BE), Freuden (FR), Zufriedenheit (ZV) und Glück; N = 67 Schüler und Studenten

Hier wird ersichtlich, daß die Belastungsfreiheit die am schwächsten ausgeprägte Wohlbefindensvariable darstellt und daß Frauen in allen vier Variablen leicht höhere Werte aufweisen.
Für die zweite Fragestellung interessant ist hier auch, auf individueller Ebene nach den Kombinationen von Belastung, Glück, Zufriedenheit und Freuden zu sehen (Überprüfung des 4-Faktorenansatzes). Ein eindimensionales Wohlbefindensdenken würde nur die Kombinationen: glücklich, zufrieden, viele Freuden und keine Belastungen vs. unglücklich, unzufrieden, keine Freuden und viele Belastungen erwarten lassen. Die letztgenannte Negativkombination kommt jedoch in der Fragebogenuntersuchung mit Schülern und Studenten **überhaupt nicht** vor. Dagegen finden sich:

				N	%
glücklich,	zufrieden,	keine Belastungen,	Freuden	2	3
glücklich,	zufrieden,	Belastungen,	Freuden	50	75
glücklich,	unzufrieden,	Belastungen,	Freuden	3	4
unglücklich,	zufrieden,	Belastungen,	Freuden	7	10
unglücklich,	unzufrieden,	Belastungen,	Freuden	5	7
			Summe	67	100

Abb. 39: Kombinationen der vier Wohlbefindensvariablen

Noch deutlicher fallen die Ergebnisse aus, wenn man in den einzelnen Lebensbereichen Belastungen, Freuden und bereichsspezifische Zufriedenheit vergleicht.

Bereich Schule / Hochschule			N	%
Freuden,	keine Belastungen,	zufrieden	18	27
Freuden,	Belastungen,	zufrieden	22	33
keine Freuden,	keine Belastungen,	zufrieden	4	6
keine Freuden,	Belastungen,	zufrieden	2	3
Freuden,	keine Belastungen,	unzufrieden	1	2
Freuden,	Belastungen,	unzufrieden	8	12
keine Freuden,	Belastungen,	unzufrieden	11	17
		Summe	66	100

Finanzielle Situation			N	%
Freuden,	keine Belastungen,	zufrieden	24	36
Freuden,	Belastungen,	zufrieden	8	12
keine Freuden,	keine Belastungen,	zufrieden	4	6
keine Freuden,	Belastungen,	zufrieden	5	8
Freuden,	keine Belastungen,	unzufrieden	1	2
Freuden,	Belastungen,	unzufrieden	4	6
keine Freuden,	keine Belastungen,	unzufrieden	2	3
keine Freuden,	Belastungen,	unzufrieden	18	27
		Summe	66	100

Abb. 40: Kombinationen von drei Wohlbefindensvariablen im Bereich Schule/Hochschule und im Bereich Finanzen

Es kommen hier also fast alle möglichen Kombinationen der unterschiedlichen Wohlbefindensfaktoren vor. Die Interkorrelationen der vier zusammenfassenden Wohlbefindensindizes (nonparametrische Zusammenhangsüberprüfung nach Kendals τ) stellen sich wie folgt dar (* signifikant, 5%-Niveau; ** sehr signifikant, 1%-Niveau; n.s. nicht signifikant):

	GL	ZU	FR	BE
Belastungsfreiheit (BE)	+.13*	+.20**	+.05n.s.	--
Freuden (FR)	+.32**	+.41**	--	
Zufriedenheit (ZU)	+.33**	--		
Glück (GL)	--			

Es zeigt sich, daß es signifikante Korrelationen der Indizes gibt, die sich mit unserem Vier-Faktoren-Modell decken. Die Koeffizienten sind jedoch nicht sehr hoch, was darauf hinweist, daß es sich eben doch um vier unterschiedliche Faktoren handelt. Einzig zwischen Belastungsfreiheit und Freuden besteht kein signifikanter Zusammenhang; auch dies deckt sich sehr schön mit unserem Modell (vgl. Kap. 3.1), in dem wir von der relativen Unabhängigkeit des positiven und negativen Befindensfaktors ausgingen.
Auf die offene Frage nach der Definition von Glück wurden meist mehrere Stichpunkte aufgeführt. Die häufigsten Kategorien waren dabei:

	Nennungen
Erfüllende zwischenmenschliche Beziehungen, Liebe	33
Zufriedenheit mit dem Leben	26
Innere Ausgewogenheit, Selbstvertrauen	16
Freude, Spaß, Hochstimmung	15
Erfolg	12
Freiheit, Unabhängigkeit	11
Abwesenheit von Unangenehmem (Sorgen, ...)	9
Gesundheit	8
Harmonie, Frieden	8
Wohlgefühl, gutes Gefühl	7
Weiterentwicklung, Produktivität, Ausgefülltsein	7
Entspannung, Abschalten, Ruhe, Zeit	6
Natur, Musik, Schönheit	6
Hobbies, Sport, Aktivitäten	5
Körpergefühle	4
Positive Erlebnisse, Erfahrungen	4
Momentanes, kurzfristiges Hochgefühl	4
Sicherheit	3
Sonstiges	6

Abb. 41: Definitionen von Glück (190 Nennungen von 66 Schülern/Studenten)

Ähnlich wie in der Untersuchung von R. Hoffmann (1981; ebenfalls mit Studenten) stehen erfüllende Beziehungen (Liebe) an erster Stelle. Allerdings sind auch die Unterschiede der Nennungen beeindruckend, denn insgesamt werden 21 Definitionselemente vorgebracht. Ebenso vielfältig sind die Nennungen von typischen Glückssituationen:

	Nennungen
Soziale Situationen, Zusammensein	45
Erfolgs-, Leistungssituationen	17
Körperliche, sportliche Aktivitäten	17
In der Natur	16
Soziale Aktivitäten	12
Urlaub, Entspannungssituationen	10
Erleichterung (nach Prüfung)	10
Musik (aktiv/passiv)	9
Liebe	9
Allgemeine Aktivitäten, Abwechslung	7
Pläne, Vorfreude	4
Auto-/Motorradfahren	4
Umgehen mit Tieren	4
Lesen, Schreiben	3
Einsamkeit, Alleinsein	3
Sonstiges	7

Abb. 42: Glückssituationen (177 Nennungen von 67 Schülern/Studenten)

Hier tauchen soziale Situationen sogar mehrfach auf: das Zusammensein mit Anderen, soziale Aktivitäten und Liebe. Daneben scheint es aktivere (Leistung, Sport, soziale Aktivitäten) und passivere (Natur, Entspannung, Erleichterung) Glücksformen zu geben. Erstaunlich ist auch, daß Prüfungs- und Leistungssituationen doch eine große Rolle für das Glückserleben der Schüler und Studenten spielen.

Am schwierigsten war die Kategorisierung der Gefühle (dritte offene Frage), denn hier wurde z.T. sehr ausweichend geantwortet. Rein vom Material ausgehend ergaben sich folgende Nennungen:

	Nennungen
Mitmenschliche Gefühle, Liebe	38
Freude, Zufriedenheitsgefühle	27
Identitätsgefühle (Individualität, Stolz, innere Harmonie)	23
Freiheitsgefühle	16
Heitere Ruhe, Entspannung, Vergessen	13
Nachlassen von negativen Gefühlen, Erholung	12
Körpergefühle, körperliche Erregung	11
Hoffnung, Interesse, produktive, zukunftsbezogene Gefühle	8
Ekstase, Hochstimmung	8
Auf Schönheit, Natur bezogene Gefühle	7
Wärme, Erfüllung	5
Stärkegefühle	3
Gefühl, die Welt zu bejahen	2

Abb. 43: Glücksgefühle (174 Nennungen von 67 Schülern/Studenten)

Wieder ist die Vielfalt beeindruckend. Glücklichsein heißt eben nicht nur, sich gut zu fühlen. Zwischenmenschliche Gefühle (Liebe) werden zwar wieder am häufigsten genannt, daneben steht aber eine ganze Palette weiterer emotionaler Zustände, jeweils auf unterschiedliche Glückssituationen bezogen.

Nun soll noch die Glücks- und Zufriedenheitsfrage am Anfang mit deren Beantwortung am Schluß des Fragebogens verglichen werden. Wären diese geschlossenen Selbsteinschätzungen reliabel, so müßten die Ergebnisse identisch sein. Es ergeben sich jedoch einige Veränderungen.

	N	%
Glück am Schluß des Fragebogens höher	11	16
Glück am Schluß des Fragebogens niedriger	2	3
Zufriedenheit am Schluß höher	18	27
Zufriedenheit am Schluß niedriger	10	15

	N	%
Veränderungen Glück	13	19
Veränderungen, Zufriedenheit	28	42

Abb. 44: Vergleich der geschlossenen Fragen am Anfang und am Ende des Fragebogens

Vor allem bei Zufriedenheit tauchen Veränderungen auf (bei fast der Hälfte aller Probanden!). Die Veränderungen gehen dabei eher in die positive Richtung. Das mag daran liegen, daß vor den beiden Schlußfragen konkrete Glücksgefühle und -situationen beschrieben wurden. So findet sich in einem Fragebogen neben dem Kreuzchen 'ziemlich glücklich' bei der Schlußfrage die Randnotiz: "Nach Beantwortung von 7. und 8. eigentlich 'sehr glücklich'".

■ *Diskussion*

Die Ergebnisse belegen die Fruchtbarkeit des Vierfaktorenansatzes des Wohlbefindens. Die Schüler und Studenten schätzen sich zwar als vorwiegend glücklich und zufrieden ein, trotzdem sind sie nicht frei von Belastungen (in vielen Lebensbereichen über die Hälfte der Probanden), während alle Probanden in irgendeinem Lebensbereich Freuden erleben. Auch scheint die Zufriedenheit höher zu sein als das Glück (sehr wenig Zufriedenheitswerte unter 5, aber 17% unglücklich). Durch die Kombinationsanalysen und Interkorrelationen wird der Vierfaktorenansatz ebenfalls gut belegt. Auch die relative Unabhängigkeit des positiven und negativen Befindensfaktors zeigte sich in den Daten.

Was Belastung, Zufriedenheit und Freuden angeht, hat sich das bereichsspezifische Vorgehen wieder als sehr sinnvoll erwiesen. Denn es lenkt den Blick auf die besonders befindensrelevanten Lebensbereiche der Schüler und Studenten (in der negativen Richtung Schule /Hochschule und Finanzen, in positiver Richtung Freizeit, Freundeskreis und Gesundheit (Sport)).

Die Antworten auf die drei offenen Glücksfragen waren so heterogen, daß sie hier die offene Konzeption bestätigt haben. Bei Glücksdefinitionen, -situationen und -gefühlen kann man wohl keine Antwortvorgaben einsetzen. Im Gegenteil dürfte es hier sinnvoll sein, den Probanden noch mehr Formulierungsmöglichkeiten zu bieten (offenes Interview). Auch hat sich gezeigt, daß die geschlossene Glücks- und Zufriedenheitsselbsteinschätzung wenig reliabel ist (vgl. ebenso Smith, 1975), wieder ein Argument für das offene Interview.

Die Glücksdefinitionen sind sehr vielfältig, wobei die Hauptelemente erfüllende zwischenmenschliche Beziehungen und eine grundlegende Lebenszufriedenheit sind. Diese beiden Faktoren tauchen auch in unserer Definition von Lebensglück (Trait-Komponente) auf und bestätigen diese damit. Allerdings erscheinen auch Definitionselemente, die wir von Glück abgegrenzt haben (Freuden, Belastungsfreiheit, Gesundheit). Wenn man also Glück erheben will, muß man sich mit den Probanden auf eine Glücksdefinition einigen, sonst sind die Ergebnisse nicht mehr vergleichbar. Auch dies unterstützt unser halbstandardisiertes Interviewverfahren (vgl. Punkt 4.2).

Bei der Auflistung der Glückssituationen und -gefühle zeigte sich, daß es (obwohl junge

Erwachsene!) aktivere und passivere Glückserlebnisse gibt, Aktivität also kein Glücksdefinitionsmerkmal sein kann. An erster Stelle taucht hier wieder der soziale, auf andere gerichtete Faktor auf, daneben stehen für die Lebenswelt von Schülern und Studenten spezifischere Bereiche (Leistung, Erfolg, Sport, Freizeit). Dies ist eine Parallele zur Arbeitslosenstudie (Kap. 4.3.1). Auch dort kamen am meisten positive Faktoren aus dem sozialen Bereich, erst dann folgte der berufliche Bereich.
Erstaunlich ist aber auch wieder die Vielfalt der Nennungen bei den Glücksgefühlen. Glück scheint also kein einfaches Gefühl zu sein; es kann sich verschieden anfühlen, je nach der Situation in der es erlebt wird, je nach der individuellen Person. Ist es dann überhaupt noch **ein** Gefühl? Liebe, Stolz, Harmonie, Freude, Freiheit, Ruhe, Erregung können doch nicht dasselbe sein? Es zeigt sich, daß Glück wie andere komplexe Gefühle nicht nur über den emotionalen Gehalt definiert werden kann. Es gehören ebenso kognitive Bestandteile, Handlungsimpulse und situative Bedingungen dazu (vgl. die Definition in Kap. 3.4). Diese Ergebnisse zeigten aber auch, daß genauer nachgefragt werden muß, ob es sich wirklich um Glücksgefühle handelt und was das für Glück spezifische Gefühl war.

4.3.3 Interviews mit Hochbetagten[3]

In dieser Studie soll nun wieder zum Interview als Methode gegriffen werden, um reichhaltigeres Material zu gewinnen. Die Schwierigkeiten der letzten Studie, die Heterogenität der Glücksdefinitionen und die Schwankungen der Selbsteinschätzung, können mit gezielteren Nachfragen in einer offenen Interaktionssituation mit dem Interviewer hier besser angegangen werden. Dabei soll zunächst der Fragebogen aus der letzten Studie als Interviewleitfaden verwendet werden, um Erfahrungen für einen ausführlicheren Leitfaden (Kapitel 4.3.4) zu gewinnen. Aus diesem Grunde ist hier auch nur eine kleine Stichprobe nötig. Dafür soll mit der Zielgruppe 'Hochbetagte' ein Kontrast zur Fragebogenuntersuchung hergestellt werden, der auch inhaltliche Auswertungen zuläßt.

■ *Fragestellung*

Im Zentrum stehen hier also neben den inhaltlichen die methodischen Fragestellungen. Folgenden Fragen soll nachgegangen werden:

1. Wie ist das subjektive Wohlbefinden der Hochbetagten? Gibt es tendenzielle Unterschiede zum frühen Erwachsenenalter?

---

[3]Ich danke Frau Dipl. Päd. Rosemarie Neff für ihre Arbeiten bei der Durchführung und Auswertung dieser Studie

2. Läßt sich durch das offenere Material die Heterogenität der Glücksdefinition erklären? Was sind die methodischen Konsequenzen?
3. Lassen sich durch das offenere Material die Schwankungen der Selbsteinschätzung erklären? Was sind die methodischen Konsequenzen?
4. Bewährt sich das offenere Interviewverfahren?

■ *Stichprobe*

Es handelt sich um 5 Hochbetagte, die 1988 interviewt wurden:

Frau S., 75 Jahre, Hausfrau, alleinstehend (verwitwet);
Herr B., 78 Jahre, Rentner, mit Ehefrau (P) zusammenlebend;
Frau P., 81 Jahre, Hausfrau, mit Ehemann (B) zusammenlebend;
Frau R., 83 Jahre, Bäuerin, in Großfamilie lebend;
Herr N., 93 Jahre, Rentner, alleinstehend (verwitwet).

Das Durchschnittsalter war 82 Jahre. Die Probanden wurden nicht zufällig ausgewählt.

■ *Methode*

Es wurden teilstandardisierte Interviews durchgeführt. Der Fragebogen aus Studie III diente als Interviewleitfaden (vgl. 4.3.2). Die Interviews wurden auf Tonband aufgenommen.

■ *Ergebnisse*

Das Wohlbefinden der fünf Hochbetagten soll zunächst auf der Fallebene kurz beschrieben werden:

Frau S: Sie fühlt sich insgesamt sehr glücklich und ist überwiegend zufrieden mit ihrem heutigen Leben. Sie kann in fast allen Lebensbereichen Dinge schildern, die ihr Freude machen: Daß sie gesundheitlich wieder gut beieinander ist (Zucker und Rheuma heute besser als früher), daß sie aufgrund ausreichender finanzieller Situation und guter Wohnbedingungen ein freier, unabhängiger Mensch ist, daß sie noch im Garten arbeiten kann, bei der Ernte helfen kann, Stricken kann; die Kinder und Enkel sind ihr die größte Freude. Einen Freundeskreis neben der Familie hat sie zwar nicht, aber das belastet sie auch nicht. Höchstens gesundheitliche Beschwerden und Sorgen bei Krankheiten in der Familie stehen auf der negativen Seite. So ist sie auch mit allen erfragten Lebensbereichen (Ausnahme politisch-gesellschaftlicher Bereich: hohe Arbeitslosenquote) zufrieden; Glück heißt heute für sie Zufriedenheit. Wirklich glücklich war sie aber nur zur Zeit ihrer Ehe.

Herr B: Er sieht sich als sehr glücklich und sehr zufrieden an. Er freut sich, wenn Besuch kommt, über die Abwechslung alltäglicher Verrichtungen, das Nicht-allein-Stehen. Außer gesundheitlichen Beschwerden gibt es keine Belastungen. Mit allen Lebensaspekten ist er zufrieden, er kann sich nicht beklagen. Glück bedeutet für ihn vor allem Zufriedenheit.

Frau P: Sie ist ziemlich glücklich und ganz und gar zufrieden. Sie freut sich über die alltäglichen Arbeiten (Wäsche), über Spaziergänge, Besuche (vor allem wenn die Tochter kommt), Unterhaltung mit Leuten, obwohl es auch viele Belastungen gibt: schwerere Hausarbeiten (Fensterputzen), Ärger mit anderen Mietparteien im Haus, auch in der Familie, Sorgen in der Familie (wenn die Tochter wieder weggeht), das immer Rechnen müssen im Finanziellen und Angst vor Kriminalität. Wirklich unzufrieden ist sie aber über fast nichts. Wirklich glücklich fühlt sie sich, wenn die Tochter zu Besuch kommt, aber gleich von Ängsten und Befürchtungen begleitet.

Frau R: Sie ist "recht zufrieden" und auch glücklich. Es geht zwar nicht mehr alles so, wie man will; aber sie freut sich über die Enkelkinder, über die im Moment gute Gesundheit, darüber, daß sie noch einiges auf dem Hof mitarbeiten kann. Ihre Kontakte sind ganz auf die Familie begrenzt, aber sie ist gern zu Hause, liest gern, vor allem die lokalen (Kirchen-)Zeitungen. So kann sie auch keinerlei Belastungen schildern, außer wenn jemand aus der Familie einen Unfall hat. Die Wohnverhältnisse und die finanzielle Situation - wie auch die anderen Lebensbereiche -sind für sie zufriedenstellend. Glücklich fühlt sie sich in der Familie, z.B. bei Familienfeiern oder Familienausflügen.

Herr N: Vor allem aufgrund seiner Schmerzen und seiner Bettlägerigkeit fühlt er sich unglücklich, ist mit seinem Leben nicht zufrieden (wenn auch nicht unzufrieden). Trotzdem kann er sich noch über Dinge freuen: daß ihm das Essen noch schmeckt, wenn er Besuch bekommt, Zeitung lesen, Fernsehen. Neben dem Gesundheitlichen ist er unglücklich darüber, daß er jetzt nichts mehr tun kann. Trotzdem hat er noch einen Begriff von Glück (noch alles verstehen, schöne Träume).

Soweit die fünf Fallschilderungen. Auch die Hochbetagten sind also vorwiegend glücklich (1x sehr glücklich, 3x ziemlich glücklich, 1x ziemlich unglücklich) und zufrieden (Werte zwischen 5 und 9; 9 am häufigsten). Alle haben in bestimmten Lebensbereichen Freuden: Gesundheit, Freizeit und Familie bei allen; wenig Freuden gibt es im Bereich Freundeskreis, Finanzen, Gesellschaft, Politik. Allerdings sind es insgesamt etwas weniger Freuden (im Schnitt 60% pro Bereich) im Vergleich zu 70% bei den Schülern und Studenten. Bei den Belastungen steht wieder der Gesundheitsbereich an erster Stelle, gefolgt vom Bereich Gesellschaft/Politik. Insgesamt aber berichten die Hochbetagten über weniger Belastungen als die Schüler und Studenten (im Schnitt 24% pro Bereich im Vergleich zu 42% bei den Schülern und Studenten). Die Hochbetagten sind mit den meisten Lebensbereichen zufrieden, Unzufriedenheit gibt es höchstens im Bereich Gesellschaft/ Politik. Damit scheint vor allem die Zufriedenheit bei den Hochbetagten höher zu sein als bei den Schülern und Studenten. Waren bei den Schülern und Studenten die Freizeit, der Freundeskreis und Schule /Hochschule besonders befindensrelevant, so sind es bei den Hochbetagten mehr Gesundheit und Familie.

Im allgemeinen waren die methodischen Erfahrungen gut. Mindestens ein Proband (Herr N) hätte einen Fragebogen nicht mehr korrekt ausfüllen können, hat aber im Interview zu allen Punkten sinnvolle Antworten geben können. Das Material ist insgesamt wesentlich reichhaltiger. Durch gezielte Nachfragen konnte vieles geklärt und präzisiert werden, konnten auch Reflexionsprozesse in Gang gebracht werden, die zu Material führten, das sonst nicht aufgetaucht wäre. So ergab in einem Fall die erste Frage nach dem gesellschaftlichen/politischen Bereich weder Positives oder Negatives (= Bereich für Befinden irrelevant), auf gezielte Nachfragen kommen jedoch plötzlich große Belastungen zum Vorschein.

Frau P

F: Dann so der politische Bereich?
P: Ach Politik, da tu ich gar nicht mit über die Politik.
F: Die interessiert Sie auch nicht?
P: Nein, die interessiert mich am allerwenigsten. Da schau ich halt am Fernseher zu.
F: Da könnten Sie auch gar nicht sagen, ob Sie zufrieden oder unzufrieden sind?
P: Nein, weil ich's auch nicht verstehe, muß ich gleich sagen. Ich versteh die Politik doch gar nicht, was da alles gemeint wird, und so weiter.
F: Und das möchten Sie auch gar nicht wissen?
P: Will ich nicht, weil nichts Gescheites auch nicht nachkommt.
F: Also sind Sie eigentlich ... das klingt nicht recht zufrieden damit, oder sagen Sie "Das paßt schon so", wie ist das jetzt?
P: Mit der Politik? Ach da kann ich gar nichts sagen. Ich kann gar nichts sagen! Mein Gott, die sollen ihre Freude haben und so weiter politisieren. Die schieben auch ein schönes Geld ein und die anderen, die müssen machen was angeschafft wird.
F: Und was um uns dann sonst noch in der Welt vor sich geht, wenn man das so mitkriegt mit der Tschernobyl-Katastrophe?
P: Das ist traurig. Wenn die Leute alle umkommen, das ist furchtbar, nicht?
F: Ist das für Sie auch persönlich schlimm?
P: Doch! Mir tun die Leute leid, wenn einer so plötzlich weg muß von der Welt. Und die anderen, die könntest Du verwünschen, die das machen, nicht. Wie die neulich da die Bombe gelegt haben, das ist doch furchtbar! Warum denn?! Die gehören hingemacht. Die kriegt man ja nicht. Nein, also mit der Politik da komme ich nicht mit.
F: Wenn man das so nimmt, was so um uns passiert, auch hier in der Stadt, würden Sie sagen, daß Sie zufrieden sind damit oder unzufrieden?
P: ... Weiß ich jetzt nicht, was ich sagen sollte ... weiß ich jetzt nicht ... wie meinen Sie jetzt ... es kommt eben darauf an.
F: Aber insgesamt, wie man halt so sagt: "Die Welt die paßt so schon!" oder "Es könnte aber besser sein?"
P: Ganz schlecht, ganz schlecht.
F: Also sind Sie eigentlich unzufrieden damit?
P: Ja, ganz schlecht. Wir haben ja noch überhaupt nichts Schönes gehabt, wir haben den 1. Weltkrieg mitgemacht, den 2. Weltkrieg, Not haben wir gehabt, Elend. Jetzt hat man es etwas schön gehabt, jetzt fangen Mörder an überall, also es wird gemordet.
F: Da haben Sie auch Angst?
P: Ja, freilich, wer hat da nicht Angst. Jeder Pfarrer hat Angst, ob da nicht hinter ihm einer steht und legt ihm eine Bombe rein. Ja, ist doch so, heute! Es ist so. Ich weiß nicht.

Dies zeigt sehr deutlich, wo die Vorteile eines offenen Interviewverfahrens liegen. Der Proband kann seine Gedanken freier entwickeln.

Die offene Frage nach der Glücksdefinition brachte wieder sehr vielfältiges Material, wieder ist die soziale Komponente sehr zentral:

Definitionskategorien	Nennungen
Familienbeziehungen	4
Zufriedenheit	4
Gesundheit	2
Freude	2
Lebensgestaltung	2

Abb. 45: Definitionsmerkmale Glück bei Hochbetagten

Allerdings geben die Interviews auch Hinweise auf die Ursachen der Heterogenität. Einigen Probanden gelang es natürlich nur sehr schwer, Glück zu definieren. So schätzt sich Herr B zwar als sehr glücklich ein, definiert aber Glück als Zufriedenheit, kann über Glück eigentlich nichts sagen.

Herr B

F: Sie haben vorhin gesagt, daß Sie sehr glücklich sind.
B: Ja so schon, so schon, ich bin zufrieden.
F: Was heißt das für Sie, wenn Sie **glücklich** sind, was heißt das?
B: ... Normal ist nicht viel Unterschied: ich bin so zufrieden, normal finde ich, daß die Gesundheit die Hauptsache ist. Weil die Gesundheit ist das beste Glück, das es geben kann.
F: Also Zufriedenheit ist für Sie so was wie Glück?
B: Jawohl. Ich fühle mich wohl, wenn ich gesund bin.
F: Ja, jetzt haben Sie doch gesagt, Zufriedenheit ist doch nicht so das ganz gleiche wie Glück. Was ist jetzt das mehr wie Zufriedenheit?
B: Ja ... Normal bin ich zufrieden .. Wie ich mein Leben gestalte ... bin ich zufrieden alles in allem.

F: Wenn Sie jetzt mal Beispiele geben für Situationen, in denen Sie in letzter Zeit glücklich waren?
B: ... Weiß ich jetzt nicht, was ich sagen muß, soll ...

Das ist wieder ein deutlicher Hinweis, wie wichtig das offene Vorgehen ist. Es zeigt aber auch, daß bei der Auswertung nicht einfach nach den Selbsteinschätzungen ausgezählt werden darf, sondern das Material interpretiert werden muß. Herr B zeigt im oben zitierten Ausschnitt eigentlich nur Zufriedenheit und kein Glück. Ähnlich ist der Fall bei Frau S.

Frau S

F: Könnten Sie sagen, was für Sie Glück bedeutet?
S: Da weiß ich nichts, nein.
F: Wenn Sie sagen, Sie sind glücklich, dann heißt das doch was.
S: Wenn ich meine Gesundheit erhalten kann, daß ist für mich Glück. Wenn es so bleibt wie's jetzt ist und daß ich niemandem Arbeit mach. Das ist für mich Glück. Wenn ich gesundheitlich so bleib, daß ich mir selber helfen kann und niemand zur Last bin. Das ist mein Glück, jetzt in dem Alter, was ich mir noch wünschen will.

F: Könnten Sie Beispiele sagen für Situationen, in denen Sie in letzter Zeit glücklich waren?
S: Mei, was heißt glücklich! Glücklich war in den Momenten, als der Sohn das alles erreicht hat, und hat seinen Beruf; ich freu' mich, daß die Tochter gut verheiratet ist.
F: Welche Gefühle haben sie dabei, wenn Sie sich glücklich fühlen?
S: Ja volle Zufriedenheit.
F: Es gibt aber doch Situationen, wo man sagt, da war ich glücklich, nicht nur zufrieden.
S: Glücklich war die Zeit meiner Ehe, das muß ich immer wieder sagen, das war eine glückliche Zeit. Wir haben einen Frieden gehabt miteinander und haben uns freuen können über alles. Es war wirklich eine glückliche Zeit. Glücklich und zufrieden. Beides.

Bei Frau S. verschlechtert sich deshalb auch die Glücksselbsteinschätzung vom Beginn des Interviews bis zum Ende ('sehr glücklich' zu 'ziemlich glücklich'), während sich die Zufriedenheitsselbsteinschätzung verbessert. Frau S. merkt wohl im Interview, daß sie Glück über Zufriedenheit definiert. In zwei weiteren Interviews kommt es ebenso zu Veränderungen der Selbsteinschätzung, die durch Reflexionsprozesse während des Interviews erklärbar sind. Bei Frau P. verbessert sich die Glückseinschätzung, nachdem sie ausführlich über die Freude berichtet, wenn sie von der Tochter besucht wird. Bei Herrn N. verbessert sich das Glück, nachdem er sich verdeutlicht, daß es neben den gesundheitlichen Belastungen (Bettlägerigkeit, Schmerzen) auch positive Aspekte gibt. Er hat sich am Anfang als ganz und gar unglücklich bezeichnet.

Herr N

F: Könnten Sie in ein paar Stichworten sagen, was für Sie Glück bedeutet?
N: Ja, daß ich doch noch so beieinander bin, daß ich noch alles verstehe. Bloß hören tu' ich schlecht.
F: Man sagt doch auch, Glück ist mehr als nur Zufriedenheit.
N: Ja mei. Daß ich halt noch meinen Verstand habe. Daß ich soweit gesund bin, daß ich die Schmerzen nicht spüre, daß ich mit den Leuten noch reden kann.
F: Was gibts da noch für Situationen, wo Sie glücklich sind?
N: Ja, da gibts bloß mehr, wenn mein Fuß wieder geht, daß ich laufen kann.
F: Gibt's da noch was?
N: Wenn ich bei der Nacht gut schlafen kann. Oder wenn ich was schönes träum.
F: Wissen Sie das noch in der Früh, was Sie geträumt haben?
N: Ja, ja, schon
F: Was ist das für ein Gefühl, wenn man glücklich ist.
N: Ja, daß man zufrieden ist.
F: Oder wenn Sie daran denken, wenn Besuch da ist, dann sind Sie ja glücklich. Wie ist das?
N: Ja ..., daß eben die anderen noch an einen denken.

Also auch noch in den negativsten Lebenssituationen lassen sich Anlässe für Glückserleben finden, und seien es nur schöne Träume. Dies ist auch eine Bestätigung des transaktionalen Befindensmodells.

■ *Diskussion*

Was die inhaltliche Auswertung betrifft haben sich auch hier die Trends aus den gerontologischen Wohlbefindensstudien bestätigt (vgl. Kap. 2.5). Die Hochbetagten sind nicht generell weniger glücklich als andere Altersstufen. Es gibt in ihrem Leben weniger Freuden, dafür aber mehr Zufriedenheit. Größere Unterschiede ergeben sich allerdings nach der bereichsspezifischen Auswertung. Das Wohlbefinden kann sich also in unterschiedlichen Altersstufen auf unterschiedliche Lebensbereiche stützen. Die Ergebnisse weisen wiederum in Richtung einer multifaktoriellen, differenzierten Wohlbefindenserfassung wie sie hier vertreten wird.

In methodischer Hinsicht haben sich die Vorteile des offeneren Interviewverfahrens deutlich gezeigt. Vielleicht muß man sogar noch ausführlicher nach Belastungen und Wohlbefinden in den einzelnen Lebensbereichen und global fragen (vgl. 4.3.4). Dadurch werden auch Reflexionsprozesse angeregt, die eine validere Wohlbefindenserhebung zulassen. Deshalb ist wohl der globalen Glücks-und Zufriedenheitsselbsteinschätzung am Schluß des Interviews der Vorzug zu geben. Denn im Interview können auch die Differenzierungen der Wohlbefindensvariablen vermittelt werden, und nur so ist eine Vergleichbarkeit der Ergebnisse zu erreichen. Die Probanden müssen durch den Interviewleitfaden Variablen und grobe Definitionen des Wohlbefindens vorgelegt bekommen und darauf ihre Antworten beziehen. Vor allem bei Glück sind sonst die individuellen Definitionen zu heterogen um eine zusammenfassende Auswertung zu erlauben. So soll für die nächste Studie der Interviewleitfaden weiter ausdifferenziert werden.

4.3.4 Offene Interviews mit dem Wohlbefindensleitfaden[4]

In dieser letzten Studie soll nun der ausführliche Wohlbefindensinterviewleitfaden ausprobiert werden, so wie er bereits in Kap. 4.2 vorgestellt und begründet wurde. An einer kleinen Stichprobe junger und älterer Erwachsener soll so ausführliches Material zu den im theoretischen Teil (Kap. 3) entwickelten Wohlbefindensdifferenzierungen erhoben werden.

■ *Fragestellung*

Auch hier sind also wieder inhaltliche und methodische Fragen von Interesse:

1. Lassen sich die theoretischen Differenzierungen (Vier-Faktoren-Ansatz, Bereichsspezifität) im Material sinnvoll anwenden? Gibt es Unterschiede zwischen den Altersgruppen?

---

[4]Ich danke Frau Dr. Ilse Plattner und Frau Dipl.Päd. Hilde Schröppel für ihre Arbeiten bei dieser Studie

2. Bewährt sich im besonderen die Glücksdefinition (State-Trait-Unterscheidung)? Welche Aktivitäten, kognitive Erfahrungen und Strahlungseffekte gibt es beim Glückserleben? Wie hängen die Dimensionen des Lebensglücks zusammen?
3. Bewährt sich das methodische Vorgehen?

■ *Stichprobe*

Im Herbst 1987 wurden 24 Probanden aus den frühen und späteren Erwachsenenalter interviewt. Dabei handelte es sich um 14 StudentInnen zwischen 19 und 32 Jahren (X = 24,4 Jahre; 6 davon weiblich) und 10 ältere Menschen zwischen 58 und 80 Jahren (X = 71,5 Jahre; 9 davon weiblich). Die Stichprobe wurde unsystematisch gewonnen.

■ *Methode*

Es wurden halb- bis einstündige offene, halbstrukturierte Interviews durchgeführt, deren Leitfaden in Kap. 4.2 vorgestellt wurde. Dabei sind auf zwei Ebenen Differenzierungen vorgenommen worden. Die Belastungen und Freuden wurden dreistufig erhoben. Denn in der neueren Belastungsforschung (z.B. Faltermaier, 1987; Nesselroade, 1988) wird heute unterschieden zwischen belastenden Lebensereignissen, chronischen Belastungen und Alltagsbelastungen, eine Differenzierung, die sich auch auf das Wohlbefinden anwenden läßt (positive Lebensereignisse, andauernde positive Lebensbedingungen und Alltagsfreuden). Darüber hinaus wurde auch im methodischen Vorgehen ein mehrstufiges Verfahren probiert: Zunächst wurde nach positiven und negativen Lebensereignissen/-bedingungen ganz offen gefragt, dann wurden für neun Lebensbereiche Zufriedenheitskurven ('life graphs', vgl. Kap. 4.1) erstellt ('Befindenspartitur') und bei Hoch- und Tiefpunkten der Kurven genauer nachgefragt.
Die Gespräche wurden auf Tonband aufgenommen und direkt vom Band nach den Regeln strukturierender qualitativer Inhaltsanalyse (Mayring, 1988a) ausgewertet. Der Kodierleitfaden dazu wurde bereits in Kap. 4.2.2 vorgestellt. An einem Ausschnitt von zehn zufällig ausgewählten Interviews wurden zehn Variablen von zwei Kodierern unabhängig ausgewertet, um die Intercoderreliabilität als Gütemaßstab für exaktes Vorgehen festzustellen. Hier wurden Cohens Kappa als der gebräuchliste zufallsbereinigte Koeffizient und Krippendorffs Alpha als der für die Inhaltsanalyse am weitesten entwickelte Koeffizient berechnet (vgl. Mayring, 1988a).

	Kappa	Alpha
Lebensereignisse, Bewertung	1,00	1,00
Lebensereignisse, Stärkegrad	1,00	1,00
Lebensereignisse, Lebensbereich	1,00	1,00
Lebensereignisse, Aktualität	0,83	0,84
Glück, state, Situation	1,00	1,00
Glück, state, Häufigkeit	1,00	1,00
Glück, state, Stärkegrad	0,58	0,60
Glück, trait, Selbsteinschätzung	1,00	1,00
Glück, trait, positives Lebensgefühl	1,00	1,00
Zufriedenheit, global	1,00	1,00

Insgesamt zeigen diese Werte, daß eine sehr hohe Übereinstimmung zwischen den beiden Auswertern erzielt wurde.

Die Kodierungen wurden dann weiter auch quantitativ (Häufigkeitsanalysen, nonparametrische Zusammehangsanalysen, SPSSX-PC) verarbeitet. Dabei wurden auch für die vier Wohlbefindensvariablen zusammenfassende Indizes gebildet. Beim Index 'Belastungsfreiheit' wurde als 'viel' eingestuft, wer weder belastende Lebensereignisse, noch chronische Belastungen, noch Alltagsbelastungen zeigte. Als 'wenig' wurde eingestuft, wer mindestens zwei stark belastende Lebensereignisse oder chronische Belastungen oder mindestens tägliche Alltagsbelastungen berichtete. Die Zwischenformen wurden als 'etwas belastungsfrei' eingestuft. Ein Index 'Freuden' wurde analog aus den Variablen positive Lebensereignisse, andauernde positive Lebensbedingungen und Alltagsfreuden gebildet. Als zusammenfassender Wert für Zufriedenheit wurde die globale Lebenszufriedenheit verwendet. Für Glück wurde ein zusammenfassender Index aus der Selbsteinschätzung und den drei Lebensglückdimensionen formiert (zur Indexbildung vgl. Besozzi & Zehnpfennig, 1976).

■ *Ergebnisse*

Zunächst zu den vier Wohlbefindensvariablen:

- Die meisten der Probanden können über einschneidende belastende **Lebensereignisse** während des letzten Jahres berichten (nur 21% haben keine Lebensereignisse). Von den insgesamt 35 genannten negativen Lebensereignissen sind 23% stark negativ, sind 34% heute noch wirksam. Die häufigsten Bereiche, in denen belastende Lebensereignisse stattfinden, sind Partnerschaft (20%), Freundeskreis (20%) und Familie (17%), am seltensten in Politik/Gesellschaft (6%), im Bereich Wohnen (3%) und im Bereich Finanzen (3%). Wichtig für die Einschätzung der Belastungsfreiheit waren aber auch die **chronischen Belastungen**. Von den 34 Nennungen sind 38% stark negativ, sind 53% heute noch wirksam. Hier sind die häufigsten Bereiche Gesundheit (18%), Finanzen (15%) und Beruf (15%), am seltensten der Freundeskreis (3%). Ein Großteil der Probanden berichtet darüber hinaus über **alltägliche Belastungen**. Nur 38% haben nie solche Alltagskümmernisse, 38% berichten über wöchentliche, 13% über tägliche, 4% sogar über immerwährende Alltagsbelastungen. Aus diesen Belastungsindikatoren (belastende Lebensereignisse, chronische Belastungen, Alltagsbelastungen) wurde ein Index gebildet, wonach 2 Vpn (8%) als völlig belastungsfrei, 12 Vpn (50%) eher belastungsfrei (= etwas belastet) und 10 Vpn (42%) als nicht belastungsfrei (=stark belastet) eingestuft wurden.

- Es wurden 45 **positive Lebensereignisse** während des letzten Jahres berichtet, 44% davon stark positiv, 38% davon heute noch wirksam. Hier sind die häufigsten Lebensbereiche Freizeit/Urlaub (22%), Beruf (20%) und Finanzen (16%), in der Familie und Politik/Gesellschaft tauchen keine positiven Lebensereignisse auf. Hier einige Beispiele für positive Lebensereignisse:

  Urlaub ("da hat mir mein jüngster Sohn gesagt, wenn ich in Urlaub fahre, zahlt er mir die Hälfte, und da hab ich eine Freundin, die dann sofort alles in die Hand genommen hat und Palma gebucht hat, und da sind wir auch hingeflogen, das war sehr schön")

  Werkvertrag an der Uni ("da hab ich gar nicht damit gerechnet, das hat mich ziemlich begeistert, das weiß ich noch, da war ich ziemlich gut aufgelegt")

  Unerwartete finanzielle Entlastung ("da kam vom Finanzamt was zurück, da gings mir wieder besser, weil das Konto nach einer gewissen Phase des Minus wieder ins Plus gehüpft ist").

  Es werden 56 **andauernde postive Lebensbedingungen** genannt, nur 14% allerdings stark positiv, dafür aber 89% heute aktuell wirksam. Hier werden Freundeskreis (21%) und Wohnbedingungen (20%) häufig genannt, selten dagegen der berufliche (5%) und politisch /gesellschaftliche Bereich (0%). Hier wieder einige Beispiele:

  Neue Freunde ("da sind durch den Sport wieder neue dazugekommen, und das ist für mich eine neue Erfahrung, eine schöne Erfahrung")

  Gute Wohnbedingungen ("die Wohnung hab ich so ausgezeichnet ausgewählt, und Glück gehabt dabei, auch mit Hilfe meiner Tochter, daß ich sehr zufrieden bin mit der Wohnung, und was sie kostet, und vor allem auch mit der Gegend").

Fast alle Probanden (87%) berichten über **Alltagsfreuden** (4% monatlich, 33% wöchentlich, 46% täglich, 4% immer). Aus diesen drei Indikatoren für Freuden wurde wiederum ein Index gebildet, wonach 75% viele Freuden, 25% etwas Freuden und niemandem aus der Stichprobe überhaupt keine Freuden attestiert wurden.

- Insgesamt sind 29% der Vpn mit ihrem Leben global sehr **zufrieden**, 46% eher zufrieden, 4% eher unzufrieden und 4% sehr unzufrieden.

  Abb. 46 zeigt die Medianwerte für die bereichsspezifische Zufriedenheit.

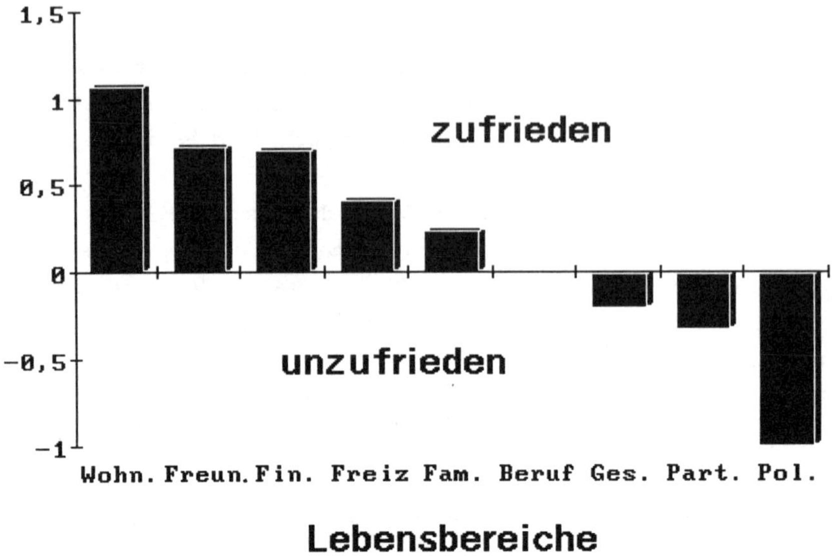

Abb. 46: Bereichsspezifische Zufriedenheit, frühes und spätes Erwachsenenalter (N=24)

Danach stehen der Bereich Wohnen und Freundeskreis an der Spitze der Zufriedenheitswerte, während Gesundheit, Partnerschaft und vor allem Politik/Gesellschaft eher Anlaß zu Unzufriedenheit geben.

- Nun zur **Glücks**auswertung: Beim **aktuellen Glückserleben** (state) konnten nur 4 Vpn (17%) keine solchen Erlebnisse schildern, 33% aber kennen Glückserlebnisse wöchentlich (25%) oder gar täglich (8%). Dabei werden ganz unterschiedliche Erlebnisse genannt, meist aus dem Bereich Freizeit (42%), Freundeskreis (25%), Partnerschaft (15%) oder Beruf (15%), nicht jedoch aus den Bereichen Politik/Gesellschaft, Wohnen, Finanzen und Gesundheit. Beispiele dafür sind:

  Musik hören: "das geht ganz unter die Haut, voll. Vielleicht mal am Beispiel, ich hab mal - ich bin dagesessen, hab die Beine auf'm Tisch gehabt, war alleine und hab' das d-moll-Konzert gehört, und das war so schön, ... daß mir sogar die Tränen in den Augen stehen" (9)

  Freunde: "wenn man einen lieben Besuch bekommt oder einen lieben Anruf bekommt, von dem Menschen, von dem man lange nichts gehört hat" (12)

  Partnerschaft: "ein richtiges Glückserleben ist für mich schon gekoppelt an das Zusammensein mit einem Mann, eigentlich. So ein Aufgehobensein, ein Verständnis, ein Sich-nicht-fremd-fühlen oder Sich-nicht-erklären-müssen und so Sachen" (18).

Aber auch folgende Antworten kamen (Fall 10):

F: Gibt es in Ihrem jetzigen Leben Momente, in denen Sie sich glücklich fühlen?
A: Das ist altersbedingt nicht möglich.
F: Aha, also würden Sie sagen, gibt es nicht.
A: Nein. Nein. Wir haben schön über Glück diskutiert, wobei sich herausstellte, daß ich immer hartnäckig behaupte, daß Glück eine Eintagsfliege ist. Wenn Sie mich fragen würden, ob ich zufrieden bin, **das** träfe die Sache schon besser.
F.: Ja. Also mich würde jetzt auch erstmal interessieren, ob es nur so Glücks**momente** gibt?
A: Nein, die gibt es nicht.
F: Gibt es auch nicht. Weil Sie ja gerade sagen, Glück ist also so eine Eintagsfliege, da hätte es ja sein können, daß Sie vielleicht ab und zu doch so glückliche Momente erleben?
A: Da bin ich wohl zu alt dafür, ehe da das Glück herankommt. Ja, wo kommt's denn her? Nein, es kommt kein's, es ist nichts.

Wenn jedoch Glückserlebnisse genannt werden, dann sind das meistens (87%) starke Glücksgefühle. Zum Teil sind sie auch mit intensiven Aktivitäten verbunden (27%), zum Teil aber sind sie auch eher kontemplativ (67%). Nicht immer (40%) können konkrete Handlungen genannt werden, die mit dem Glückserlebnis verbunden sind. Wenn aber, dann sind es sehr unterschiedliche Aktivitäten:

- Erotisches Beisammensein;
- Besichtigen, Beobachten, Studium der Natur;
- Treffen mit Freunden; Miteinander Reden;
- Komponieren;
- Abgeben einer Seminararbeit;
- Leitung eines Gruppengesprächs;
- Gartenarbeit;
- Lesen;
- Musik hören;
- Schwimmen, Golf spielen;
- Auf den Balkon gehen;
- Jemandem helfen;
- Still dasitzen.

Sehr gut hat sich die Vermutung bestätigt, daß Glückserlebnisse mit abstrakten, "idealen", kognitiven Vorstellungen verbunden sind. **Alle** Probanden, die Glückserlebnisse nannten, konnten über solche kognitive Erfahrungen berichten. Allerdings waren sie wiederum sehr vielfältig:

- Harmonie;
- Einheit;
- Schönheit;
- Erhabenheit;

- Erfolg;
- Kreativität;
- Gemeinschaft;
- Positives Leben, Lebensbejahung, Lebenswelt;
- Geborgenheit;
- Befreit sein;
- Erleichterung;
- Selbstbewußtsein, Selbstvertrauen;
- Kraft, Kraft schöpfen;
- Nachempfinden;
- Verständnis;
- Neue Wahrnehmungen;
- Sicherheit.

Diese verschiedenen Inhalte lassen sich vielleicht auf drei Hauptfaktoren reduzieren:

- **Harmonie** (Einheit, Gemeinschaft, Geborgenheit, Schönheit, Nachempfinden, Verständnis, Sicherheit)
- **Lebenswert** (positives Leben, Lebensbejahung, Selbstbewußtsein, Selbstvertrauen);
- **Gewinn** (Erfolg, Kreativität, Befreiung, Erleichterung, Kraft, Kraft schöpfen, neue Wahrnehmungen).

Auch die Annahme, daß solche Glückserlebnisse einen Strahlungseffekt auf das ganze Leben haben, hat sich bestätigt. Nur 10% sehen keine solche Ausstrahlung, 23% sehen sie etwas und 60% stark.

- Abschließend noch zur Auswertung des biographisch entwickelten **Lebensglücks** (trait) (Abb. 47):

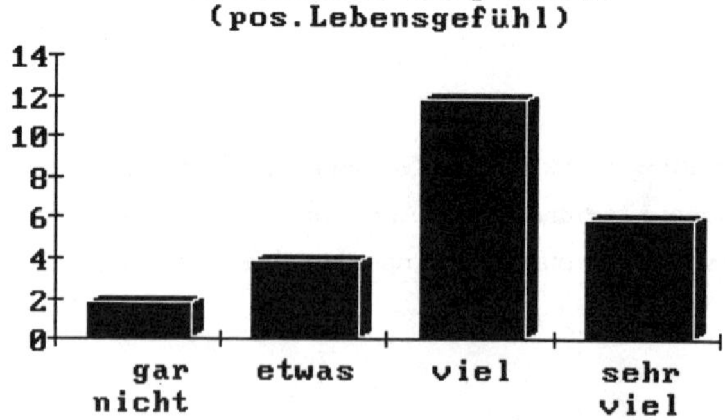

Abb. 47: Komponenten des Lebensglücks (trait), frühes und spätes Erwachsenenalter (N = 24)

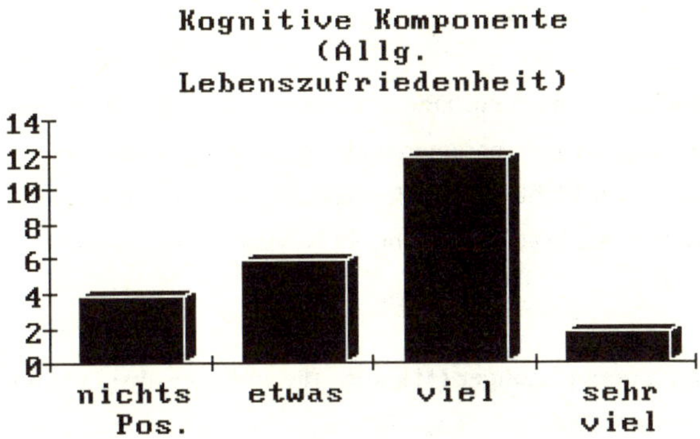

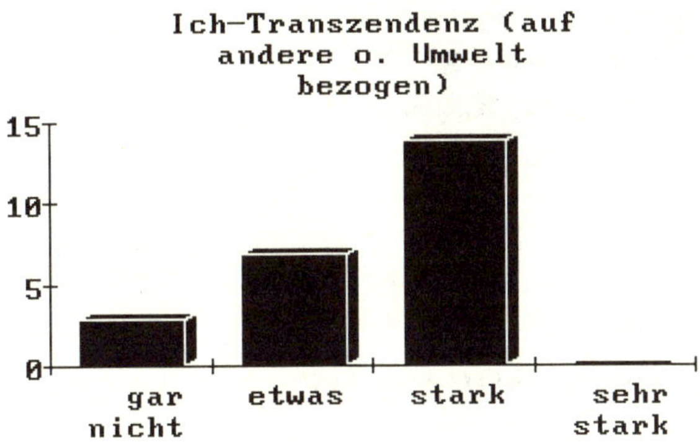

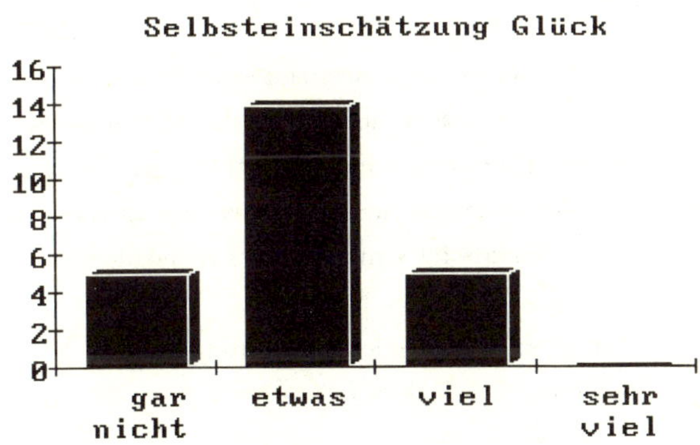

Fortsetzung der Abb. 47: Komponenten des Lebensglücks (trait), frühes und spätes Erwachsenenalter (N = 24)

In allen drei Komponenten überwiegt das Glück, die meisten Spitzenwerte zeigte die emotionale Komponente. Die globale Selbsteinschätzung 'Glück' bringt dann weniger Extremwerte. Hier überwiegen die etwas Glücklichen.

In einem zweiten Auswertungsschritt wurden Probanden aus dem frühen und späten Erwachsenenalter miteinander verglichen (nonparametrischer Mann-Whitney-U-Test, vgl. Siegel, 1976). Bei der großen Zahl von Wohlbefindensindikatoren fanden sich vergleichbar wenige signifikante Altersunterschiede (* signifikant, 5% Niveau; ** sehr signifikant, 1% Niveau):

- positive Lebensereignisse bei Jüngeren häufiger (**), auch die stark positiven (*) und die aktuell positiven (**) Lebensereignisse;
- Alltagsbelastungen bei Jüngeren häufiger (*);
- Zusammenfassender Belastungsindex bei Jüngeren stärker (*);
- Zufriedenheit mit Wohnbedingungen bei Jüngeren mehr (*);
- Zufriedenheit mit Familie bei Jüngeren mehr (*);
- Lebensglück (trait), Selbsteinschätzung bei Jüngeren stärker (*);
- Lebensglück, Ich-Transzendenz bei Älteren stärker (*).

Darüber hinaus wurden auch Geschlechtsunterschiede geprüft. Hier ergeben sich noch weniger Ergebnisse:

- Andauernde positive Lebensbedingungen bei Frauen mehr (*);
- Alltagsfreuden bei Frauen mehr (*);
- Wohnzufriedenheit bei Frauen stärker (**);
- Lebensglück, Ich-Transzendenz bei Frauen mehr (*).

In einen nächsten Schritt wurden Korrelationen der zusammenfassenden Werte (Indizes) für die vier Wohlbefindensvariablen berechnet. Dabei muß wieder darauf hingewiesen werden, daß es sich nicht um eine multivariate Analyse handelt (bei der geringen Probandenzahl, bei höchstens ordinalem Meßniveau und keinen Normalverteilungen verbietet sie sich), sondern um einzelne nonparametrische Signifikanztests (Kendalls τ).

	Glück	Zufriedenheit	Freuden	Belastungsfreiheit
Belastungsfreiheit	- .04 n.s.	+.04 n.s.	- .03 n.s.	----
Freuden	+.23 n.s.	+.02 n.s.	----	
Zufriedenheit	+.19 n.s.	----		
Glück	----			

Kein einziger signifikanter Zusammenhang ergibt sich zwischen den vier Indizes des Wohbefindens. Vor allem die Belastungsfreiheit zeigt sich als ein relativ unabhängiger Faktor. Dies deckt sich wiederum mit der These der relativen Unabhängigkeit positiven und negativen Befindens. Wenn man die einzelnen Wohlbefindensvariablen mit den zusammenfassenden Indizes korreliert, ergibt sich folgendes Bild:

	Belastungs-freiheit	Freude	Zufrie-denheit	Glück
Belastende Lebensereignisse		n.s.	n.s.	n.s.
stark belastend		n.s.	n.s.	n.s.
aktuell belastend		n.s.	n.s.	n.s.
Chronische Belastungen		n.s.	n.s.	- .36 **
stark belastend		- .30 *	- .24 *	- .26 **
aktuell belastend		- .30 *	n.s.	- .29 *
Alltagsbelastungen		n.s.	n.s.	n.s.
Positive Lebensereignisse	- .39 *		n.s.	n.s.
stark positiv	- .39 **		n.s.	n.s.
aktuell positiv	- .27 *		n.s.	n.s.
Andauernde pos. Lebensbedingungen	n.s.		n.s.	+ .48 **
stark positiv	n.s.		n.s.	n.s.
aktuell positiv	n.s.		n.s.	+ .50 **
Alltagsfreuden	n.s.		n.s.	+ .31 *
Zufriedenheit Beruf / Pflichten	n.s.	n.s.		+ .25 *
Wohnen	+ .41 **	n.s.		+ .28 *
Finanzielle Situation	n.s.	n.s.		+ .45 **
Gesundheit	n.s.	n.s.		+ .38 **
Freundeskreis	n.s.	n.s.		n.s.
Familie	+ .60 **	n.s.		n.s.
Freizeit / Urlaub	+ .31 *	n.s.		+ .26 *
Politik / Gesellschaft	n.s.	n.s.		n.s.
Glückserleben (state)	n.s.	+ .56 **	n.s.	
Lebensglück emotionale Komponente	n.s.	n.s.	n.s.	
kognitive Komponente	- .29 *	n.s.	n.s.	
Ich-Transzendenz	n.s.	n.s.	n.s.	
Selbsteinschätzung Glück	n.s.	n.s.	+ .34 *	

Abb. 48: Interkorrelationen der Wohlbefindensvariablen, frühes und spätes Erwachsenenalter (N = 24); Kendalls τ; * = signifikant; ** stark signifikant; n.s. = nicht signifikant

Auch hier ergeben sich wenig Zusammenhänge. Belastungsfreiheit korreliert mit hoher bereichsspezifischer Zufriedenheit (Wohnen, Familie und Freizeit), jedoch mit wenigen positiven Lebensereignissen und einer niedrigen kognitiven Glückskomponente. Wie zu erwarten, ergibt sich ein positiver Zusammenhang zwischen Glückserleben (state) und dem Freudenindex. Mit dem Glücksindex ergeben sich die meisten Korrelationen, aus allen Wohlbefindensbereichen. Unter den einzelnen Wohlbefindensvariablen zeigen die chronischen Belastungen die stärksten Zusammenhänge mit den zusammenfassenden Indizes.

■ *Diskussion*

Insgesamt hat sich also auch in dieser Studie der Vier-Faktoren-Ansatz des Wohlbefindens bewährt. Es werden zwar miteinander zusammenhängende, aber auch voneinander differenzierbare Aspekte untersucht. Wieviel mehr Information über das Befinden des Einzelnen ergibt sich hier im Vergleich zur Ein-Item-Glücksfrage oder einem Skalenwert (vgl. Kap. 4.1)! Diese Wohlbefindensindikatoren machen also nicht nur theoretisch (Kap. 3), sondern auch empirisch Sinn.

Die konkreten Ergebnisse passen zum großen Teil in die bisherigen Ergebnisse der Wohlbefindensforschung (vgl. Kap. 2 und 3.3). Aber auch einige neue Aspekte sind aufgetaucht. So haben sich die Differenzierungen bei Belastungsfreiheit und Freuden (Lebensereignisse, andauernde Lebensbedingungen, Alltag) gut bewährt: Im Freundeskreis gibt es zwar viele belastende Lebensereignisse, aber wenige chronische Belastungen (bei vielen Probanden positive andauernde Lebensbedingungen). Wohnbedingungen und Finanzen werden dagegen als durchweg positiv erlebt. Insgesamt hat sich gezeigt, daß das Leben der Probanden sowohl von Belastungen, als auch von Freuden gekennzeichnet ist. Dabei gab es bei den jüngeren etwas mehr positive Lebensereignisse, aber auch etwas mehr Belastungen.

Auch bei der Zufriedenheitserfassung hat sich das bereichsspezifische Vorgehen bewährt, da doch einige Unterschiede zutage traten (Abb. 46). Auch die Glücksergebnisse haben unsere theoretischen Annahmen gut bestätigt. Die State-trait-Differenzierung hat sich bewährt. Glückserleben kann danach als eine aktive oder kontemplative Erlebnisweise gekennzeichnet werden, die in den unterschiedlichsten Situationen stattfinden und mit den unterschiedlichsten Aktivitäten verbunden sein kann. Im Unterschied zu den vorangegangenen Studien steht hier die soziale Komponente nicht so im Vordergrund. Das mag daran liegen, daß hier im Vergleich zur zweiten Studie eher ältere Studenten (Alter 24,4 vs. 18,9 Jahre im Schnitt) und im Vergleich zur dritten Studie eher jüngere Alte (71,5 vs. 82 Jahre im Schnitt) interviewt wurden. Die Lebenssituation ist hier vielleicht noch offener, reichhaltiger als in mehr problematischen Lebensabschnitten.

Besonders interessant sind die Ergebnisse zu den kognitiven Erfahrungsgehalten der

Glückserlebnisse. Hier konnten die frühen Ergebnisse von Rümke (1924) bestätigt und präzisiert werden. Die drei Hauptkategorien Harmonie, Lebenswert und Gewinn zeigen die wichtige "psychohygienische" Funktion von Glück. Gewinn ist dabei nicht materiell gemeint, sondern als die Öffnung für Neues, Wertvolles (vgl. Hoffmann, 1983), auch als das Gegenteil der im Depressionsgeschehen so wichtigen Verlusterfahrung (vgl. Kap. 3.7). Der Faktor 'Lebenswert' knüpft dabei besonders stark an die neuen psychologischen Untersuchungen zum Lebenssinn an (Nies & Munnichs, 1986; Dittmann-Kohli, 1990).
Bei der Dimension des Lebensglücks (trait) hat sich wieder ein differenzierteres Bild als in der geschlossenen Glückserhebung ergeben. Hier gibt es wieder interessante Altersunterschiede. Die Jüngeren sehen sich zwar selbst glücklicher; nimmt man alle Indikatoren zusammen, dann verschwinden diese Unterschiede aber. Denn die Älteren schneiden bei der Komponente der Ich-Transzendenz besser ab (vor allem Frauen).
Die Interkorrelationen zeigen, daß die vier Wohlbefindensfaktoren klar voneinander abgrenzbare Größen darstellen. Die relativ vielen Korrelationen mit dem Glücksindex passen zu unserem Konzept, in dem Glück eine übergeordnete Wohlbefindenskategorie darstellt. Daß die Korrelationen im Gegensatz zur Fragebogenstudie (Kap. 4.3.2) viel geringer und nicht signifikant sind, weist wohl darauf hin, daß eine differenziertere Erhebung auch differenziertere Ergebnisse nach sich zieht.

An allen Punkten hat sich auch das methodische Vorgehen bewährt. Vor allem am Anfang des Interviews (Belastung, Freuden) zeigt sich, wie schrittweise immer mehr Material zutage gefördert wird: auf die offene Frage nach Belastungen und positiven Lebensereignissen bringt die Diskussion der einzelnen Lebensbereiche anhand der Befindenskurven neues, vorher vergessenes Material. Auch scheint uns der Kompromiß zwischen Selbsteinschätzung (direkte Fragen im Interview) und Fremdeinschätzung (Rating des Materials nach Indikatoren) für die Wohlbefindensforschung sehr zentral.

4.4 Resümee

Die Ergebnisse der empirischen Studien, die in diesem Kapitel vorgestellt wurden, lassen sich gut zusammenfassen, wenn man sie wieder auf die einleitenden fünf Thesen bezieht.

1. **Das Streben der Menschen nach Glück muß ernst genommen werden - gerade heute**

   Gerade unter ungünstigen Lebensbedingungen können Glück und Wohlbefinden inneren Halt geben, vor stärkeren subjektiven Belastungen schützen. Dies hat sich in der Arbeitslosenstudie gezeigt, wie auch bei den Hochbetagten. In beiden Studien handelt es sich um Belastungssituationen, die für viele in der heutigen Zeit unvermeidbar sind. Ein im Lebenslauf entwickeltes und "gepflegtes" Glück hilft, solche Situationen zu überstehen. Wenn man das Glück des Menschen nicht mehr so wichtig nimmt, kann das dann fatale Folgen haben.

2. **Glück ist komplexer, vielschichtiger, als bisher meist angenommen.**

   Die im letzten Kapitel entwickelte multifaktorielle, differenzierte Glückskonzeption konnte in den Studien gut belegt werden. Der Vier-Faktoren-Ansatz (Belastungsfreiheit, Freuden, Glück, Zufriedenheit) konnte vor allem im Schüler/Studenten-Fragebogen und in den Erwachseneninterviews belegt werden (verschiedene Konfigurationen konnten belegt werden). Die bereichsspezifischen Differenzierungen bei Belastungsfreiheit, Freuden und Zufriedenheit haben sich in allen Studien bewährt. So waren bei den Arbeitslosen Freundeskreis und Partnerschaft, für die Schüler und Studenten Freizeit und Leistung und für die Hochbetagten die Familie für das Wohlbefinden besonders wichtig. Die State-trait-Differenzierung bei Glück konnte in der letzten Studie untermauert werden; denn es gab zwar einen positiven, aber nicht signifikanten Zusammenhang zwischen beiden Komponenten. Der Komplexität des Glücksbegriffs muß auch im methodischen Vorgehen Rechnung getragen werden. Alle Studien haben hier auf die Vorteile eines multidimensionalen, offenen, qualitativ orientierten Interviewverfahrens hingewiesen.

3. **Glück ist mehr als nur ein subjektives individuelles Gefühl, es steht immer in einem materiellen, sozialen und gesellschaftlichen Kontext.**

   Das transaktionale Wechselverhältnis zwischen subjektiven Glücksgefühlen und objektiven Lebensbedingungen konnte in der Arbeitslosenstudie gezeigt werden. Hier haben sogar verschlechterte objektive Lebensbedingungen sich positiv auf das Befinden ausgewirkt, indem sie dem Einzelnen vorher nicht wahrgenommene Entlastungsfaktoren zum Bewußtsein gebracht haben. Die Eingebettetheit in die objektiven

Lebensbedingungen und damit in den gesellschaftlichen Kontext hat sich in allen Studien, vor allem bei den bereichsspezifischen Unterschieden gezeigt. Die soziale Komponente trat besonders bei den Arbeitslosen, Schülern und Hochbetagten zutage. Hier waren Freundeskreis/Partnerschaft, Liebesbeziehungen und die Familie entscheidend für das Glückserleben. Die Auffassung vom Glück als normativem Konzept, in dem die reine Ich-Bezogenheit überwunden wird, hat sich in der letzten Studie als besonderes Merkmal älterer Menschen gezeigt.

4. **Die Beschäftigung mit Glück ist ideologieanfällig.**

Der Abwertung und Verdrängung von Glück als ideologischer Tendenz sind wir in der letzten Studie begegnet. Ein 79jähriger Mann (Fall 10) sagte, daß Glücksgefühle für ihn altersbedingt nicht möglich sind ("da bin ich wohl zu alt dafür"). Das heute immer noch negative Altersbild (Alter als Verlust, als Abbau) wird sich hier wohl durchgesetzt haben.

5. **Trotzdem kann man - muß man etwas tun, um ein glücklicheres Leben in dieser Welt zu erreichen.**

In der Hochbetagten-Studie zeigte sich jedoch, daß man solchen ideologischen Tendenzen nicht machtlos ausgeliefert ist. Trotz schwerer gesundheitlicher Einschränkungen, Bettlägerigkeit kann der 93jährige N über Glücksgefühle reden, und seien es nur schöne Träume. Glück hat sich in der letzten Studie als mit Harmonie, Lebenswert und Gewinn verbunden dargestellt und damit als zentrales Sinnkriterium des Lebens erwiesen. So ist das lebenslange Streben nach Glück wohl ein wichtiger Lebenssinn des Menschen.

5. Die Praxisrelevanz der Glücksforschung

Glücksforschung, das ist bisher immer wieder angesprochen worden, besitzt eine hohe Praxisrelevanz. Obwohl der Großteil dessen, was bisher dargestellt und entwickelt wurde, dem Grundlagenbereich zuzuordnen ist, haben sich bisher viele Praxisbezüge ergeben,

- wenn ideologische Wirkungen herausgearbeitet wurden;
- wenn Einflußfaktoren von Glück aufgestellt wurden;
- wenn Glück als zentrales Lebensziel des Menschen konzipiert wurde;
- wenn therapeutische Effekte der Glücksförderung (Depression!) vermutet wurden.

Glücksforschung läßt sich nicht losgelöst von möglichen Anwendungsgebieten betreiben. Die Kategorie Glück ist so universell und so bedeutsam, daß man sofort an die Möglichkeiten der Umsetzung der Forschungsergebnisse denkt. Allerdings ist die Forschungslage hier sehr viel schlechter. So hat Ruut Veenhoven (1988) herausgearbeitet, daß es viele Untersuchungen über Einflußfaktoren auf Glück, aber nur sehr wenig über die Konsequenzen von Glück gibt. Die wenigen Untersuchungen kann sie jedoch derart resümieren, daß bisher keine negativen Wirkungen nachgewiesen wurden. Weder betäubt Glück, noch führt es zu Müßiggang oder Konservatismus, noch schwächt es die engen Sozialbindungen (es wurden jeweils auch Längsschnittuntersuchungen dazu herangezogen). Im Gegenteil, es sind immer wieder positive Konsequenzen eines glücklichen Lebens beschrieben worden.

Die folgenden Punkte lassen sich dabei aus dem hier dargestellten Material ableiten:

- o Eine Stärkung der Psychischen Gesundheit (damit der Gesundheit allgemein);
- o ein aktiverer Bezug zum Leben (besonders wichtig im Alter);
- o eine hohe Bewußtheit, Sensibilität und Offenheit der Realität gegenüber;
- o eine empathischere, soziale Orientierung auf die Mitmenschen;
- o eine integrierende, identitätsstützende Wirkung auf die gesamte Persönlichkeit.

Dabei kann die Glücksforschung auch angeben, wo eine Stärkung des Glückserlebens und Lebensglückes ansetzen kann. Sowohl aus den Definitionsmerkmalen des State-Trait-Konzeptes (Kap. 3.4), als auch aus dem Einflußfaktorenmodell (Kap. 3.6) lassen sich solche Faktoren herausziehen:

- Verstärkung konkreter positiver Emotionen;
- Verstärkung der Sensibilität, Bewußtheit und Offenheit;
- positivere Einschätzungen und Wahrnehmungen;

- Entwicklung abstrakter Idealvorstellungen;
- Steigerung des Selbstwertgefühls;
- Verstärkung der sozialen Aufgeschlossenheit;
- Höhere Spontaneität;
- Höhere Produktivität;
- Stärkung der allgemeinen Lebenszufriedenheit;
- Verbesserung der objektiven Lebensbedingungen (Sozioökonomischer Status, Partnerschaft, Gesundheit);
- Aufdecken von abwegigen Glücksideologien;
- Entwicklung einer extravertierten Persönlichkeit;
- Entwicklung von Zielen und Interessen;
- Erhöhung der Kontrollüberzeugung;
- Finden eines Lebenssinnes;
- Positives Befinden unterstützende Einschätzungsprozesse (günstige Vergleichsmaßstäbe);
- auf Glück gerichtete Handlungen (sozial, aktiv, autotelisch);
- Belastungsbewältigung;
- Stimmungsanhebung.

Dies ist eine Liste der theoretisch möglichen Ansatzpunkte für eine Glücksförderung. Ein zweites Problem ist nun, was davon in welchen Bereichen und auf welche Weise in die Praxis umsetzbar ist. Dies soll nun anhand von drei Bereichen diskutiert werden, der Therapie, der Entwicklungsberatung und der Erziehung.

5.1 Die Problematik von Glückstherapien

Die relative Unabhängigkeit positiver und negativer Befindensfaktoren, ein Axiom der neueren Gesundheitspsychologie, weist klar darauf hin, daß sich therapeutische Bemühungen nicht nur auf die negativen Faktoren beschränken kann. Positives Befinden ist eine Größe für sich, es muß also auch eigenständig gefördert werden (vgl. z.B. Kaiser, 1986). So wurden in letzter Zeit auch einige therapeutische Konzepte entwickelt, die die Förderung des Glückserlebens zum Ziel haben. Hier wird allerdings die Problematik dieser Glückstherapien schnell klar. Man kann vielleicht fünf Konzepte von Glückstherapien unterscheiden, die auch an fünf verschiedenen Ebenen ansetzen.

Kognitive Therapie

In Neuseeland wurde ein kognitives Glückstraining entwickelt (Lichter, Haye & Kammann, 1980), das davon ausgeht, daß es glücksbehindernde Grundüberzeugungen gibt. Diese sollen dem einzelnen fragwürdig gemacht und durch glücksfördernde 'beliefs' ersetzt werden. 15 Grundsätze sind dabei die Basis:

Pro-Glück-Überzeugungen

- o Ich stehe zu meinen Emotionen und Gefühlen.
- o Ich fühle mich gut in meiner Haut.
- o Ich bin bereit für neue Erfahrungen.
- o Ich kann Mißerfolge verkraften ohne mich selber zu verurteilen.
- o Ich fürchte mich nicht davor, unkonventionell zu sein.
- o Ich kann frei handeln aufgrund meiner eigenen Gefühle und Überzeugungen.
- o Ich bin emotional offen und nahe bei einem Menschen.
- o Ich freue mich über die Gegenwart.

Anti-Glück-Überzeugungen

- o Meine Gefühle werden durch die Zustimmung/Ablehnung anderer kontrolliert.
- o Ich halte meine Persönlichkeit für unveränderlich.
- o Ich fühle mich schuldig für Dinge, die ich gesagt oder getan habe.
- o Ich habe Sorgen über die Zukunft oder Ereignisse in der Zukunft.
- o Ich werde ärgerlich über Leute oder Dinge.
- o Ich nörgle an anderen Menschen herum.
- o Ich verlange Gerechtigkeit und Fairness.

In allen acht Sitzungen über vier Wochen werden Anti-Glück-Überzeugungen als irrational "entlarvt" und durch Pro-Glück-Überzeugungen durch Prozesse der Einsicht und des Verstehens ersetzt. Mehrere Therapiekontrollstudien haben die Wirksamkeit auf das Glückserleben bestätigt.

Kognitiv-motivationale Glückstherapie

John P. Houston (1981) geht von einer kognitiven Glücksdefinition aus, die Glück über Zufriedenheit, über das Verhältnis gesetzter und erreichter Ziele faßt. Mit dieser Definition und motivationspsychologischen Überlegungen (Lust-Unlust-Relation) kommt er zu den folgenden therapeutischen Grundsätzen:

- Senkung des Aspirationsniveaus (Wünsche dir nur Dinge, die du auch erreichen kannst! Weniger und geringere Zielvorstellungen! Orientierung nach unten!)
- Selbstdeprivation (Sich selbst unter Mangelbedingungen zu stellen, um den Wert bestimmter Erlebnisse zu steigern; z.B. sich Freunden gegenüber rar machen, um die Sozialbeziehungen dann als wertvoller zu erleben; zwei Wochen kein Fernsehen; eine Zeitlang sparen und dann das Angesparte impulsiv ausgeben; Mahlzeiten ausfallen lassen; alle Zeitschriften abbestellen; usw.)

In diesem Ansatz wird die Homogenisierung des Lebens als Behinderung von Glückserleben gesehen, weil sie den Wert der Aktivitäten und Erlebnisse sinken läßt, weil sie zu wenig neue Wünsche als Basis für Zufriedenheitsgefühle entstehen läßt. Wünsche entstehen aber erst, so Houston (1981), in der Deprivation.

Subjektorientierte Glückstherapie

Einen eng auf das einzelne Subjekt ausgerichteten Ansatz hat M.W. Shelly (1977a, 1977b, 1978) entwickelt. Er bietet in USA Kurse zum Glücklichwerden an. Der Grundgedanke ist dabei, daß jeder eine Reihe von intensiven Lebensexperimenten (Experiments in Living) an sich vollzieht, um die eigenen Strategien und Taktiken zum Glücklichwerden herauszufinden. Es werden 25 jeweils eine Woche laufende Lebensexperimente ausprobiert, deren wesentlichste sind:

- Erhöhung der Zufriedenheit durch Erlangen von Befriedigungen;
- bessere Ressourcennutzung;
- Verhaltensexpansion (Aktivitäten);
- Programmiertes Tagträumen;
- Häufung persönlicher Erfolge;
- Beruhigung, Distanz, Musik, schöne Plätze, Predigten;
- 'Life swap' (Tausch des Lebens mit einem anderen);
- Zielerreichung eines besonders schwierigen Ziels;
- Entwicklung einer Überraschungshaltung (keine Erwartungen).

Diese 'Experiments in Life' beginnen und enden jeweils mit einer Glücksmessung, so daß der Erfolg der einzelnen Maßnahme genau abgeschätzt werden kann, um dann die individuell wirksamen Maßnahmen auswählen zu können.

Meditationsansatz

Auch das Programm der Transzendentalen Meditation wurde als Glücksspender verkauft (Bloomfield & Kory, 1980; Arons & Arons, 1987). Ein neues positives Verhaltens- und Gefühlsmuster werde aufgebaut, positive Anpassung, Fähigkeit zu angenehmen Aktivitäten, sich selbst als Glücksproduzent wahrnehmen, seien Folge der Meditation. Denn jeder Mensch habe ein großes, 'natürliches' Glückspotential in sich, es ist nur versperrt durch Spannungen, Belastungen und Ängste, die meditativ beseitigt werden können. So könne die Transzendentale Meditation "ein neues Zeitalter persönlichen Glücks für den einzelnen und wachsende Erleuchtung für die Menschheit" (Bloomfield & Kory, 1980; S. IV) in die Wege leiten. Durch einen geringen Prozentsatz Meditierender könnten auch gesellschaftliche Verhältnisse verändert werden, um mehr Glück im Sinne von Energie, Intelligenz und Kreativität zuzulassen. Die konkreten Techniken der Meditation sowie die weitere Umsetzung werden jedoch nicht expliziert, ja werden sogar z.T. wie ein Geheimnis gehütet.

Einsichts- und Übungsprogramm

Eine stark theoriegeleitet entwickelte, verhaltenstheoretisch orientierte Glückstherapie hat Michael Fordyce (1977, 1981, 1983) vorgelegt. Eine breite Sammlung bisheriger Ansätze zur Psychologie des Glücks (Fordyce, 1974) hat dabei, von einer breiten Glücksdefinition ausgehend, emotionale, situative, physiologische, aktionale, kognitive und biographische Faktoren des Glücks erbracht. Daraus hat Fordyce 14 Grundsätze ('fundamentals') formuliert:

1. Werde aktiver und halte Dich beschäftigt!
2. Bringe mehr Zeit mit anderen Menschen zu!
3. Sei produktiv durch sinnvolle Arbeit!
4. Sei systematischer und plane die Dinge besser!
5. Höre auf, Dir Sorgen zu machen!
6. Setze niedrigere Ansprüche und Erwartungen!
7. Entwickle ein positives, optimistisches Denken!
8. Orientiere Dich an der Gegenwart!
9. Arbeite an einer gesunden Persönlichkeit (Selbstakzeptanz)!
10. Entwickle eine nach außen gerichtete, soziale Persönlichkeit!
11. Sei Du selbst!
12. Eliminiere negative Gefühle und Probleme!
13. Die engsten Beziehungen sind die wichtigsten!
14. Erkenne, daß Glück wertvoll ist!

Diese Axiome werden genau beschrieben und zunächst in einem "Einsichtsprogramm" erarbeitet. Die Probanden versuchen, die 'fundamentals' zu verstehen und auf ihr eigenes Leben zu beziehen. Darüber hinaus bekommen sie eine Einführung in Definition, Bedeutung und bisherige Literatur zum Thema Glück. In einem zweiten Teil werden konkrete Übungen zu den Grundsätzen durchgeführt. Hier einige Beispiele (jeweils auf die oben genannten 14 'fundamentals' bezogen:

1. Einführen von ein bis zwei zusätzlichen freudebringenden Aktivitäten in den Tageslauf;
2. Einladung organisieren; alte Freundschaften aktivieren;
3. Überdenken von Berufswahl und Karriere;
4. Konkrete Pläne für die nächsten Wochen, Monate und Jahre;
5. Sorgentagebuch zum Nachweis der Unbegründetheit; "thought switching" (Umschalten auf positives Denken durch Einsicht);
6. Analyse der persönlichen Ziele; Versuch der Minimierung;
7. Konzentrationsübungen auf positive Aspekte der Lebensereignisse;
8. Versuch, die laufende Woche zur besten Woche des Lebens zu machen, unabhängig von Vergangenheit und Zukunft;
9. Konzentration auf die positiven Seiten und Akzeptanz der negativen Seiten der eigenen Persönlichkeit; Selbstvertrauen, Selbständigkeit;
10. Mitgliedschaft in interessanten Vereinen; Leute anlächeln und grüßen; neue Leute kennenlernen;
11. Spontaneitätsübungen; Ausdruck der eigenen Gefühle;
12. Bei unbewältigbaren Problemen Aufsuchen professioneller Hilfe; die restlichen negativen Gefühle abschalten;
13. Mit engsten Bezugspersonen mehr Zeit verbringen und Beziehungsprobleme lösen;
14. Mehr nachdenken über Glück; Glück als übergeordnetstes Ziel erkennen.

Diese Übungen werden versucht, möglichst konkret auf die individuellen Lebensbedingungen zu beziehen. In insgesamt 5 Studien (mit rund 500 Vpn) wurde die Effektivität dieses Glücksprogrammes belegt. Auch 1,5 Jahre nach Absolvieren des Programms zeigen die Versuchspersonen signifikant höhere Glückswerte.

Kritische Punkte dieser Therapieansätze

Auch bei theoretisch noch so gut begründeten Ansätzen fallen die problematischen Punkte sofort ins Auge:

- Ebenso einseitig wie die Behandlung eines einzelnen negativen Symptoms sein kann, ist das isolierte "Drehen an der Glücksschraube". Die alleinige Förderung des Glückserlebens ohne alle Lebenszusammenhänge (auch die negativen) des Subjektes einzubeziehen kann gefährlich sein.

- Die Glückstherapieansätze setzen alle an der subjektiven Ebene an und beziehen höchstens noch Sozialbeziehungen mit ein. Die objektiven Lebensbedingungen bleiben unberücksichtigt, was einem transaktionalen Glückskonzept (vgl. Kap. 3.5) widerspricht.
- Auch sind diese Ansätze viel zu wenig auf die ganze Biographie des einzelnen bezogen (Trait-Komponente!); sie sind eher auf das aktuelle Erleben gerichtet (State-Komponente).
- Die Therapiekonzepte sind meist unspezifisch, sie sind nicht auf eine konkrete Ausgangslage des Subjektes oder ein Therapiebedürfnis bezogen.
- Schließlich sind sie in ihrer Wirkung völlig unkontrolliert, auch die Studien von M. Fordyce weisen die Wirksamkeit nicht nach, da sie ein sehr beschränktes Glücksmaß verwenden (vgl. Kap. 4.1) und in Stichprobe und Design zu unkontrolliert vorgehen. So hat S. Tönnies (1988) versucht, die kognitive Komponente dieser Programme (Positives Denken) zu überprüfen. Es stellte sich heraus, daß kein spezifischer Effekt positiver Gedanken nachzuweisen war. Negative Gedanken korrelieren zwar mit Krankheit (wobei die Wirkungsrichtung unklar ist); ein mehr an positiven Gedanken verringert aber nicht unbedingt das negative Denken.

Es zeigt sich also, daß die bisher entwickelten Glückstherapien keine adäquate Umsetzung von Glücksforschung in die Praxis darstellen. Durch ihre Einseitigkeit stellen sie wohl sogar eine große Gefahr dar: sie sind für den einzelnen attraktiv, aber benutzbar für die verschiedensten, auch gegen den einzelnen gerichtete Zwecke.

5.2 Die Relevanz der Glücksforschung für Entwicklungsberatung

Wenn es auch noch keine ausgearbeiteten Konzepte hier gibt, so soll doch gezeigt werden, daß für die Entwicklungsberatung die Glücksforschung eine besondere Relevanz besitzt. Unter Entwicklungsberatung versteht man die "methodisch fundierte Hilfe bei der Vorbereitung entwicklungsbezogener Entscheidungen und beim Aufbau von personalen Entwicklungsorientierungen" (Brandtstädter, 1985, S.1). Sie will aktuelle Entwicklungsprobleme zu bewältigen helfen und für die Zukunft präventiv wirken. Das Konzept der Beratung ist dabei viel offener als das der Therapie. Es werden Vorschläge gemacht, Ratschläge gegeben und neue feste Programme durchgezogen; es wird von den konkreten Bedürfnissen des einzelnen ausgegangen; das Medium ist das offene, möglichst gleichberechtigte Gespräch (vgl. Rogers, 1972; Schwarzer, 1977). Ein solches offenes Konzept der Glücksberatung ist wohl angemessener als eine fixierte Glückstherapie.

Ein moderner Entwicklungsbegriff

Die Relevanz der Glücksforschung für Entwicklungsberatung zeigt sich auch sehr deutlich, wenn man einen modernen Entwicklungsbegriff zugrundelegt (vgl. zum folgenden Ulich, 1986; Montada, 1988). In der ersten Hälfte dieses Jahrhunderts wurde Entwicklung in der Regel als Entfaltungs- und Reifungsprozeß gesehen, der auf ein ideales Ziel gerichtet war (der erwachsene Mensch). Die Nachkriegspsychologie hat dies dann zurückgewiesen als zu einseitig, zu normativ festgelegt, Abweichungen nicht berücksichtigend, zu wenig auf die ganze Lebensspanne bezogen. Man versuchte als Gegenreaktion eine wertneutrale Entwicklungsdefinition: Entwicklung sind alle altersbezogenen intraindividuellen Veränderungen. Dieser Entwicklungsbegriff ist allerdings zu unspezifisch. **Welche** Veränderungen entwicklungsbedeutsam sind und welche nicht, läßt sich nicht mehr bestimmen. Auch ist keine Unterscheidung zwischen Fehlentwicklung und Weiterentwicklung mehr möglich. So wird heute versucht, Entwicklung wieder spezifischer zu definieren. Von der Alltagsbedeutung ausgehend hat D. Ulich (1986, 1987) sechs strukturelle Implikate des Entwicklungsbegriffes herausgearbeitet.

I. Entwicklung impliziert **Dynamik** und Zukunftsbezug, ist also unvereinbar mit der Vorstellung, daß wir uns nicht verändern können.

II. Entwicklung impliziert **Gerichtetheit** auf etwas "Positives", ist also ein wertender Begriff, eine letztlich moralische Kategorie.

III. Entwicklung impliziert normative Erwartungen, die oft mit dem **Lebensalter** gekoppelt sind. Entwicklung ist ohne "Älterwerden" nicht denkbar.

IV. Entwicklung impliziert **Ausgangsbedingungen und Folgen**, wobei die Folgen als relativ stabil angesehen werden.

V. Entwicklung impliziert die Veränderung von **subjektiv bedeutsamen und zentralen** im Vergleich zu peripheren Merkmalen (wie schwierig auch immer die Unterscheidung im Einzelfall sein mag).

VI. Entwicklung impliziert "Identität" oder **"Einheit"** einer Person (und ihrer Lebensgeschichte), schließt also "Kontinuität im Wandel" (Thomae) ein.

Abb. 49: Strukturelle Implikate des Entwicklungsbegriffes (Ulich, 1987, S. 89)

Bei diesen Definitionsmerkmalen fällt sofort auf, wie stark das hier entwickelte Glückskonzept hineinpaßt. Auch Glück impliziert Dynamik und Zukunftsbezug (Zielerreichung), Gerichtetheit auf etwas 'Positives', auch Glück enthält eine relativ stabile Komponente (Trait-Komponente), wird subjektiv als bedeutsam erlebt und impliziert schließlich auch Identität oder Einheit der Person (Betroffenheit der ganzen Persönlichkeit). Man kann daraus ableiten, daß der Aufbau von Lebensglück und Glückserleben besonders entwicklungsrelevant ist.

Kriterien einer Glücks-Entwicklungsberatung

Aus der Psychologie des Glücks lassen sich nun einige Kriterien ableiten, die zentral für Entwicklungsberatung sein könnten. Das Ziel wäre dabei, Glückserleben und Lebensglück im Kontext des individuellen Lebenslaufes zu fördern. Die folgenden Punkte wären dabei wichtig:

o Glück als zentrales Lebensziel (vgl. Bühler, 1969) in der Beratung zu vermitteln, kann eine persönlichkeitsintegrierende Wirkung nach sich ziehen und die Basis für die Bewältigung kritischer Entwicklungsschritte darstellen.

o Eine Beratung zur Bewältigung kritischer Lebensereignisse ist auch für Glücksförderung zentral; denn die Belastungsfreiheit war ja ein Faktor, der in die Glückskonzeption eingegangen ist (vgl. Kap. 3.1). Gerade Krisen und kritische

Übergänge sind in der Entwicklungsberatung ein zentraler Gegenstand (Brandtstädter, 1985; Ulich, 1987; Filipp & Gräser, 1982).

- o Entwicklungsberatung kann auch in besonderem Maße auf eine Verbesserung der objektiven Lebensbedingungen hinwirken. Und dies ist ein zentraler, in den Glückstherapien vernachlässigter Aspekt des Glückserlebens und Lebensglücks.

- o Konfliktberatung, Partner-/ Eheberatung, Elternberatung sind ebenso zentral in der Entwicklungsberatung (z.B. Heil, 1985; Gräser, 1985; Becker & Minsel, 1986). Sie dienen auch der Glücksförderung, da die soziale Ebene in der Glücksdefinition sehr bedeutsam war. Andererseits hilft eine Glücksförderung durch die erhöhte soziale Aufgeschlossenheit bei sozialen Konflikten.

- o Auch die Beratung in der beruflichen Entwicklung (z.B. Hoff, 1985) hängt eng mit dem hier entwickelten Glückskonzept zusammen. Waren doch sowohl Sinnhaftigkeit als auch Produktivität, wie sie auch im Beruf verwirklichbar sein können, Definitionsmerkmale des Glückserlebens.

- o Das Umgehen mit dem Älterwerden, die geroprophylaktische Beratung (Lehr, 1985), wichtiger Aspekt der Entwicklungsberatung, ist ebenso glücksrelevant. Die Glücksförderung kann gerade ein Konzept sein, das dem Defizitmodell des Alterns entgegenwirken könnte (vgl. Mayring, 1987).

Damit sind nun einige Punkte angesprochen, die zeigen sollen, daß die Psychologie des Glücks im Rahmen von Entwicklungsberatung große Praxisrelevanz besitzen kann.

5.3 Die pädagogische Relevanz der Glücksforschung

Das Glück, wie überhaupt alle Emotionen, werden heute in der Erziehung zum großen Teil vernachlässigt. Das liegt einerseits an den bereits beschriebenen vorherrschenden Glücksideologien. Glück wird abgewertet, abgeschoben oder nur in einer sehr restringierten Definition zugelassen. Zum anderen ist unser Erziehungssystem - und das gilt vor allem für die Schule - stark zweckrational organisiert, auf Leistungsmaßstäbe bezogen. Wir werden zur 'emotionalen Dummheit' (Klinkers, 1975) erzogen; alles Emotionale wird in der Schule mit zunehmender Klassenstufe ausgeklammert. Die Überbetonung von Leistungsprinzip und intellektueller Tüchtigkeit und die Mißachtung sozialer Beziehungen im Unterricht sind Gründe dafür (Singer, 1981). Und hier zeigt sich die besondere pädagogische Relevanz der Glücksforschung.

Emotionale Erziehung als pädagogische Aufgabe

Dagegen wird immer wieder betont, wie wichtig der emotionale Aspekt in der Erziehung ist (z.B. Oerter & Weber, 1975; Ipfling, 1976; Macha, 1988). Emotionen sind die Grundlage von Lernen und Entwicklung. Eine positive affektive Erregung ist die Voraussetzung für eine grundsätzliche Umweltzuwendung, die emotionale Stabilität in der Bezugsperson - Kind - Beziehung Voraussetzung für die weitere Entwicklung (Oerter, 1975); das positive emotionale Klima ist eine Grundbedingung für jeden pädagogischen Bezug. Vor allem die moralische Entwicklung muß in besonderer Weise emotional fundiert sein (Weber, 1975), ebenso die Persönlichkeitsentwicklung (Walter, 1976). So wurden in der Pädagogik auch Lernziele für eine weitere Entwicklung des affektiven Bereiches formuliert. Die großen Lernzieltaxonomien enthalten immer auch emotionale Ziele, wenn auch meist auf Interessenentwicklung und Werterziehung bezogen, ohne positive Emotionen selbst als Ziele zu setzen. So enthält die klassische Taxonomie von D.R. Krathwohl, B.S. Bloom und B.B. Masia (vgl. Oerter & Weber, 1975) für den affektiven Bereich fünf Lernziele: Beobachtung (receiving, attending), Beantwortung (responding), Bewertung (valuing), Wertzuordnung (organization) und Wertbestimmtheit (characterization by value). Erst in neuerer Zeit wird wieder eine umfassendere "Bildung der Gefühle" (Montada, 1989) und damit auch des Glücks gefordert (vgl. auch Harnisch, 1983). L. Montada (1989) stellt folgende emotionale Lernziele, von einer kognitiven Emotionstheorie ausgehend, in den Mittelpunkt:

- o Bildung von Gefühlsbegriffen;
- o Klärung von Gefühlen;
- o Nutzung des Informationsgehaltes von Gefühlen zur Selbsterkenntnis und zur Bewußtmachung von Erkenntnissen über die Welt;

- o Aufdecken von Attributionsvoreingenommenheiten bezüglich Gefühlssubjekten (zu starke Zurückführung auf Dispositionen);
- o Aufklärung über Fehler bei Emotionsattributionen (z.B. Stimmungseinfluß);
- o Entscheidung für Gefühle (Verantwortung für eigene Gefühle).

Glück als pädagogische Zielvorstellung

Dieser Katalog ließe sich nun sehr gut mit den Inhalten des hier entwickelten Glückskonzeptes auffüllen. Glück als eine pädagogische Zielvorstellung ist dabei nicht neu. Neben den sich auf die Philosophie der Antike (Eudaimonismus, vgl. Kap. 2.1) berufenden Ansätze war es vor allem J.J. Rousseau, der gefordert hat, daß das Kind auf jeder Entwicklungsstufe glücklich sein solle.

T. Rülker (1971) hat hier die historischen Wandlungen des Glücksbegriffs als pädagogische Kategorie herausgearbeitet. Er beschreibt vier Phasen:

- Die Pädagogik der deutschen Aufklärung (bis Mitte des 19. Jahrhunderts) proklamierte zwar Glück als Erziehungsziel, definierte es aber in das Erwachsenenalter hinein. Glückseligkeit als Folge einer schöpferischen, verändernden Einstellung zur Welt läßt sich durch Erziehung in der Jugend vorbereiten.
- Das preußische Erziehungskonzept hat das Glücksziel kritisiert. Erziehung und Schule brauchen keine Freude zu machen, müssen im Gegenteil beschwerlich sein.
- Die Reformpädagogik (ab Anfang des 20. Jahrhunderts) stellt Glück wieder in den Vordergrund, sieht es aber bereits als in der Jugend verwirklichbar. Auch in der Schule sollen Leben und Glück statt eines starren Erziehungssystems herrschen. Dahinter sieht Rülker einen romantisierenden Kindheitsbegriff.
- Dieser Glücksbegriff konnte sich aber in der Pädagogik nicht durchsetzen. Und nach 1945 wurde nicht an den reformpädagogischen Konzepten angeknüpft, sondern eher Erziehung als Ausbildung definiert.

Dies hat sich wohl in der Phase der Bildungsreform (60er und 70er Jahre) wenig geändert. Denn neue Formulierungen von Glück als Erziehungsziel sind hier nicht zu finden. Nur in der Bewegung der antiautoritären Erziehung taucht das Glück wieder auf. So schreibt der Begründer der berühmten Summerhill-Schule: "Nach meiner Überzeugung besteht das Ziel des Lebens darin, glücklich zu werden" (Neill, 1969, S. 41.). Glück als pädagogische Leitvorstellung wurde aber auch kritisiert (Weber, 1974). Glück sei in der Pädagogik Neill's hedonistisch konzipiert, zu sehr gegenwartsorientiert, der Glaube an spontane Selbstregulation sei zu optimistisch und die Bestrebung, Furcht, Angst und Aggression aus dem Leben zu verbannen sei illusorisch. Diese Einwände treffen jedoch nicht auf ein erweitertes Glücksverständnis zu, wie es hier expliziert wurde. Glück ist danach nicht rein hedonistisch konzipiert, sondern die ganze Persönlichkeit betreffend, eine Transzendenz der Ich-Bezogenheit beinhaltend. Es ist nicht rein gegenwartsorientiert, sondern in seiner State-Komponente produktiv in die Zukunft gerichtet und in seiner Trait-Komponente auf den ganzen Lebenslauf bezogen. Auch muß Glücksförderung nicht in einem Unterbinden negativer Emotionen bestehen. So könnte man sagen, daß Glück in einem erweiterten Verständnis eine zentrale pädagogische Zielvorstellung sein kann und sollte. Die Ansätze zu einer pädagogischen Theorie des Glücks, die P. Schulz-Hageleit (1979) vorgelegt hat, weisen in diese Richtung. In Anlehnung an Erikson differenziert er vier Teildimensionen von Glück, die es im Sinne einer persönlichen und gesellschaftlichen Emanzipation zu verfolgen gilt:

	Glück	vs	**Unglück**
1.	Identität, Sicherheit	vs	Labilität, Angst
2.	Gesundheit, Bedürfnisbefriedigung	vs	Frustration, Krankheit
3.	Solidarität, Engagement	vs	Vereinzelung, Apathie
4.	Arbeit, Sinn	vs	Entfremdung, Sinnlosigkeit

Nun lassen sich auch aus der hier vorgelegten Glückskonzeption Kriterien für eine Erziehung zum Glück ableiten. Der Grundgedanke ist dabei wieder, daß man aus den Bestimmungsmerkmalen und Einflußfaktoren von Glück (vgl. Kap. 3) Erziehungsziele ableitet, deren Umsetzung dann den Einzelnen in die Lage versetzen kann, Glückserleben und Lebensglück zu entwickeln. Also geht es weniger um ein Aufoktroyieren von Glücksgefühlen als vielmehr um ein Schaffen von positiven Voraussetzungen. Ansatzpunkte sind dabei:

- Erziehung zu Sensibilität und Bewußtheit;
- Erziehung zur Offenheit;
- Vermitteln von Grundkategorien wie Schönheit, Harmonie, Frieden, Einheit, Erhabenheit, Tiefe, Freiheit, Sinn, Transzendenz, Unendlichkeit;
- Vermittlung von Selbstwertgefühl;
- Unterstützung der sozialen Entwicklung;
- Vermittlung von Spontaneität und Produktivität;
- Erziehung zum Einsatz für bessere objektive Lebensbedingungen;
- Kritikfähigkeit von Glücksideologien;
- Entwicklung von langfristigen Zielen und Interessen;

- Vermitteln eines Lebenssinnes;
- Entwickeln von glücksbezogenen Handlungen (sozial, aktiv, autotelisch);
- Erziehung zur sinnvollen Bewältigung von Belastungen.

Dies ist eine Reihe von Erziehungszielen, die das Entstehen von Glückserleben und Lebensglück unterstützen können.

6. Zusammenfassung und Schlußbemerkungen

Nun soll noch einmal das ganze Material dieser Arbeit zusammengefaßt und auf die im Eingangskapitel entwickelten fünf Grundthesen bezogen werden.

1. **Das Streben der Menschen nach Glück muß ernst genommen werden - gerade heute.**

   Immer wieder wurde Glück als eine Grundkategorie menschlichen Daseins ausgewiesen. Die Philosophie (Eudaimonismus), die Sprichwörter, die Gerontologie (erfolgreiches Altern), die Psychologie (psychische Gesundheit) haben dies unterstrichen (Kap. 2). Glück wurde als umfassendster, zentralster Wohlbefindensbegriff im 3. Kapitel herausgearbeitet. Es wurde dabei definiert als ein breites, eine emotionale, kognitive und aktionale Ebene beinhaltendes Erleben, das die ganze Persönlichkeit betrifft, lebenslang ausgebaut wird und auch ein Hinausgehen über die eigene Ich-Bezogenheit bedeutet. Glück vermittelt Harmonie mit sich selbst und der Welt, Werthaftigkeit des Lebens und Gewinn neuer Gefühle und Erfahrungen, es kann vor Depressionen schützen. So können auch die Tendenzen, Glück heute nicht mehr so wichtig zu nehmen, fatale Folgen haben.

2. **Glück ist komplexer, vielschichtiger, als bisher meist angenommen.**

   Gerade in der neueren, sozialwissenschaftlichen (auch psychologischen) Forschung wird Glück zu simpel konzipiert. Es wurde hier versucht, eine multifaktorielle, differenzierte Glückskonzeption zu entwickeln, die
   - Glück als einen Wohlbefindensfaktor unter anderen versteht (Vier-Faktoren-Ansatz), neben Belastungsfreiheit, Freude und Zufriedenheit;
   - Glück nicht als rein subjektiven Erlebensbegriff, sondern als eine Individuum-Umwelt-Beziehung versteht (transaktionales Modell);
   - biographisch entwickeltes Lebensglück von situationsspezifischem aktuellem Glückserleben unterscheidet (State-trait-Konzeption);
   - Glück und Wohlbefinden in ein umfassendes, theoretisch und empirisch begründetes Einflußfaktorenmodell einordnet (situative Bedingungen; kognitive, emotionale und aktionale Moderatoren; biographische und gesellschaftliche Voraussetzungen).

Diese Bausteine einer komlexeren Theorie des Glücks wurden auch in kleineren empirischen Studien gut belegt. Hier hat sich auch ein differenzierteres methodisches Vorgehen gut bewährt.

3. **Glück ist mehr als nur ein subjektives individuelles Gefühl, es steht immer in einem materiellen, sozialen und gesellschaftlichen Kontext.**
Die Überwindung eines subjektivistischen Glücksbegriffs, schon von der Philosophie nahegelegt, ist ein Grundgedanke der hier vorgelegten Glückskonzeption. In der Lebensqualitätsforschung hat sich die enge Verwobenheit des subjektiven Glückserlebens mit objektiven Lebensbedingungen gezeigt, was zu einem transaktionalen Glücksbegriff geführt hat. Die Komponente des Lebensglücks (trait) hat darauf verwiesen, daß Glück lebenslang entwickelt wird und nicht allein in der konkreten Situation entsteht. Der Lebensglückfaktor der Ich-Transzendenz zeigt darüber hinaus, daß auch immer eine Öffnung des Menschen für seine Umwelt im Glück begründet ist. Gerade die soziale Komponente (Liebe, Freunde, Familie) konnte in einigen Studien unterstrichen werden. Auf den gesellschaftlichen Kontext weist auch die nächste These.

4. **Die Beschäftigung mit Glück ist ideologieanfällig.**
Die subjektivistische Betonung von individuellem Wohlbefinden, wie sie heute in der New-Age-Bewegung betont wird, zeigt die ideologischen Fallstricke einer Psychologie des Glücks. Aber auch die Gegenposition einer Glücksverleugnung ist ideologiekritisch zu sehen. Hier sind Tendenzen der Abwertung, Privatisierung, Individualisierung, Mystifizierung und Kommerzialisierung von Glück aufgezeigt worden. Eine kritische Theorie des Glücks muß also den historischen und gesellschaftlichen Kontext mitberücksichtigen.

5. **Trotzdem kann man - muß man etwas tun, um ein glücklicheres Leben in dieser Welt zu erreichen.**
Obwohl die christliche Theologie Glück als Gnade, als Geschenk formuliert hat, das der Mensch nicht direkt anstreben oder einklagen kann, wurde gezeigt, daß Glück nicht von alleine kommt. Eine klare, differenzierte Fassung des Glücksbegriffs läßt dann auch - bei aller Vorsicht - die Ableitung von Kriterien zu, wie man Glück anstreben kann. Die Lebensqualitätsforschung, die Glück auch über die Verbesserung objektiver Lebensbedingungen als Aufgabe der Sozialpolitik faßte, hat dies unterstrichen. Aber auch aus den weiteren hier beschriebenen Glückskorrelaten lassen sich Kriterien entwickeln:
- aktiver, produktiver Lebensbezug;
- hohe Bewußtheit, Sensibilität, Offenheit der Realität gegenüber;
- über Ich-Bezogenheit hinausgehende soziale Orientierung auf die Umwelt;
- emotionale, weniger materiell-leistungsbezogene Lebenshaltung;
- Integration der Lebenserfahrungen im Lebenslauf;
- Verbesserung der objektiven Lebensbedingungen.

Damit ist auch klar, daß es hier nicht um eine subjektivistische Glückstherapie gehen darf, sondern um ein erweitertes und vertieftes Verhältnis des Menschen zu sich selbst und seiner materiellen, sozialen und gesellschaftlichen Umwelt.

LITERATUR

Adam, R. (1981). Das Selbst und die Glücksgefühle. Zeitschrift für Psychosomatische Medizin und Psychoanalyse, 27, 301-306.

Adams, D.L. (1971). Correlates of satisfaction among the elderly. The Gerontologist, 11, 64-68.

Adorno, Th.W. u.a. (1969). Der Positivismusstreit in der deutschen Soziologie. Darmstadt: Luchterhand.

Akiskal, H.S. & McKinney, W.T. (1975). Overview of recent research in depression; Integration of ten conceptual models into a comprehensive clinical frame. Archiv of General Psychiatry, 32, 285-305.

Alker, H.A. & Gawin, F. (1978). On the intrapsychic specificity of happiness. Journal of Personality, 46, 311-322.

Allen, B.P. & Potkay, C.R. (1981). On the arbitrary distinction between states and traits. Journal of Personality and Social Pyschology, 41, 916-928.

Allport, G.W. & Odbert, U.S. (1936). Traits names: A psycho-lexical study. Psychological Monographs, 47, 1-171.

Andrews, F.M. & Withey, S.B. (1976). Social indicators of well-being. American's Perception of Life Quality. New York: Plenum.

Angehrn, E. (1985). Der Begriff des Glücks und die Frage der Ethik. Philosph. Jahrbuch, 92, 35-52.

Angst, J. et al. (Hrsg.)(1987). Affektive Psychosen. Berlin: Springer.

Argyle, M. (1987). The psychology of happiness. London: Methuen.

Argyle, M. & Crossland, J. (1987). The dimensions of positive emotion. British Journal of Social Psychology, 26, 127-138.

Aristoteles (1956). Nikomachische Ethik. Werke, Bd. 6. Darmstadt: Wissenschaftliche Buchgesellschaft.

Arons, E. & Arons, A. (1987). The influence of inner state on self-reported long-term happiness. Journal of Humanistic Psychology, 27, 248-270.

Back, K.W. & Bourque, L. (1970). Life graphs: aging and cohort. Journal of Gerontology, 25, 249-255.

Bäumer, R.M. (1983). Das große und das kleine Glück. Bemerkungen zu neueren philosophischen Versuchen über ein altes Thema. Zeitschrift für Literaturwissenschaft und Linguistik, 50, 101-110.

Baldassare, M., Rosenfield, S. & Rook, K. (1984). The types of social relations predicting elderly well-being. Reasearch on Aging, 6, 549-559.

Balmer, H. et al. (1976-1981) (Hrsg.). Die Psychologie des 20. Jahrhunderts. Zürich: Kindler.

Banningerhuber, E. & Rauberkaiser, R. (1989). Die Differenzierung verschiedener Lächeltypen: FACS Codierung und Einschätzungen. Eine Untersuchung zur Eindrucksbildung. Schweizerische Zeitschrift für Psychologie, 48, 21-34.

Barresi, Ch., Ferraro, K.F. & Hobey, L.L. (1983-84). Environmental satisfaction, socialbility and well-being among urban elderly. The International Journal of Aging and Human Development, 18, 277-293.

Bauer, R. (Ed.) (1966). Social indicators. Cambridge: M.I.T.Press.

Bauer, W. (1976). Ackerbau im Paradies. Glücksvorstellungen im Alten und im Neuen China. In C.F.v.Siemens Stiftung (Hrsg.), Was ist Glück? Ein Symposion (S. 171-204). München: dtv.

Baur, P.A. & Okun, M.A. (1983). Stability of life satisfaction in later life. The Gerontologist, 23, 261-265.

Beckenridge, J.S., Zeiss, A.M. & Thompson, L.W. (1978). The life satisfaction course: An intervention for the elderly. In R.F. Munoz (Hrsg.), Depression Prevention (185-196). Washington: Hemisphere.

Becker, P. (1982). Psychologie der seelischen Gesundheit. Bd.1: Theorien, Modelle, Diagnostik. Göttingen: Hogrefe

Becker, P. & Minsel, B. (1985). Psychologie der seelischen Gesundheit. Bd. 2: Persönlichkeitspsychologische Grundlage, Bedingungsanalysen und Förderungsmöglichkeiten. Göttingen: Hogrefe.

Benin, M.H. & Nienstedt, B.L. (1985). Happiness in single- and dual-earner families: The effects of marital happiness, job satisfaction and life cycle. Journal of Marriage and the Family, 47, 975-984.

Besozzi, C. & Zehnpfennig, H. (1976). Methodische Probleme der Index-Bildung. In J. Koolwijk & M. Wieken-Mayser (Hrsg.), Techniken der empirischen Sozialforschung. Band 5: Testen und Messen (S. 9-55). München: Oldenbourg.

Bien, G. (1978). Die Philosophie und die Frage nach dem Glück. In G. Bien (Hrsg.): Die Frage nach dem Glück (S. X.XIX>) Stuttgart: Frommann.

Bloom, M. (1975). Discontent with contentment scales. The Gerontologist, 15, 99.

Bloomfield, H. & Kory, R. (1980). Das Glückspotential. Psychotherapie und Transzendentale Meditation: ein grundlegendes neues Denkmodell. Bielefeld: Kleine.

Bösel, R. (1986). Biopsychologie der Emotionen. Studien zu Aktiviertheit und Emotionalität. Berlin: de Gruyter.

Bösel, R. (1987^2). Physiologische Psychologie. Einführung in die biologischen und physiologischen Grundlagen der Psychologie. Berlin: de Gruyter.

Bollnow, O.F. (1956^3). Das Wesen der Stimmungen. Frankfurt: Klostermann.

Bourque, L.B. & Back, K.W. (1985). Life graphs and life events. In E. Palmore et al. (Eds.), Normal Aging III (pp. 282-290). Durham: Duke University Press.

Bradburn, N.M. (1969). The structure of psychological well-being. Chicago: Aldine.

Bradburn, N.M. & Caplovitz, D. (1965). Reports on happiness. A pilot study of havior related to mental health. Chicago: Aldine.

Brandtstädter, J. (1985). Entwicklungsberatung unter dem Aspekt der Lebensspanne: Zum Aufbau eines entwicklungspsychologischen Anwendungskonzeptes. In J. Brandtstädter & H. Gräser (Hrsg.), Entwicklungsberatung unter dem Aspekt der Lebensspanne (S. 1-15). Göttingen: Hogrefe.

Brickman, P., Coates, D. & Janoff-Bulman, R. (1978). Lottery winners and accident victims: Is happiness relative? Journal of Personality and Social Psychology, 36, 917-927.

Brockhaus Enzyklopädie (1986 ff). Mannheim: Brockhaus

Brüderl, L. (Hrsg.) (1988). Theorien und Methoden der Bewältigungsforschung. München: Juventa.

Bruggemann, A., Großkurt, P. & Ulich, E. (1975). Arbeitszufriedenheit. Huber: Bern.

Bryant, F.B. & Veroff, J. (1982). The structure of psychological well being. A sociohistorical analysis. Journal of Personality and Social Psychology, 43, 653-673.

Buck, R. (1984). Neurochemical mechanisms of emotion and emotional expression. In R. Buck, The communication of emotion (pp. 68-118). New York: Guilford.

Bühler, Ch. (1969). Wenn das Leben gelingen soll. Psychologische Studien über Lebenserwartung und Lebensereignisse. München: Droemer Knaur.

Bühler, Ch. (1971). Vorstellungen vom Glück in unterschiedlichen Altersgruppen in den Vereinigten Staaten. In K. Kundler (Hrsg), Anatomie des Glücks (S. 99-117). Köln: Kiepenheuer.

Butt, D.S. & Beiser, M. (1987). Successful aging: A theme for international psychology. Psychology and Aging, 2, 87-94.

Cameron, P. (1975). Mood as an indicant of happines: Age, sex, social class, and situational differences. Journal of Gerontoloy, 30, 216-224.

Campbell, A. (1976). Subjective measures of well-being. American Psychologist, 2, 117-124.

Campbell, A. (1981). The Sense of Well-being in America. Recent Patterns and Trends. New York: McGraw-Hill.

Campbell, A., Converse, P.E. & Rodgers, W.L. (1976). The Quality of American Life. Perceptions, Evaluations, and Satisfactions. New York: Russell Sage Foundation.

Cantril, H. (1965). The Patterns of Human Concerns. New Brundwick, N.J.: Rutgers University Press.

Carlson, E.R. (1966). The affective tone of psychology. Journal of General Psychology, 75, 65-78.

Carlson, M., Charlin, V. & Miller, N. (1988). Positive Mood and helping behavior: A test of six hypotheses. Journal of Personality and Social Psychology, 55, 211-229.

Carstensen, L.L. & Cone, J.D. (1983). Social desirability and the measurement of psychological well-being in elderly persons. Journal of Gerontology, 38, 713-715.

Chaplin, W.F., John, O.P. & Goldberg, L.R. (1988). Conceptions of states and traits - Dimensional attributes with ideals as prototypes. Journal of Personality and Social Psychology, 54, 541-557.

Chassein, B., Levine, S., Treu, G., Schwarz, N. & Strack, F. (1986). Glück und Zufriedenheit in Alltagstheorien: ein interkultureller Vergleich. Heidelberg: 35. Kongreß der DGfP, Poster.

Chekola, M.G. (1975). The concept of happiness. Michigan: University, Doctoral dissertation.

Clark, M. & Anderson, B.G. (1967). Culture and aging: An anthropological study of older Americans. Springfield, Ill.: Thomas.

Costa, P.T. McCrae, R.R. (1980). Influence of extraversion and neuroticism on subjective well-being: Happy and unhappy people. Journal of Personality and Social Psychology, 38, 668-678.

Costa, P.T. & McCrae, R.R. (1984). Personality as a lifelong determinant of well-being. In C.Z. Malatesta & C.E. Jzard (Eds.), Emotions in Adult Development (pp. 141-157). Beverly Hills: Sage.

Costa, P.T., McCrae, R.R. & Zonderman, A. (1987). Environmental and dispositional influences on well-being. Longitudinal follow-up of an American national sample. The British Journal of Psychology, 78, 299-307.

Creel, R.E. (1983). Eudology: The science of happiness. New Ideas in Psychology, 1, 303-312.

Csikszentmihalyi, M. (1983). A "Columbus fallacy". New Ideas in Psychology, 1, 313-314.

Csikszentmihalyi, M. (1985). Das Flow-Erlebnis: Jenseits von Angst und Langweile: im Tun aufgehen. Stuttgart: Klett-Cotta.

Demling, L. (1986). Gute Laune. Fortschritte der Medizin, 104, 64-65 und 70-72.

Deutsch, H. (1927). Über Zufriedenheit, Glück und Ekstase. Zeitschrift für Psychoanalyse, 13, 410-419.

Diener, E. (1984). Subjective well-being. Psychological Bulletin, 95, 542-575.

Diener, E. & Emmons, R.A. (1984). The independence of positive and negative affect. Journal of Personality and Social Psychology, 47, 1105-1117.

Diener, E., Larsen, R.J., Levine, S. & Emmons, R.A. (1985). Frequency and intensity: The underlying dimensions of positive and negative affect. Journal Personality and Social Psychology, 48, 1253-1265.

Duncan, O.D. (1975). Does money buy satisfaction? Social Indicaters Research, 2, 267-274.

Dittmann-Kohli, F. (1990). Sinngebung im Alter. In Ph. Mayring & W. Saup (Hrsg.), Entwicklungsprozesse im Alter. Stuttgart: Kohlhammer.

Easterlin, R. (1973). Does money buy happiness? The Public Interest, 30, 3-10.

Eichelberger, U. (1986). Zitatenlexikon. Leipzig: Bibliographisches Institut.

Ekman, P. (1980). The face of man. New York: Garland.

Ekman, P. (1988). Gesichtsausdruck und Gefühl. Paderborn: Jungfermann.

Ekman, P. & Friesen, W.V. (1978). Facial action coding system. Palo Alto, Cal.: Consulting Psychologist Press.

Ekman, P., Friesen, W.V. & Ellsworth, P. (1974). Gesichtssprache: Wege zur Objektivierung menschlicher Emotionen. Wien: Böhlau

Ekman, P., Friesen, W.V. & Sullivan, M. (1988). Smiles when lying. Journal of Personality and Social Psychology 54, 414-420.

Ekman, P. & Friesen, W.V. (1978). Facial action coding system. Palo Alto, Cal.: Consulting Psychologist Press.

Erlemeier, N. (1980). Die Unzufriedenheit mit der 'Lebenszufriedenheit im Alter'. Archiv für Wissenschaft und Praxis der sozialen Arbeit, 11, 310-321.

Euler, H.A. & Mandl, H. (Hrsg.) (1983). Emotionspsychologie: Ein Handbuch in Schlüsselbegriffen. München: Urban & Schwarzenberg.

Ewert, O. (1982). Ergebnisse und Probleme der Emotionsforschung. In H. Thomae (Hrsg.), Motivation und Emotion, Bd.1, (S. 398-452). Göttingen: Hogrefe.

Faltermaier, T. (1987). Lebensereignisse und Alltag. Konzeption einer lebensweltlichen Forschungsperspektive und eine qualitative Studie über Belastungen und Bewältigungsstile von jungen Krankenschwestern. München: Profil.

Felton, B.J. & Shaver, P.H. (1984). Cohort variations in adult's reported feelings. In C.Z. Malatesta & C.E. Izard (Eds.), Emotions in adult development (pp. 103-123). Beverly Hills: Sage.

Filipp, S.-H. & Gräser, H. (1982). Psychologische Prävention im Umfeld kritischer Lebensereignisse. In J. Brandtstädter & A.v. Eye (Hrsg.) Psychologische Prävention (S. 155-196). Bern: Huber.

Fordyce, M.W. (1974). Human happiness: The findings of psychological research. Fort Myers: Edison Community College.

Fordyce, M.W. (1977). Development of a program to increase personal happiness. Journal of Counseling Psychology, 24, 511-520.

Fordyce, M.W. (1981). The psychology of happiness. A brief-version of the 14 fundamentals. Fort Myers: Cypress Lake Media.

Fordyce, M.W. (1983). A program to increase happiness: Further studies. Journal of Counceling Psychology, 30, 483-498.

Fordyce, M.W. (1985). The psychap inventory; A multiscale test to measure happines and it's concomitants. Social Indicators Research, 18, 1-33.

Freedman, J. (1978). Happy people: What happiness is, who has it and why. New York: Harcourt.

Freud, S. (1968[4]). Das Unbehagen in der Kultur. Gesammelte Werke, Bd. 14. (Org. 1929). Frankfurt: Fischer.

Freud, S. (1969[6]). Massenpsychologie und Ich-Analyse. Gesammelte Werke, Bd. 13. (Org. 1921). Frankfurt: Fischer.

Freund, M. (1984). Läßt sich das Glück er-fragen? Psychologie Heute, 12, 26-29.

Freund, M. (1985). Toward a critical theory of happiness: Philosophical background and methodological significance. New Ideas in Psychology, 3, 3-12.

Fridhandler, B.M. (1986). Conceptual note on state, trait, and the state-trait-distinction. Journal of Personality and Social Psychology, 50, 169-174.

Fritz, G. (1984). Menschliches Glück als Anliegen marxistischer und christlicher Ethik: Ein Plädoyer für die Weiterführung des Dialogs zwischen Christen und Marxisten. Frankfurt: Lang.

Fromm, E. (1947). Man for himself. An inquiry into the psychology of ethics. New York: Rinehart.

Fromm, E. (1976). Haben oder Sein. Die Seelischen Grundlagen einer neuen Gesellschaft. Stuttgart: Deutsche Verlagsanstalt.

Fürstenberg, F. (1971). Soziale Muster der Realisierung von Glückserwartungen. In K. Kundler (Hrsg.), Anatomie des Glücks (S. 58-70). Köln: Kiepenheuer.

George, L.K. (1981). Subjective well-being: Conceptual and methodological issues. Annual Review of Gerontology and Geriatrics, 2, 345-382.

George, L.K. & Bearon L. (1980). Quality of life in older people: Meaning and measurement. New York: Humanity Sciences Press.

George, L.K. & Landerman, R. (1984). Health and subjective well-being: A replicated secondary data analysis. International Journal of Aging Human Development, 19, 133-156.

Gerhards, J. (1988). Soziologie der Emotionen. Fragestellungen, Systematik und Perspektiven. München: Juventa.

Glatzer, W. (1984). Zufriedenheitsunterschiede zwischen Lebensbereichen. In W. Glatzer & W. Zapf (Hrsg.), Lebensqualität in der Bundesrepublik (S. 192-205). Frankfurt: Campus.

Glatzer, W. & Volkert, M. (1980). Lebensbedingungen und Lebensqualität alter Menschen. Zeitschrift für Gerontologie, 13, 247-260.

Glatzer, W. & Zapf, W. (1984). Lebensqualität in der Bundesrepublik - objektive Lebensbedingungen und subjektives Wohlbefinden. Frankfurt: Campus.

Gosling, J.C. & Taylor, C.C. (1982). The Greeks on Pleasure. Oxford: Clarendon Press.

Gotlib, I.H. & Meyer, J.P. (1986). Factor analysis of the multiple affect adjective checklist: A separation of positive and negative affect. Journal of Personality and Social Psychology, 50, 1161-1165.

Gottschaldt, K., Lersch, Ph., Sander, F. & Thomae, H. (Hrsg.) (1966-1983). Handbuch der Psychologie. Göttingen: Hogrefe.

Gräser, H. (1985). Ansatzpunkte für Entwicklungsberatung in Eltern-Kind-Beziehungen. In J. Brandtstädter & H. Gräser (Hrsg.), Entwicklungsberatung unter dem Aspekt der Lebensspanne (S. 118-132). Göttingen: Hogrefe.

Greshake, G. (1983). Gottes Heil - Glück des Menschen. Freiburg: Herder.

Grimm, J. & Grimm, W. (1854/1958). Deutsches Wörterbuch, Band 4, 5. Teil. Leipzig: Hirzel.

Grob, A., Lüthi, R. & Flammer, A. (1986). Neues Instrument zur Erfassung der Zufriedenheit. Poster. In M. Amelang (Hrsg.), Bericht über den 35. Kongreß der DGfP in Heidelberg, Band 1. (S. 242) Göttingen: Hogrefe.

Grotjahn, M. (1971). Humor, Glück und Aufbau der Persönlichkeit. In K. Kundler (Hrsg.), Anatomie des Glücks (S. 127-135). Köln: Kiepenheuer.

Gumpert, M. (1952). Die Kunst glücklich zu sei. Bern: Scherz.

Gurin, G., Veroff, J. & Feld, S. (1960). American view Tteir mental health. New York: Basic Books.

Habermas, J. (1977). Erkenntnis und Interesse. Frankfurt: Suhrkamp.

Häfner, H. (1987) Determinanten psychischer Gesundheit und Krankheit. In M. Amelang (Hrsg.), Bericht über den 35. Kongreß der Deutschen Gesellschaft für Psychologie in Heidelberg 1986, Bd. 2 (S. 375-385). Göttingen: Hogrefe.

Hallaq, J.H. (1977). Scaling and factor analyzing peak eyperiences. Journal of Clinical Psychology, 33, 77-82.

Handke, P. (1972). Wunschloses Unglück. Erzählung. Frankfurt: Suhrkamp.

Harnisch, G. (1983). Erziehung der Gefühle. Mit Unterrichtsbeispielen. Essen: Neue Deutsche Schule.

Harry, J. (1976). Evolving sources of happiness for men over the life cycle: A structural analysis. Journal of Marriage and the Familiy, 38, 289-296.

Hart, H. (1940). Chart for Happiness. New York: McMillian.

Hartmann, G.W. (1934). Personality traits associated with variations in happiness. Journal of Abnormal Social Psychology, 29, 202-212.

Hautzinger, M. (1983). Kognitive Veränderungen als Folge, nicht als Ursache von Depression. Zeitschrift für personzentrierte Psychologie und Psychotherapie, 2, 377-387.

Heil, F.E. (1985). Partnerschaftsberatung unter Entwicklungsaspekten. In J. Brandstädter & H. Gräser (Hrsg.), Entwicklungsberatung unter dem Aspekt der Lebensspanne (S. 103-117). Göttingen: Hogrefe.

Hellmann, K.E. (1930). Die Psychologie des Glücks. Wien: Lanyi.

Helmes, G. (1983). Das Glück des einzelnen in der kollektiven Krise. Zur 'Frage nach dem Glück' in Sachbüchern der 70er Jahre. Zeitschrift für Literaturwissenschaft und Linguistik, 50, 110-127.

Herzog, A. & Rodgers, W. (1981). The structure of subjective well-being in different age groups. Journal of Gerontology, 36, 472-479.

Himmelfarb, S. & Murrell, S.A. (1983). Reliability and validity of five mental health scales in older persons. Journal of Gerontology, 38, 33-335.

Höffe, O. (1978). Zur Theorie des Glücks im klassischen Utilitarismus. In G. Bien (Hrsg.), Die Frage nach dem Glück (S. 147-169). Stuttgart: Frommann

Hoff, E.-H. (1985). Berufliche Entwicklung und Entwicklungsberatung. In J. Brandstädter & H. Gräser (Hrsg.), Entwicklungsberatung unter dem Aspekt der Lebensspanne (S. 133-149). Göttingen: Hogrefe.

Hoffmann, R. (1981). Zur Psychologie des Glücks: eine empirische Untersuchung. München: Universität, Dissertation.

Hoffmann, R. (1984). Erleben von Glück - eine empirische Untersuchung. Psychologische Beiträge, 26, 516-532.

Holahan, C.K. (1988). Relation of life goals at age 70 to activity partizipation and health and psychological well-being among Terman's gifted men an women. Psychology and Aging, 3, 286-291.

Holzkamp, K. (1983). Grundlegung der Psychologie. Frankfurt: Campus.

Hopson, J.L. (1988). Endorphine: Stimmungsmacher und Schmerzkiller. Psychologie heute, 15, 36-41.

Houston, J.G. (1981). The pursuit of happiness. Glenview: Scott.

Huber, S. (1983). Zum psychologischen Konstrukt der Zufriedenheit. Meßansätze und Modellanalyse. Mannheim: Universität, Dissertation.

Hüching, H.-H. (1971). Eine "Theorie des Glücks?" oder: "Zweckfreies, schöpferisches Spiel - könnte das heute Evangelium sein?". Werkhefte. Zeitschrift für Probleme der Gesellschaft und des Katholizismus, 25, 248-252.

Hunsberger, B. (1985). Religion, age, life satisfaction, and perceived sources of religionsness: A study of older persons. Journal of Gerontology, 40, 615-620.

Ipfling, H.-J. (1976). Die emotionale Dimension in Unterricht und Erziehung. München: Ehrenwirth.

Jahoda, M. (1958). Current concepts of positive mental health. New York: Basic Books.

Jones, H.M. (1953). The Pursuit of happiness. Cambridge, Mass.: Harvard University Press.

Jung, H. (Hrsg.) (1983). Über das Glück. Literatur-Almanach. Salzburg: Residenz.

Kaiser, P. (1986). Glück und Gesundheit durch Psychologie? Konzepte, Entwürfe, Utopien. Weinheim: Psychologie Verlags Union.

Kamlah, W. (1972). Philosophische Anthropologie: Sprachliche Grundlegung und Ethik. Mannheim: Bibl. Inst.

Kammann, R. & Flett, R. (1983). Affectometer 2: A scale to measure current level of general happiness. Australian Journal of Psychology, 35, 259-265.

Kehl,M. (1988). New Age oder Neuer Bund? Mainz: Mathias-Grunewald.

Keuchel, J. (1983). Theorien zum Alternsprozeß. In W.D. Oswald & U.M. Fleischmann (Hrsg.), Gerontopsychologie (S. 23-48). Stuttgart: Kohlhammer.

Keupp, H. (1988). Gemeindepsychologie. In R. Assanger & G. Wenninger (Hrsg.), Handwörterbuch der Psychologie. Weinheim: Beltz.

Kieselbach, Th. & Wacker, A. (Hrsg.)(1985). Individuelle und gesellschaftliche Kosten der Massenarbeitslosigkeit. Psychologische Theorie und Praxis. Weinheim: Beltz.

Kleinginna, P.R. & Kleinginna, A.M. (1981). A categorized list of emotion definitions, with suggestions for a consensual definition. Motivation and Emotion, 5, 345-379.

Klinkers, J. (1975). Das Verhältnis von Emotion und Kognition in psychoanalytischer Sicht. In R. Oerter & E. Weber (Hrsg.), Der Aspekt des Emotionalen in Unterricht und Erziehung (S. 129-149). Donauwörth: Auer.

Kluge, F. (1975^{21}). Etymologisches Wörterbuch der deutschen Sprache. Berlin: de Gruyter (1.Aufl. 1883).

Koenig, H.G., Kvale, J.N. & Ferrel, C. (1988). Religion and well-being in later life. The Gerontologist, 28, 18-28.

Koppenhöfer, E. & Lutz, R. (1983). Depression und Genuß. In R. Lutz (Hrsg.), Genuß und Genießen. Weinheim: Beltz.

Kozma, A. & Stones, M.J. (1980). The measurement of happiness: Development of the Memorial University of Newfoundland Scale of Happiness (MUNSH). Journal of Gerontology, 35, 906-912.

Kozma, A. & Stones, M.J. (1983). Re-Validation of the Memorial University of Newfoundland Scale of Happiness. Canadian Journal on Aging, 2, 27-29.

Kozma, A. & Stones, M.J. (1987). Social desirability in measures of subjective well-being - A systematic evaluation. Journal of Gerontology, 42, 56-59.

Kozma, A. & Stones, M.J. (1988) Social desirability in measures of subjective well-being: Age comparisons. Social Indicators Research, 20, 1-14.

Krathwohl, D.R., Bloom, B.S. & Masia, B.B. (1976). Lernzieltaxonomie für den affektiven Bereich. In H.-J. Ipfling (Hrsg.), Die emotionale Dimension in Unterricht und Erziehung. München: Ehrenwirt.

Krause, N. (1987). Chronic financial strain, social support, and despressive symptons among older adults. Psychology and Aging, 2, 185-192.

Kretch, D. & Crutchfield, R.S. u.a. (1985). Grundlagen der Psychologie. Weinheim: Beltz (Orig. 1969).

Kreuzer, H. (1981). Neue Subjektivität. Zur Literatur der 70er Jahre in der BRD. In M. Durzak (Hrsg.), Deutsche Gegenwartsliteratur (S. 77-106). Stuttgart: Reclam.

Kreuzer, H. (1983). Vom Glück und Unglück "auf den Flügeln der Wörter". Zur Einführung in dieses Heft. Zeitschrift für Literaturwissenschaft und Lingustik, 50, 7-15.

Kruse, O. (1985). Emotionsdynamik und Psychotherapie. Weinheim: Beltz.

Kuhs, H. & Tölle, R. (1987). Symptomatik der affektiven Psychosen (Melancholien und Manien). In J. Angst et al. (Hrsg.) Affektive Psychosen (S. 69-113). Berlin: Springer.

Kuttner, B., Faushel, D., Togo, A. & Langner, T.S. (1956). Five hundred over sixty. New York: Russell Sage Foundation.

Langer, J. (1985). Das persönliche Gespräch als Weg in der psychologischen Forschung. Zeitschrift für personenzentrierte Psychologie und Psychotherapie, 4, 447-457.

Larsen, R.L. & Diener, E. (1987). Affect intensity as an individual difference charakteristic: A review. Journal of Research in Personality, 21, 1-39.

Larsen, R.J., Diener, E. & Emmons, R.A. (1986). Affect intensity and reactions to daily life events. Journal of Personality and Social Psychology, 51, 803-814.

Larson, R. (1978). Thirty years of research on the subjective well-being of older Americans. Journal of Gerontology, 33, 109-125.

Laux, L., Glanzmann, P., Schaffer, P. & Spielberger, C.D. (1981). Das state-trait-Angstinventar. Theoretische Grundlagen und Handlungsanweisungen. Weinheim: Beltz.

Lawton, G. (1947). Happiness in old age. Mental Hygiene, 27, 231-237.

Lawton, M.P. & Nahemow, L. (1973). Ecology and the aging process. In C. Eisdorfer & M.P. Dawton (Eds.), The psychology of adult development and aging (pp. 619-674). Washington: APA.

Lawton, M.P. (1980). Environment and aging. Monterey, Calif.: Brodes/Cole.

Lawton, M.P. (1982). The well-being and mental health of the aged. In T. Field et al. (Eds.), Review of human development (pp. 614-628). New York: Wiley-Interscience.

Lawton, M.P. (1983). Environment and other factors of well-being in the aged. Gerontologist, 23, 349-357.

Lawton, M.P. (1984). The varieties of well-being. In C.Z. Malatesta & C.E. Jzard (Eds.), Emotions in adult development (pp. 67-84) Beverly Hills: Sage.

Lazarus, R.S. & Folkman, S. (1984). Stress, Appraisal, and coping. New York: Springer.

Lazarus, R.S. & Launier, R. (1981). Streßbezogene Transaktionen zwischen Person und Umwelt. In J.R. Nitsch (Hrsg.), Stress (S. 213-260). Bern: Huber

Lehr, U. (1971). Vorstellungen vom Glück in verschiedenen Lebensaltern. In K. Kundler (Hrsg.), Anatomie des Glücks (S. 86-98). Köln: Kiepenheuer.

Lehr, U. (1985). Erfolgreiches Altwerden als Thema von Entwicklungsberatung. In J. Brandtstädter & H. Gräser (Hrsg.), Entwicklungsberatung unter dem Aspekt der Lebensspanne (S. 150-173). Göttingen: Hogrefe.

Lersch, Ph. (1970[11]). Aufbau der Person. München: Barth (Original 1938).

Lewinsohn, P.M. & Amenson, C.S. (1978). Some relations between pleasant and unpleasant mood-related events and depression. Journal of Abnormal Psychology, 87, 644-654.

Liang, J. (1985). A structural integration of the affect balance scale and the Life Satisfaction Index A. Journal of Gerontology, 40, 552-561.

Lichter, S., Haye, K. & Kammann, R. (1980). Increasing happiness through cognitve retraining. New Zealand Psychologist, 9, 57-64.

Lindauer, M.S. (1968). Pleasant and unpleasant emotions in literature: A comparison with the affective tone of psychology. Journal of Psychology, 70, 55-67.

Lindemann, E. (1985). Seelische Gesundheit - eine dynamische Interpretation. In E. Lindemann, Jenseits von Trauer (S. 71-80). Göttingen: Verlag für Medizinische Psychologie.

Lohmann, N. (1980). Life satisfaction research in aging: Implications for policy development. In N. Datan & N. Lohmann (Eds.), Transitions of aging (pp. 27-40). New York: Academic Press.

Lutz, R. & Koppenhöfer, E. (1983). Kleine Schule des Genießens. In R. Lutz (Hrsg.), Genuß und Genießen (S. 112-125). Weinheim: Beltz.

Macha, H. (1988). Der Sinn des Emotionalen in der Erziehung. Vom angemessenen Umgang mit Gefühlen. Pädagogische Rundschau, 42, 421-442.

Maddox, G.L. & Wiley, J. (1976). Scope, concepts and methods in the study of aging. In R. Binstock & E. Shanas (Eds.), Handbook of aging and the social sciences (pp. 3-34). New York: Von Nostrand.

Maier-Diewald, W., Wittchen, H.-U., Hecht, H. & Werner-Eilert, K. (1983). Die Münchener Ereignisliste (MEL). Anwendungsmanual. München: Max Planck-Institut für Psychiatrie (unveröff. Manuskript).

Marcuse, L. (1972). Philosophie des Glücks. Von Hiob bis Freud. Zürich: Diogenes.

Martin, G.M. (1970). "Wir wollen hier auf Erden schon..." Das Recht auf Glück. Stuttgart: Kohlhammer.

Marx, K. & Engels, F. (1969). Kritik des Gothaer Programms. Werke Bd. 19. Berlin: Dietz (Original 1875).

Maslow, A.H. (1977). Motivation und Persönlichkeit. Olten: Walter (engl. Original 1954).

Mayring, Ph. (1987). Subjektives Wohlbefinden im Alter. Stand der Forschung und theoretische Weiterentwicklung. Zeitschrift für Gerontologie, 20, 367-376.

Mayring, Ph. (1988a). Qualitative Inhaltsanalyse. Grundfragen und Techniken. Weinheim: Deutscher Studien Verlag.

Mayring, Ph. (1988b). Qualitative Auswertung im Rahmen des Belastungs-Bewältigungs-Paradigmas. In L. Brüderl (Hrsg.), Theorien und Methoden der Bewältigungsforschung (S. 200-207). München: Juventa.

McCrae, R.R. (1986). Well-being scales do not measure social desirability. Journal of Gerontology, 41, 390-392.

McCrae, R. & Costa, P.T. (1983). Psychological maturity and subjective well-being: Toward a new synthesis. Developmental Psychology, 19, 243-248.

McDougall, W. (1983). An Introduction to social psychology. London: Methuen.

McGill, V.J. (1967). The idea of happiness. New York: Praeger.

Meadows, C.M. (1975). The phenomenology of joy. An empirical investigation. Psychological Report, 37, 39-54.

Medley, M.L. (1980). Life satisfaction across four stages of adult life. International Journal of Aging and Human Development, 11, 193-209.

Meyers Großes Taschenlexikon (1981). Mannheim: Bibliographisches Institut.

Michalos, A. (1980). Satisfaction and happiness. Social Indicators Research, 8, 385-422.

Michalos, A.C. (1985). Multiple discrepancies theory (MDT). Social Indicators Research, 16, 347-413.

Mikulas, J. (1988). Zur Bedeutung des Konstruktes 'Lebenszufriedenheit' für die Gerontologie. Zeitschrift für Alternsforschung, 43, 195-211.

Mohr, H.-M. (1987). Analysen zur Vergleichbarkeit von Zufriedenheitsmessungen. Zeitschrift für Sozialpsychologie, 18, 160-168.

Montada, L. (1988^2). Themen, Traditionen, Trends. In R. Oerter & L. Montada (Hrsg.), Entwicklungspsychologie (S. 3-86). München: Psychologie Verlags Union (Original 1982).

Montada, L. (1989). Bildung der Gefühle? Zeitschrift für Pädagogik, 35, 293-311.

Moriwaki, S.Y. (1974). The affect balance scale: A validity study with aged samples. Journal of Gerontology, 29, 73-78.

Morris, J.N., Wolf, R.S. & Klerman, L.V. (1975). Common themes among morale and depression scales. Journal of Gerontology, 30, 209-215.

Murray, H.A. & Kluckholm, C. (1953^2). Outline of a conception pf personality. In C. Kluckholm & H.A. Murray (Eds.), Personality in Nature, Society, and Culture (pp. 3-49). New York: Knopf (1. Aufl. 1948).

Murrell, S.A. & Norris, F.H. (1984). Resources, life events, and changes in positive affect and depression in older adults. American Journal Community Pychology, 12, 445-464.

Nesselroade, J.R. (1988). Some implications of the trait-state distinction for the study of development over the life span: The case of personality. In P.B. Baltes, D.L. Featherman & R.M. Lerner (Eds.), Life Span Development and behavior (pp. 163-189). Hillsdale: Erlbaum.

Neuberger, O. (1985). Arbeit. Begriff - Gestaltung - Motivation - Zufriedenheit. Stuttgart: Enke.

Neugarten, B.L., Havighurst, R.J. & Tobin, S.S. (1961). The measurement of life satisfaction. Journal of Gerontology, 16, 134-143.

Nies, H. & Munnichs, J. (1986). Sinngebung und Altern. Berlin: DzA.

Noelle-Neumann, E. (1977). Politik und Glück. In H. Baier (Hrsg.), Freiheit und Sachzwang (S. 208-262). Opladen: Westdeutscher Verlag.

Noelle-Neumann, E. (1978). Glück - was ist das eigentlich? Bild der Wissenschaft, 15, 61-71.

Oerter, R. (1975). Was sind Emotionen? In R. Oerter & E. Weber (Hrgs.), Der Aspekt des Emotionalen in Unterricht und Erziehung (S. 15-68). Donauwörth: Auer.

Oerter, R. & Weber, E. (Hrsg.) (1975). Der Aspekt des Emotionalen in Unterricht und Erziehung. Donauwörth: Auer.

Panksepp, J. (1981). Hypothalamic integration of behavior. In P.J. Morgane & J. Panksepp (Eds.), Behavioral studies of the hypothalamus (pp. 289-431). New York: Dekker.

Peters, M. & Zeugin, P. (1979). Sozialindikatorenforschung. Eine Einführung. Stuttgart: Enke.

Pitkin, W.B. (1929). The psychology of happiness. New York: Simon & Schuster.

Platon (1957). Sämtliche Werke. Hamburg: Rowohlt

Pleines, J.-E. (1984). Eudaimonia zwischen Kant und Aristoteles: Glückseligkeit als höchstes Gut menschlichen Handelns. Würzburg: Königshausen & Neumann.

Pressey, S. & Kuhlen, R. (1957). Psychological development through the life span. New York: Harper & Row.

Puntsch, E. (1984[9]), Zitatenhandbuch. Landshut: mvg (Original 1965).

Quittmann, H. (1985). Humanistische Psychologie. Zentrale Konzepte und philosophischer Hintergrund. Göttingen: Hogrefe.

Reichard, S., Livson, L. & Peterson, P.C. (1968). Adjustment to retirement. In B.L. Neugarten (Eds.), Middle age and aging. (pp. 178-180). Chicago: University Press.

Reid, D.W. & Ziegler, M. (1977). A survey of the reinforcements and activities elderly citizens feel are important for their general happiness. Essence, 2. 5-24.

Reimann, H. (1967). Die Mental Health Bewegung. Ein Beitrag zur Kasuistik und Theorie der sozialen Bewegung. Tübingen: Mohr.

Rodin, J. & Salovey, P. (1989). Health psychology. Annual Review of Psychology, 40, 533-579.

Röhrlein, C.H. (1978). Der Himmel auf Erden. Plädoyer für eine Theologie des Glücks. Frankfurt: Knecht.

Rogers, C.R. (1972). Die klientenzentrierte Gesprächspsychotherapie. München: Kindler (Original 1942).

Roos, J.J. (1981). Bonheur - Glück. Vermarktung des Glücks in der französischen und deutschen Presse. Gerbrunn: Lehmann.

Roos, J.P. (1988). Behind the happiness barrier. Social Indicators Research, 20, 141-164.

Rosow, I. (1963). Adjustment of the normal aged. In: R.G. Williams, et al. (Eds.), Processes of aging (pp. 195-223), Vol 1. New York: Atherton.

Rülker, T. (1971). Der Glücksbegriff als pädagogische Kategorie in historischer und systematischer Sicht. Pädagogische Rundschau, 25, 161-178.

Rümke, H.C. (1924). Zur Phänomenologie und Klinik des Glücksgefühls. Berlin: Springer.

Runyan, W.M. (1980). The life satisfaction chart: Perceptions of the course of subjective experience. International Journal of Aging and Human Development, 11, 45-64.

Ruppert, H.-J. (1985). New Age: Endzeit oder Wendezeit. Wiesbaden: Coprint.

Ryan, J. (1981). Marital status, happiness and anomia. Journal of Marriage and the Family, 43, 643-649.

Sanders, W. (1965). Glück. Zur Herkunft und Bedeutungsentwicklung eines mittelalterlichen Schicksalsbegriffs. Köln: Böhlau.

Scheler, M. (1963). Vom Verrat der Freude. Gesammelte Werke, Band 6. Bern: Francke (Original 1922).

Schenk, H. (1975). Die Kontinuität der Lebenssituation als Determinante erfolgreichen Alterns. Köln: Hanstein.

Scherer, K.R. & Ekman, P. (Eds.) (1984). Approaches to emotion. Hillsdale, N.J.: Erlbaum.

Schmidt, A. (1976). Zum Begriff des Glücks in der materialistischen Philosophie. In C.F. v. Siemens Stiftung (Hrsg.), Was ist Glück? Ein Symposion (S. 55-107). München: dtv.

Schmidt, L. (1971). Aphorismen von A bis Z. München: mvg.

Schmitz, O.A.H. (1930/31). Glück und Lebenskunst. Psychologische Rundschau, 2, 233-238.

Schreiner, M. & Heemskerk, J.J. (1972). Probleme der Messung der Lebenszufriedenheit im höheren Lebensalter mit Hilfe des LSI-A. Zeitschrift für Gerontologie, 6, 424-441.

Schroots, J.J.F. (1984). The affective consequences of technological change for older persons. In P.K. Robinson, J. Livingston & J.E. Birren (Eds.) Aging and Technological Advances (pp. 237-247). New York: Plenum.

Schulz-Hageleit, P. (1979). Jugend- Glück-Gesellschaft. Heidelberg: Quelle & Meyer.

Schwarz, N. (1987). Stimmung als Information. Untersuchungen zum Einfluß von Stimmungen auf die Bewertung des eigenen Lebens. Berlin: Springer.

Schwarz, N. & Clore, G.L. (1983). Mood, misattribution, and judgements of well-being: Informative and directive functions of affective states. Journal of Personality and Social Psychology, 45, 513-523.

Schwarzer, R. (1977). Beraterlexikon: Ein praktisches Nachschlagewerk für Erziehung und Unterricht. München: Kösel.

Schwarzer, R. & Schwarzer C. (1982). Ärger als Zustand und als Disposition. Zeitschrift für Differentielle und Diagnostische Psychologie, 3, 27-33.

Scott, E.M. (1971). An arena for happiness. Springfield, Ill.: Thomas.

Seneca, L.A. (1932). Vom glückseligen Leben. Leipzig: Kröner.

Shelly, M.W. (1977). Journey into happiness. A guide for exploring the strategies and tactics of happiness. Dubuque/Jowa: Kendall & Hunt.

Shelly, M.W. (1978). The strategies and tactics for happiness. Vol I u. II. Dubuque/Jowa: Kendall/Hunt.

Shin, D.C. & Johnson, D.M. (1978). Avowed happiness as an overall assessment of the quality of life. Social Indicators Research, 5, 475-492.

Siara, C. (1980). Komponenten der Wohlfahrt. Materialien zu Lebensbedingungen und Lebensqualität. Frankfurt: Campus.

Siegel, S. (1979). Nichtparametrische statistische Methoden. Frankfurt: Fachbuchhandlung für Psychologie.

Sigelman, L. (1981). Is ignorance bliss? A reconsideration of the folk wisdom. Human Realtions, 34, 965-974.

Singer, K. (1981). Maßstäbe für eine Humane Schule. Frankfurt: Fischer.

Smith, T.W. (1979). Happiness: Times trends, seasonal variations, intersurvey difference, and other mysteries. Social Psychology Quarterly, 42, 18-30.

Snow, R.B. & Havighurst, R.J. (1977). Life style types and patterns of retirement of educators. The Gerontologist, 17, 545-552.

Sommer, J. (1978). Kant und die Frage nach dem Glück. In G. Bien (Hrsg.), Die Frage nach dem Glück (S. 131-146). Stuttgart: Frommann.

Spaemann, R. (1974). Glück, Glückseligkeit. In J. Ritter (Hrsg.), Historisches Wörterbuch der Philosophie, Bd. 3 (S. 680-707). Darmstadt: Wissenschaftliche Buchgesellschaft.

Spielberger, C.D., Gorsuch, R.L. & Lushene, R. (1969). The state-trait anxiety inventory (STAI) test manual, form X. Palo Alto, CA: Consulting Psychologist Press.

Spreitzer, E. & Snyder, E. (1974). Correlates of life satisfaction among the aged. Journal of Gerontology, 29, 454-458.

Srole, L. (1956). Social Integration and certain corollaries. American Sociological Review, 21, 709-716.

Staats, A.W. & Heiby, E.M. (1985). Paradigmatic behaviorism's theory of depression: Unified, explanatory, and heuristic. In S. Reiss & R.R. Bootzin (Eds.), Theoretical Issues in Behavior Therapy (pp. 280-330). Orlando, FL: Acadmic Press.

Stassen, M.J. & Staats, S.R. (1988), Hope and happiness: A comparison of some discrepancies. Social Indicators Research, 20, 45-58.

Statistische Bundesamt (Hrsg.) (1989). Datenreport 1989. Wiesbaden: Statistisches Bundesamt.

Stock, W.A., Okun, M.A. & Benin, M. (1986). Structure of subjective well-being among the elderly. Psychology and Aging, 1, 91-102.

Stöckele, B. (Hrsg.) (1975). Wörterbuch christlicher Ethik. Freiburg: Herder.

Störig, H.J. (1950). Kleine Weltgeschichte der Philosophie. Stuttgart: Kohlhammer.

Stones, M.J. & Kozma, A. (1980). Issues relating to the usage and conceptualization of mental health constructs employed by gerontologists. International Journal of Aging and Human Development, 11, 269-281.

Stones, M.J. & Kozma, A. (1986). Happiness and activities as propensities. Journal of Gerontology, 40, 85-90.

Strack, F., Schwarz, N. & Gschneidinger, E. (1985). Happiness and reminiscing: The role of time perspective, affect, and mode of thinking. Journal of Personality and Social Psychology, 49, 1460-1469.

Strasser, St. (1956). Das Gemüt: Grundgedanken zu einer phänomenologischen Philosophie und Theorie des menschlichen Gefühlslebens. Freiburg: Herder.

Symonds, D.M. (1937). Happiness as related to problems and interests. Journal of Educational Psychology, 28, 290-294.

Tatarkiewicz, W. (1984). Über das Glück. Stuttgart: Klett (Original Krakau 1947).

Thomae, H. (1984). Lebenszufriedenheit. In W.D. Oswald, W.M. Herrmann, S. Kanowski, U. Lehr & H. Thomae (Hrsg.), Gerontologie. Medizinische, psychologische und sozialwissenschaftliche Grundbegriffe (S. 271-275). Stuttgart: Kohlhammer.

Thomsen, A. (1943). Expectation in relation to achievement and happiness. Journal of Abnormal and Social Psychology, 38, 58-73.

Thompson, W.E., Streib, G.F. & Kosa, J. (1960). The effect of retirement on personal adjustment: A panel analysis. Journal of Gerontology, 15, 165-169.

Tielsch, E.W. (1978). Epikur's Theorie vom privaten und sozialen Glück des Menschen. In G. Bien (Hrsg.), Die Frage nach dem Glück (S. 59-76). Stuttgart: Frommann.

Tönnies, S. (1988). Positives Denken. Wo bleibt das Negative? Psychologie heute, 15, 10, 22-28.

Tolor, A. (1978). Personality correlates of the joy of life. Journal of Clinical Psychology, 34, 671-676.

Tunner, W. (1978). Lust und Glück. Überlegungen zur Gefühlspsychologie. Psychologische Rundschau, 29, 287-298.

Tunner, W. (1983). Freude und Glück. In H.A. Euler & H. Mandl (Hrsg.), Emotionspsychologie (S. 164-168). München: Urban & Schwarzenberg.

Ulich, D. (1972). Probleme und Möglichlichkeiten erziehungswissenschaftlicher Theoriebildung. In D. Ulich (Hrsg.), Theorie und Methode der Erziehungswissenschaft, (S. 13-88). Weinheim: Beltz.

Ulich, D. (1982). Das Gefühl. Eine Einführung in die Emotionspsychologie. München: Urban & Schwarzenberg (2. erweitere Aufl. 1989).

Ulich, D. (1986). Kriterien psychologischer Entwicklungsbegriffe. Zeitschrift für Erziehungssoziologie, 6, 5-27.

Ulich, D. (1987). Krise und Bewältigung im Lebenslauf. München: Psychologie Verlags Union.

Ulich, D., Haußer, K., Mayring, Ph., Strehmel, P., Kandler, M. & Degenhardt, B. (1985). Psychologie der Krisenbewältigung - Eine Längsschnittuntersuchung mit Arbeitslosen. Weinheim: Beltz.

Veenhoven, R. (1984a). Conditions of happiness. Dordrecht, NL.: Reidel.

Veenhoven, R. (1984b).Databook of happiness. Dordrecht, NL.: Reidel.

Veenhoven, R. (1988). The utility of happiness. Social Indicators Research, 20, 333-354.

Veroff, J., Douvan, E. & Kukla, R.A. (1981). The inner American. A self-portrait from 1957-1976. New York: Basic Books.

Wacker, A. (1983). Arbeitslosigkeit. Soziale und psychische Folgen. Frankfurt: EVA.

Walter, H. (1976). Emotionales Lernen und Persönlichkeitsentwicklung. In H.-J. Ipfling (Hrsg.), Die emotionale Dimension in Unterricht und Erziehung. München: Ehrenwirth.

Wan, T.T.H. (1985). Well-being for the elderly - Primary preventive strategies. Lexington, Mass.: Lexington Books.

Wander, K.F.W. (Hrsg.) (1964). Deutsches Sprichwörterlexikon. Darmstadt: Wissenschaftliche Buchgesellschaft.

Ward, R.A. (1985). Informal networds and well-being in later life: A research agenda. The Gerontologist, 25, 55-61.

Ward, R.A., Sherman, S.R. & LaGory, M. (1984). Subjective network assessment and subjective well-being. Journal of Gerontology, 39, 93-101.

Warr, P. (1978). A study of psychological well-being. British Journal of Psychology, 69, 111-121.

Watson, G. (1930). Happiness among adult-students of education. Journal of Educations Psychology, 21, 79-109.

Watson, D. & Tellegen, A. (1985). Toward a consensual structure of mood. Psychological Bulletin, 98, 219-235.

Watson, D., Clark, L.A. & Tellegen, A. (1988). Development and validation of a brief measure of positive and negative Affect.: The PANAS Scales. Journal of Personality and Social Psychology, 54, 1063-1070.

Weber, E. (1974). Autorität im Wandel: Autoritäre, antiautoritäre und emanzipatorische Erziehung. Donauwörth: Auer.

Weber, E. (1975). Emotionalität und Erziehung. In R. Oerter & E. Weber (Hrsg.), Der Aspekt des Emotionalen in Unterricht und Erziehung (S. 69-128). Donauwörth: Auer.

Weber, M. (1920). Die protestantische Ethik und der Geist des Kapitalismus. Tübingen: Mohr (Original 1905).

Werner, R. (1975). Soziale Indikatoren und politische Planung. Reinbek: Rohwolt.

Wessmann, A.E. & Ricks, D.F. (1966). Moods and Personality. New York: Holt.

Wiendieck, G. (1970). Entwicklung einer Skala zur Messung der Lebenszufriedenheit im höheren Lebensalter. Zeitschrift für Gerontologie, 3, 215-224.

Williams, D.G. (1988). Gender, marriage, and psychological well-being. Journal of Familiy Issues, 9, 452-468.

Wilson, W.R. (1967). Correlates of avowed happines. Psychological Bulletin, 67, 294-306.

Wlodarek-Küppers, E. (1987). Glücklichsein. Eine empirische Studie auf der Basis von persönlichen Gesprächen. Hamburg: Universität, Dissertation.

Wolpert, E.A. (1975). Manic-depressive illness as an actual neurosis. In E.J. Anthony & T. Benedek (Eds.), Depression and Human Existence, (pp. 199-221). Boston: Little.

Wuthnow, R. (1978). Peak experiences: Some empirial tests. Journal of Humanistic Psychology, 18, 59-75.

Yensen, R. (1975). On the measurement of happiness and its implications for welfare. In L. Levi (Eds.), Emotions. Their Parameters and Measurement (pp. 627-644). New York: Raven.

Zapf, W. (1984). Individuelle Wohlfahrt, Lebensbedingungen und wahrgenommene Lebensqualität. In W.Glatzer & W.Zapf (Hrsg.), Lebensqualität in der Bundesrepublik (S. 13-26). Frankfurt: Campus.

Zapf, W. (1987). Individualisierung und Sicherheit. Untersuchungen zur Lebensqualität in der Bundesrepublik Deutschland. München: Beck.

Zautra, A.J. & Reich, J.W. (1983). Life events and perceptions of life quality: Development in a two factor approach. Journal of Community Psychology, 11, 121-132.

Zautra, A.J, & Hempel, A. (1984). Subjective well-being and physical health: A narrative literature review with suggestions for future reseach. Internations Journal of Aging and Human Development, 19, 95-110.

Zerssen, D.v. & Hecht, H. (1987). Gesundheit, Glück, Zufriedenheit im Lichte einer katamnestischen Erhebung an psychiatrischen Patienten und gesunden Probanden. Psychotherapie, Psychosomatik, Medizinische Psychologie, 37, 83-96.

Zerssen, D.v. & Möller, H.J. (Hrsg.)(1988). Affektive Störungen. Berlin: Springer.

Ziegler, A. (1978). Das Glück Jesu. Stuttgart: Katholisches Bibelwerk.

Zink, J. (Übs.) (1965). Das Neue Testament. Stuttgart; Kreuz.

Zoozmann, R. (1980). Zitatenschatz der Weltliteratur. Königstein: Athenäum.

Zuckerman, M. (1983). The distinction betwenn trait and state scales ist not arbitrary: Comment on Allen and Potkay. Journal of Personality and Social Psychology, 44, 1083-1086.